साहित्य के सरोकार
समय, समाज और संवेदना

साहित्य के सरोकार

समय, समाज और संवेदना

कृष्ण किशोर

राजकमल प्रकाशन

ISBN : 978-81-19028-95-5

मूल्य : ₹595

पहला संस्करण : 2023

प्रकाशक : राजकमल प्रकाशन प्रा.लि.
1-बी, नेताजी सुभाष मार्ग, दरियागंज
नई दिल्ली-110 002
शाखाएँ : अशोक राजपथ, साइंस कॉलेज के सामने, पटना-800 006
पहली मंजिल, दरबारी बिल्डिंग, महात्मा गांधी मार्ग, प्रयागराज-211 001
वेबसाइट : www.rajkamalprakashan.com
ई-मेल : info@rajkamalprakashan.com

मुद्रक : बी.के. ऑफसेट
नवीन शाहदरा, दिल्ली-110 032

SAHITYA KE SAROKAR
Samay, Samaj Aur Samvedna
by Krishna Kishore

साहित्य के सरोकार
समय, समाज और संवेदना

क्रम

साहित्य और इतिहास की आत्मिकता

इंसान के अतीत को उसके वर्तमान और भविष्य से अलग करके देखने की कला अभी विकसित नहीं हुई है। साहित्य के सरोकार इसी अर्थ में असीम हैं। मानव मात्र के ही नहीं, अजीव-सजीव—जितनी भी सृष्टि है, साहित्य ने उन सभी को गहरे तक छुआ है। मुख्य विधाएँ—कविता, कहानी, उपन्यास और आलेख—सारी परिभाषाओं के बाद भी अपरिभाषित ही हैं। प्रसंग सदा एक ही रहा। केवल वर्णन मात्र से काम नहीं चला। संवेदना-सिक्त कल्पना से अपने समय और समाज के सरकारों से जुड़ना साहित्य की अनिवार्यता बनी, भले ही लम्बा समय इस प्रयास में लगा।

अपनी प्राचीन प्रामाणिकता के साथ सबसे पहले इंसानी सरोकारों के साथ जुड़ी कविता। वह प्रामाणिकता आज भी हमारी मानसिकता का हिस्सा बनी हुई है। हमारे अन्तस् को जिस तरह कविता ने प्रकाशित किया, हमें सशक्त किया, लड़खड़ाती परिस्थितियों में हमारा सम्बल बनी—धर्म, दर्शन, प्रेम, परोपकार, आदर्श, रोमांच और कथाएँ जैसे कविता में उजागर हुईं, किसी और विधा में नहीं। उपन्यास तो अभी सोलहवीं सदी में ही जन्मा।

कविता पैदा होने के लिए या किसी भी ऐसी कला के लिए—जो भीतरी हलचलों को एक आकार देने को प्रेरित करती है—कोई स्पष्ट, समतल, धरती और आकाश जरूरी नहीं। जरूरी है—ऐसा वातावरण, जो भीतर-बाहर को आन्दोलित करता रहे। कोई एकदम से घटने वाली हलचल नहीं, बल्कि एक ऐसी परिस्थिति—जो आशंकाओं, सम्भावनाओं और विशेष प्रकार के अदृश्य आश्वासनों से वातावरण को भरा रखे। ऐसे समय बहुत आए हैं। पुरानी बात नहीं है। हमारी स्मृति के ऊपरी कक्ष में सुरक्षित हैं। उस समय रचा जाने वाला शक्तिशाली साहित्य अभी तक हमें आन्दोलित किये हुए है। इसी के समानान्तर एक और सत्य भी है कि कालातीत और चर्चा में बनी रहने वाली बहुत-सी कविता समृद्ध परिस्थितियों में पैदा हुई, जैसे—कालिदास, शेक्सपियर और ग्रीक महाकाव्य। इसके अतिरिक्त तुलसीदास, कबीर, सूर, रहीम का समय भी कोई उथल-पुथल वाला समय नहीं था। दोनों तरह की परिस्थितियाँ ही सृजनात्मक हो सकती हैं।

मनोरंजन और दूसरे सांस्कृतिक प्रसाधन भी उच्च कोटि की रचनाओं का विषय

बने और वे आज भी उसी तरह स्वीकृत हैं। इन सहज प्रवृत्तियों को बेदखल नहीं किया जा सकता, अगर वे समय और समाज में अशिष्टता का कारण नहीं बनते। अशिष्टता भी समय और समाज ही परिभाषित करता है।

यहाँ हम साहित्य के सरोकारों की तलाश मुख्यत: कहानी और उपन्यास के माध्यम से करेंगे।

उपन्यास इंसानी इतिहास में एक नई सभ्यता, नई संस्कृति की तरह उदय हुआ। मानवतावादी आन्दोलन और पुनर्जागरण का अत्यन्त स्वाभाविक परिणाम उपन्यास बना। इस संकलन में हमने अपने और दूसरे देशों के कुछ बहुचर्चित उपन्यासकारों को समय विशेष की परिस्थितियों, और मानवीय सरोकारों को उजागर करने के उद्देश्य से साथ जोड़ा है। हमारे अपने प्रेमचन्द जिस तरह उस समय के गाँवों की निर्धन अकिंचनता और बेबसी का वर्णन कर गए, उसकी दूसरी मिसाल नहीं मिलती। एक पूरा वातावरण साहित्य ने रचा। उसी के समानान्तर—उन्हीं सरोकारों के लिए सामाजिक और राजनीतिक स्तर पर सहजानन्द सरस्वती और रामचन्द जैसे नायक खड़े हुए। साहित्यिक और राजनीतिक प्रयास जैसे एक दूसरे की उपज हों, ऐसा लगने लगा। यथार्थ की रचना ही कला है, इस साहित्यिक मर्म के प्रणेता प्रेमचन्द अद्वितीय हैं।

रेणु भी आंचलिक परिवेश के माध्यम से हमारे भीतरी प्रकोष्ठकों तक पहुँचे। 1954 में उन्होंने 'मैला आँचल' में जो स्थिति बयान की, आज भी वही है। कोई उँगली रखकर बताएँ कि क्या फर्क आया है, 'कचहरी में जिले भर के किसान पेट बाँधकर पड़े हुए हैं...अपील करनी है—अपील! खोलो पैसा, देखो तमाशा।...कानून और कचहरी कंपोड में पलने वाले कीट पतंगे भी पैसा माँगते हैं...'

भारतीय भाषाओं में बेशुमार उपन्यासकार अपने समय और सामाजिक परिस्थितियों को अपनी संवेदन दृष्टि से ऐसे उजागर कर गए हैं कि हमारी स्मृति आज भी उनसे आद्रित है। महाश्वेता देवी के उपन्यास में मुंडा युवक वीरसा की उष्ण आर्द्रता और उग्रता को कैसे भुलाएँ? अपनी मनोवैज्ञानिक और संवेदनशक्ति से प्रभावित करने वाले जैनेन्द्र और अज्ञेय हमें हमेशा याद हैं। उनके समानान्तर खड़े हैं सार्त्र, कामू और काफ्का। अज्ञेय उन्हीं के बगलगीर खड़े दिखाई पड़ते हैं।

कहानी की बात भी विस्तृत रूप में इस संकलन में हुई है। कहानी पुरानी है, या कविता, इसका उत्तर शायद है ही नहीं। कल्पना और संवेदना दोनों विधाओं की आधारभूमि है। । केवल रूप का अन्तर है। एक ही लय, एक ही बहाव।

कहानी की सोद्देश्यता का जिक्र भी विस्तृत रूप में इस संकलन में हुआ है। कुछ सशक्त कहानीकारों के माध्यम से हमने उसी बात को उठाया है। 'कफन' और 'रसप्रिया' को हम कैसे भुला सकते हैं? मार्केस की 'बैलथाजार की शानदार

साँझ' और चेखव की 'दु:ख' भी वैसी ही आर्द्रता से हमें भिगो जाती हैं। बिलकुल ही अलग दो आयाम। संवेदना से ओतप्रोत। फैंटेसी भी एक सशक्त औजार रहा है अपनी बात कहने का। अज्ञेय की 'जयदोल' और गोगोल की 'ओवरकोट' को साथ रखकर देखा जा सकता है।

अपने समय की सोद्देश्य व्याख्या साहित्य में हमेशा हुई। वही समय बाद में चलकर हमारा इतिहास बना। साहित्य पीछे मुड़कर उसी इतिहास को फिर जीवित करने लगा।

सआदत हसन मंटो की कहानी 'टोबा टेक सिंग' के अन्त का मार्मिक क्षण :

> ...बिशन सिंग के हलक से एक फलक शिगाफ चीख निकली..इधर उधर से कई अफसर दौड़े आए और देखा वो आदमी जो 15 बरस तक दिन-रात अपनी टाँगों पर खड़ा था, औंधे मुँह लेटा है। उधर खारदार तारों के पीछे हिन्दुस्तान था, इधर वैसे ही तारों के पीछे पाकिस्तान। दरम्यान में जमीन के उस टुकड़े पर जिसका कोई नाम नहीं था, टोबा टेक सिंग पड़ा था।

यहाँ तीनों समय एक साथ खड़े हैं। एक लकीर है जिस पर बिशन सिंग पड़ा है। इस लकीर के पीछे उसका अतीत, और आगे उसका भविष्य। एक ही क्षण में अतीत, वर्तमान और भविष्य का गड्डमड्ड होना सब कुछ निर्जीव होने जैसा है। कल, आज और कल—जैसे तीन शव हैं। कला और संवेदना का निर्णायक क्षण।

जैसे-जैसे इतिहास साहित्य का रूप लेता है, उसमें कुछ नये आयाम शामिल होते चले जाते हैं। इतिहास एक रास्ते की तरह हम तक पहुँचता है। उस पर उतना ही पीछे जा सकते हैं, जितना रास्ता है। उसके अतिरिक्त भी बहुत कुछ है, जो हम तक नहीं पहुँचता है। इतिहास उसकी कल्पना कहीं करता है, कहीं नहीं करता। साहित्य उसी कल्पना का सहारा लेता है—उस सब कुछ को एक रूप देने के लिए जो जस का तस स्थूल रूप में हमारे सामने नहीं है। साहित्य उस समय के मर्म की, भीतरी तथ्य की रचना करता है जो दुर्ग-दीवारें, नृप-व्यवस्थाएँ, जय-पराजय, राज्य-विस्तार तथा अन्य विवरण नहीं कर सकते। समग्र सत्य तक पहुँचने के लिए इतिहास और साहित्य के संगम स्थल तक पहुँचना जरूरी है। वही समय का तीर्थस्थान है।

वैसे तो सभी साहित्यिक रचनाएँ अपने समय का किसी सीमा तक दर्पण होती हैं लेकिन कुछ समय ऐसे हैं, जिनके बारे में हम तथ्यात्मक रूप से जानकर भी उनका वर्णन करने का साहस नहीं कर पाते। कला, कल्पना और साहस—तीनों में कहीं कोई कमी रह जाती है। साहस और संवेदना ही हमारी शक्ति बनती है कठिन समय में प्रवेश करने की, उन्हें ज्यों का त्यों सामने रखने की। ऐसा वर्णन, जो

निराकार सत्य को आकार दे सके, जिसे लोग छूकर देख सकें। हमसे कुछ ही दूरी पर ऐसे समय रहे हैं जो इंसानियत के इतिहास में हैवानियत की क्रूर मिसालें हैं। उस समय के दैनिक जीवन की विस्तृत झाँकियाँ, दुख-सुख, कानून-व्यवस्थाओं के अत्याचार, भुखमरी से सटी हुई अट्टालिकाएँ, वर्ग-संघर्ष, किसी खास वर्ग के जीवन का घोर काला नर्क, एक सुनियोजित रूप में वर्ण के आधार पर, नस्ल के आधार पर दैनिक अत्याचार, आक्रमणकारियों द्वारा जीते हुए प्रदेशों से मूल निवासियों का सर्वविनाश—कोई ऐसी घटनाएँ नहीं हैं जिन्हें केवल ऊपरी विवरणों से, छिटपुट झलकियों से, या सहानुभूतिपूर्ण दया-धर्म से प्रेरित अश्रुप्रवाह से, काली-पीली शब्दों की लकीरों से बयान किया जा सके। कई ऐसे समय हैं जिन्हें इतिहास की पुस्तकों ने इतना भी नहीं छुआ कि उस दर्द की मद्धिम-सी आहट ही आसपास की हवा को उद्वेलित करती। यह काम उन साहित्यकारों ने किया जिनकी वजह से आज इंसानियत का चेहरा शर्म से लाल हो जाता है। पीछे मुड़कर उस समय की झलक देखते ही आँखों पर हाथ रखने पड़ जाते हैं। इतिहासकार उन भीतरी पगडंडियों पर कभी चले ही नहीं। वह केवल राजमार्गों पर ही भटकते रहे। अधिकतर ऐसा ही हुआ है।

यहाँ हम उन समूहों और उनके भीतरी प्रकोष्ठकों के अँधेरों को चीरते हुए इतिहास, साहित्य और साहित्यकारों से छोटा-सा, अधूरा-सा लेकिन बेचैन कर देने वाला साक्षात्कार करेंगे। ये सभी रचनाकार एक तरह से सही मायने में उन समयों के इतिहासकार भी हैं। उन समयों के अछूते अध्यायों को बाँचते हैं, काली मिट्टी में दबे उन दर्दों को इस तरह हवा में उछालते हैं कि साँस लेना मुश्किल हो जाता है। इतिहास और साहित्य के संगम का यह दर्पण हमारा सारा मेकअप, सारा प्रसाधन उतार देता है।

साहित्य का विस्तार किसी केन्द्रित परिभाषा में बाँधा नहीं जा सकता। कविता कब शुरू हुई, कहानी का जन्म कब हुआ, विचार साहित्य कैसे शुरू हुआ? उपन्यास का बीज धरती में कितना नीचे दबा हुआ था कि इतनी देर से ऊपर आया? प्राचीन साहित्य कितना प्राचीन है?—ये सभी प्रश्न स्वभाव में साहित्य से सम्बन्धित हैं। इस संकलन में किन्हीं विशेष सन्दर्भों के अन्तर्गत इन स्थितियों पर संक्षिप्त विमर्श शामिल है।

साहित्य की सम्भावनाएँ किसी न किसी सन्दर्भ में इन लेखों में चर्चा का विषय बनी हैं। जो कुछ कहा जा चुका है, लिखा जा चुका है, या लिखा जा रहा है—उन्हीं के विशेष उदाहरणों के माध्यम से साहित्य के स्वभाव और गुणों सम्बन्धी चर्चाएँ एक सीमा तक सामने आई हैं। सबसे महत्त्वपूर्ण अंश इन चर्चाओं का—इनमें शामिल किए गए उदाहरण हैं—उपन्यासों, कहानियों, कविताओं और विचारों के उदाहरण हैं। रचनाएँ अपनी परिभाषाएँ स्वयं रचती हैं। समय का सन्दर्भ हमेशा महत्त्वपूर्ण बना रहता है। जो रचनाएँ अपने समय को लताड़ती हुई, उधेड़ती-बुनती

हुई, प्यार करती हुई, धरती और आकाश एक करती हुई रची जाती हैं—उनकी तरफ हम बार-बार मुड़कर देखते हैं। यहाँ भी कुछ ऐसा ही हुआ है—न केवल उन समयों को परिभाषित करने के लिए, बल्कि उन समयों को फिर से लोकस्मृति में जाग्रत करने के लिए।

वे समय हमसे इतनी दूर भी नहीं कि थोड़ा पीछे मुड़कर देखने से दृष्टि वहाँ न पहुँचे। लेकिन मानव स्वभाव समय की दूरी को अपनी जरूरत के हिसाब से नापता है। जिस सत्य खंड को देखना चाहता है, उसी को देखता है। इसीलिए बार-बार उन साहित्यिक कृतियों का जिक्र करना पड़ता है जो हमारी करुणा, हमारी संवेदना को सींचती रहें, उन्हें जीवित रखती रहें। उसी से साहित्य का अपना गौरव, अपनी महिमा भी बनी रहती है।

कुछ सदियों का समय तो हमारे अपने समय की बातचीत का हिस्सा बना ही रहता है। जैसे हमारे दलित समाज की व्यथा-कथा। यह कथा कितनी पुरानी है, यह नदी कितनी गहरी है, इसके लिए हमें इतिहास की तरफ देखने की जरूरत नहीं। यह काली नदी हमारे जीवन के बीचोबीच बहती है।

अश्वेत व्यथा से भी विश्व के लगभग सभी समाज परिचित हैं—कुछ कम, कुछ ज्यादा। इसका श्रेय उन सब साहित्यकारों को जाता है, जिन्होंने ऐसी मार्मिक रचनाएँ रचीं कि अश्वेत-व्यथा अमरीकी समाज को अपराध-बोध से बोझिल कर गई। उपन्यासों, कहानियों, कविताओं में उनका दर्द ऐसे व्यक्त हुआ है कि उन्हें देखने के लिए एक विशेष तरह के साहस और धीरज की आवश्यकता रहती है। फ्रांसिस हार्पर की कविता की कुछ पंक्तियों का दृश्य :

माँएँ भी खड़ी थीं, अपनी बहती आँखें लिये
अपने प्यारे बच्चों को बिकते देखतीं
पैसे लेते-देते, बेचते-खरीदते सौदागर और वह औरत...
उनका, सब का अपराध
केवल उनका रंग था... ।

Zora Neal Hurston हार्लेम रेनेसां की महत्त्वपूर्ण लेखिका थीं। उनका उपन्यास 'Their eyes were watching God' काले लोगों की भीतरी दुनिया को इस तरह उजागर कर गया कि बाहरी परिस्थितियाँ फीकी पड़ गईं। Langston Hughes, Maya Angelou, Toni Morrison अमिट छाप छोड़ गए हैं अमरीकी मानस पर। टोनी मॉरिसन का उपन्यास 'The Beloved' अश्वेत गाथा की एक स्वर्ण कृति है। संख्या में इतने अधिक अश्वेत लेखक अमरीकी जनमानस का ऐसा हिस्सा हैं कि भीतरी-बाहरी कुछ नहीं।

इतिहास साहित्य सही इतिहास भी है और साहित्य भी।

दो प्रकार के संघर्ष मुख्यत: हमारी चर्चा का विषय हैं। राजनीतिक संघर्षों की वजह से रक्तपात के संघर्ष—मुख्यत: धरतियाँ हड़पने और नरसंहार से सम्बन्धित हैं। दूसरा संघर्ष अधिक क्रूर, अधिक घातक है। देशों-प्रदेशों की धरती पर बाहरी आक्रमणकारियों ने न केवल उन धरतियों को हड़पा, बल्कि वहाँ की प्राचीन संस्कृतियों, जीवन-पद्धतियों को योजनाबद्ध और हिंसक तरीके से नष्ट किया। अमरीकी मूल निवासियों के सम्पूर्ण विनाश की लम्बी कहानी इतिहास के पन्नों में दर्ज करने पर आज भी आपत्ति है। अमरीकी धरती पर इन मूल निवासियों का इतिहास लगभग पन्द्रह-बीस हजार साल पुराना तो माना ही जाता है। पन्द्रहवीं सदी में जब यूरोपियन इस धरती पर आए, तब यहाँ के प्रकृति-पुत्र अलग-अलग कबीलों में, कहीं आखेटक, कहीं खेती करने वाले अपनी-अपनी धार्मिक-सांस्कृतिक परम्पराओं में जी रहे थे। यूरोपियनों के यहाँ कदम रखते ही, देखते-देखते ही इस धरती का रूप-रंग ऐसे बदल गया, जैसे यह मानव क्रूरता का परिणाम न होकर, प्रकृति की ही किसी योजना का हिस्सा है! जिस प्रकार इनका पूर्ण उन्मूलन किया गया, उसका उदाहरण उनकी बात से ही सपष्ट करते हैं :

मैं तुमसे जुदा हो रहा हूँ
और इसके बाद
मेरी चेतावनी भी तुम तक नहीं पहुँचेगी...
मेरा बूढ़ा शरीर शीघ्र ही धरती पर पसर जाएगा
और तब शत्रु का नाचता हुआ पाँव
मेरे वक्ष पर सुरक्षित टिक सकेगा
सोचता हूँ, मेरे लोग टूटकर बिखर जाएँगे
और भुला दिये जाएँगे।

(लाल कुर्ती)

ऐसा ही हुआ। वे सब टूटकर बिखर गए, भुला दिये गए।

इसी तरह दक्षिण अमरीका की दसियों हजारों साल पुरानी संस्कृतियाँ Maya, Inca और Aztec अपनी हर तरह की बौद्धिक, आत्मिक, कलात्मक परम्पराओं से परिपूर्ण जीवन जी रही थीं। सन् 1492 में स्पेनी आक्रान्ताओं ने वहाँ पाँव रखा और उसके बाद एक अकथ विनाश। आगे चलकर उसी धरती ने हमें ऐसे साहित्यकार दिये हैं जिन्होंने कथा कहने के रूप-रंग ही बदल दिये। एक विभ्रम—अपनी पहचान लुप्त होने और व्यर्थता बोध ने वहाँ एक विशाल सांस्कृतिक लोक-त्रासदी को जन्म दिया, जिससे अच्छा साहित्य पैदा हुआ। राजनीतिक और आर्थिक शोषण इस महाद्वीप की क्रान्ति-कथा का समय था, जिसने हर प्रकार के ओजस्वी, विचारपूर्ण और विद्रोह से भरे साहित्य को जन्म दिया।

'Magical Realism' तो उस साहित्य की केवल एक करवट है। वहाँ के संघर्ष, विद्रोह, अत्याचार की लम्बी और चौंधिया देने वाली रचनाएँ—वहाँ के इतिहास को ऐसे रचती हैं, जैसे साहित्य ही वहाँ की धरती है। वहीं से सब कुछ उपजा है। यह साहित्य सारी दुनिया पर अपनी छाप छोड़ चुका है। मार्केस (Marquez), नेरुदा (Neruda), बोर्हेस (Borges), योसा (Llosa)—लम्बी कतार के कुछ अग्रणी नाम हैं। उन्हीं के कुछ उदाहरण यहाँ शामिल किए गए हैं।

इसके अतिरिक्त इंडोचाइना के प्रदेश, जिनमें वियतनाम, कम्बोडिया और लाओस शामिल हैं—हमारे अपने समय की दुर्घटनाएँ हैं। सभी जानते हैं हो ची मिन्ह और पाल पॉट को। पूँजीवादी शक्तियाँ यहाँ हार मानकर भी शर्मिंदा नहीं हैं।

यहाँ कुछ ऐसे रचनाकारों का जिक्र भी है, जिन्होंने एक मनीषी की तरह अपने समय को प्रभावित किया। अपनी बौद्धिक शक्ति, अपने कमिटमेंट और समाज के प्रति अपनी धारणाओं को आजीवन निभाया। वे उन प्रणेताओं में हैं, जिन्होंने साहित्य-स्थली और कर्म-स्थली का अन्तर ही मिटा दिया। ऐसे साहित्य कर्मवीर सार्त्र हमारे बीच न होकर भी हमारे बीच हैं। वे एक विचार की तरह हमारे बीच जीवित हैं।

कितना समय ऐसे साहित्य में बाँधा जा सकता है, उसकी सीमाएँ हैं। हमारे अच्छे-बुरे समय के इतिहास को साहित्यकारों ने ऐसी जादुई शक्ति से जीवित रखा कि लोग इतिहास की तरफ नहीं, साहित्य की तरफ मुड़कर देखते हैं। हम भी यहाँ इसी प्रयास में शामिल हुए हैं। हर प्रयास की अपनी सीमाएँ होती हैं, हमारी भी हैं।

—कृष्ण किशोर

पाठक की अस्मिता

जो रचना पाठक को अपने सामने छोटा साबित करने में सफल हो जाए, उससे छोटी रचना और कोई नहीं। पाठक के ज्ञान की सीमा हो सकती है मगर उसकी समझ और सहभागिता की उत्कट इच्छा को ठेंगा दिखाने वाली रचना एक कमजोर लेखन की हीनशक्ति है। हीनता में अपनी तरह की चमक होती है। वह चमक रास्ता नहीं दिखाती, चकाचौंध करती है। थोड़ी-बहुत प्रकाशित और उजागर सच्चाइयों की पहचान भी धुँधला देती है।

हमारे अनुभव जटिल हो सकते हैं। जटिल से सिर्फ यही मतलब है कि वह साधारण जिन्दगी जीने वाले घरबारी इंसानों के दायरे में न आते हों। इतने जटिल भी हो सकते हैं कि उनको आसानी से सन्दर्भित न किया जा सके। इतने जटिल भी हो सकते हैं कि उनकी विश्वसनीयता प्रश्नित होती रहे। अनुभव और विचारों, विचार-पद्धतियों का एक सीधा सम्बन्ध भी है और प्रतिसम्बन्ध भी, टकराव भी। एक सैद्धान्तिकी निर्मित होती है। पिरामिडिक रचना निर्मित होती है, जहाँ आधार ही आधार है। ऊपर जाते-जाते सिर्फ कला का जोखिम ही बच रहता है। लेकिन थोड़ा दूर खड़ा होकर देखने से समस्त रचना दिखाई देती है। पाठक इसी दूरी पर अपनी हैसियत रखता है। समय की दूरी का भी कई बार विषय विशेष के कारण अन्तर पड़ता है। लेकिन इतनी बात विश्वास से कही जा सकती है कि पिछले पच्चीस सालों में कोई भी बड़ा विचारक, दार्शनिक, वैज्ञानिक, राजनीतिज्ञ सिर्फ इस बात से बड़ा या महान हुआ है कि उसकी सोच इस तरह से जाहिर हुई, इस तरीके से प्रकट हुई, ऐसी भाषा शैली में सरंचित हुई—जिसे दूर-दूर तक आसानी से समझा गया, आत्मसात किया गया।

समय और समाजों की दूरियाँ उनकी स्पष्टता, सरलता, गहनता, मित्रता और अनुभूत सत्य की विश्वसनीयता के सामने टिकी नहीं। एक दार्शनिक सिर्फ इसलिए दार्शनिक नहीं हुआ कि उसने कुछ नया सोचा। बल्कि इसलिए कि उसकी सोच जब आम आदमी तक पहुँची, तो आम आदमी उसमें भागीदार हो गया। सोच में भागीदार होना उसके पीछे की सारी इतिहास प्रक्रिया और सम्प्रेषण में भागीदार होना भी होता है।

अकादमिक लेखन को किसी दूसरे लेखन से अलग करके देखना उन सब लोगों को धता बताना है जो चार दीवारों में बन्द न होकर अनुभवहीन जिन्दगी नहीं जी रहे। बल्कि जो हर बड़ी से बड़ी सोच को समग्रता में समझने के अनुभव भी रखते हैं और ज्ञान की सरलता और गहनता भी। पठनीयता से हमारा यही आशय है—जिसे कुछ लोग सिर्फ आसान भाषा का प्रयोग करने तक ही सीमित हुआ समझते हैं। अकादमिक लेखन को ज्यादा लोक-केन्द्रित, लोकतन्त्रात्मक होना ही पड़ेगा। उसका प्रसारण बाहर के उन सभी दायरों में होना चाहिए जहाँ से किसी भी ज्ञान की जरूरतें निर्मित और अंकित होकर उन संस्थानों तक पहुँचती हैं—जहाँ ज्ञान का केन्द्रीकरण होता है। वास्तव में, अकादमियों के बाहर बड़े व्यापक पैमाने पर पता चलना चाहिए कि किस तरह से हमारे शोधक हमारे साथ जुड़े हुए हैं। अगर ऐसा नहीं होता तो यह उसी ब्राह्मणत्व की पुनर्स्थापना है जिसके विरुद्ध आज तक लड़ाई जारी है। अन्तर केवल इतना है कि संचार साधनों के विस्तार के साथ चीजों या विचारों को अपनी मिट्टी में न रख पाने का खतरा बढ़ गया है। इस उद्देश्य के रहते ऐसा नहीं कहा जा सकेगा कि सामान्य जन का लेखन अकादमिक लेखन से बहुत अलग है। ज्यादा पढ़े-लिखे लोगों को उनके क्षेत्र में न्यूनतम ज्ञान रखने वाले सामान्य जन के निकट पहुँचने का माध्यम तलाश करना आज बहुत जरूरी है। यह दूरी खत्म करना एक सही समाज की पहली जरूरतों में से है। हमारा वैदिक और क्लासिक साहित्य भी उस समय तक जनमानस का हिस्सा बना रहा जब तक ब्राह्मण तत्त्वों ने उसे आम आदमी से अलग नहीं कर दिया।

किसी भी लेखन या ज्ञान के बारे में यह सुनना बहुत बुरा लगता है कि यह तो क़िसी विशेष अकादमिक उद्देश्य से लिखा गया है या सिर्फ पढ़े-लिखे लोगों के लिए लिखा गया है। सूचनाएँ, तथ्य, अर्थ-विस्तार, तर्क-शृंखला, विचार पृष्ठभूमि की मौजूदगी, भाषा-ज्ञान का अन्तर्निहित उद्देश्य, कई विचार धरातलों की एक साथ उपस्थिति, विस्तृत ज्ञान सन्दर्भ इत्यादि बड़े-छोटे कारण—सब मिलाकर भी कहीं नहीं ठहरते, जब किसी बड़ी कृति को सामने लाकर रख दिया जाए। बड़ी कृति के सामने हमारा जटिल प्रेत लेखन किसी कुएँ-पोखर में डालने लायक भी नहीं है।

समीक्षा लेखन हो या विचारपरक सामाजिक सरोकारों से सम्बन्धित लेखन—उसी धरती की कोख से पैदा होना चाहिए जिससे गाजर-मूली पैदा होते हैं; जिन्हें सब पहचानते हैं। भीड़ की भीड़ खरीदने वालों की होती है। किसी नायाब चीज की तरह नहीं—जो दूरदराज जजीरों पर पैदा होती है जिसे हमारा विशिष्ट वर्ग ही जानता-पहचानता हो। बाहर से आई हुई वैचारिक सम्पदा की स्थिति भी वही होनी चाहिए जो बाहरी चीजों से भरे पड़े हमारे बाजारों की है। आयातित वैचारिक समस्याओं की विशेषता का उसी प्रकार लोकीकरण करना होगा, जैसे वस्तुओं का लोकीकरण हुआ है। सड़क के किनारे धरती पर लगे हुए वस्तुओं के ढेर की तरह जिसे कोई

भी सड़क चलता साधारण जन जरा-सा झुककर देख सकता है। उसकी प्रयोगिता की और जरूरत की जाँच कर सकता है। अगर हम चाहते हैं कि पाठक अपनी ही सहज मुद्रा में आकर, इधर-उधर गर्व या लज्जा का अनुभव किए बगैर, अपनी ज्ञान-हीनता से दयनीय हुए बगैर, लेखक की विद्वत्ता से आतंकित हुए बगैर, किसी पाठक सामग्री को अपनी शक्ति बनाकर लोकशक्ति अर्जित कर सकता है तो ठीक, वरना पुस्तकालयों के पास सरकार का दिया पैसा है ही जहाँ हमारे लेखन की खपत होती रहेगी। और यह भ्रम बना रहेगा कि हमारे प्रकाशनों की संख्या पाठकों के किसी वास्तविक अनुपात का अन्दाजा हमें देती है। कुछ गिने-चुने प्रबुद्ध पाठकों को हम सम्बोधित नहीं—अपने घर से बाहर गली-मोहल्लों, कॉलोनियों, गहन बस्तियों की मानसिक संस्कृति से सम्बोधित हैं। विचार-परिपक्वता कहीं भी आड़े नहीं आती। सिर्फ हम अपना दायरा बड़ा करने से घबराते हैं। लोकमानस की तीव्रता के सामने हम टिक नहीं पाते। कुछ ही लेखन ऐसा है जो उस स्मृति और अनुभवशीलता से गुजरकर हमें विचारों की प्रतिबद्धता देता है और लेखन भी करवाता है।

आज के वर्चस्ववादी लेखन में रचना का महत्त्व भी लेखक स्वयं ही तय करता हुआ दिखाई देता है। यह एक तरह के धार्मिक लेखन की स्वयं को श्रेष्ठ घोषित करने की प्रवृत्ति है। क्योंकि साहित्य अपने स्वभाव और प्रकृति में धर्म के समानान्तर एक सामाजिक चेतना ने विकसित किया था। मानव-मूल्यों को मानव समूह के अनुभवों से ही संचित किया जाए, न कि धर्म की तरह ऊपर से लादा जाए। साहित्य अपना महत्त्व आरोपित नहीं करता। धर्म ऐसा करता है। अनुभव की प्रकृति बहुत सहज होती है। पिछला सारा संघर्ष एक स्मृति की तरह प्रत्येक अनुभव में शामिल रहता है। वह स्मृति ऐकान्तिक या अकेले इंसान की नहीं होती। वह सामाजिक सम्भावनाओं में जीवित रहती है। लेखन में इसी अपने सारे इतिहास के साथ अनुभव दाखिल होता है। अपनी ही किसी स्मृति की तरह लेखक का अनुभव-जगत भाषा और अर्थ, दोनों रूपों में पाठक को छूता है। पाठक को जैसे कुछ याद दिला रहा हो, या आगत का एहसास करा रहा हो! इस अहसास से पाठक की नई दृष्टि जन्मती है। आत्मीयता का एहसास अनुभव को पूरा का पूरा विश्वसनीय बना देता है। लेखन से उत्तरदायित्व की भावना पैदा होती है, या उत्तरदायित्व की भावना से लेखन पैदा होता है। इन दोनों बातों को लकीर खींचकर मिलाया तो जा सकता है, अलग नहीं किया जा सकता। यहाँ हम सामाजिक उत्तरदायित्व की बात कर रहे हैं।

बौद्धिकों, लेखकों के लिए सच्चाई की खोज अगर पहला काम है, तो उस खोज को तरह-तरह से लोकमानस तक पहुँचाना उसी का अनिवार्य अगला कदम है। हमारे स्वतंत्रता-संग्राम के आसपास—कुछ पहले और कुछ बाद तक का लेखन और लेखक घर-घर में परिचित और प्रिय थे और प्रेरणास्रोत भी। बहुत-से कारण और परिस्थितियाँ हैं कि साहित्य अब आम जिन्दगी के बीच की चीज नहीं

रहा। उन कारणों के रहते हमें और भी अधिक कोशिश करनी चाहिए कि समाज में साहित्य बिलकुल अनदेखा न कर दिया जाए। विशिष्ट होने की मानसिकता ने हमारे लेखन को जहाँ जटिलता दी है, वहीं व्यर्थता भी दी है। विचार-बहुलता या विद्वत्ता से इसका कोई सम्बन्ध नहीं है। अनुभव और ज्ञान के लोकीकरण का प्रश्न है। लोक सन्दर्भित विश्वसनीयता और ग्राह्यता का प्रश्न है। अतिसामान्यीकरण या सरलीकरण का प्रश्न नहीं है।

इंसान के विराट का जयघोष : उपन्यास

एक नई सभ्यता की तरह उपन्यास का उदय हुआ। लेकिन कोई भी सभ्यता एकदम किसी घटना की तरह घटित नहीं होती, सदियों की सामूहिक और समुचित स्मृति हमारी चेतना में बहती रहती है। किसी खास प्रक्रिया के तहत वक्त का चेहरा कुछ और लगने लगता है। इंसानी कल्पना और अनुभव करने की किसी उद्देश्यहीन उत्कट आकांक्षा का सीधा प्रतिफलन उपन्यास बना। जिस मुक्ति भाव से सराबोर होकर उपन्यास की कलात्मक व्यापकता का स्वप्नबोध पैदा हुआ, वह मानवतावादी आन्दोलन और पुनर्जागरण का अत्यन्त स्वाभाविक परिणाम था। उद्योग क्रान्ति, फ्रांस की क्रान्ति, विज्ञान की चमत्कारिक घोषणाएँ इसी व्यक्ति स्वतंत्रता और साहस का परिणाम थे जिन्हें घटित होने में इसके बाद लगभग एक सदी की प्रतीक्षा करनी पड़ी। यह प्रतीक्षा भी कोई रिक्त समयांश नहीं था। अगोचर अपनी प्रक्रिया में सतत था।

अभी सत्रहवीं सदी का आरम्भ ही था। कई तरह से महत्त्वपूर्ण समय का आभास होने लगा था। 1605 में Miguel de Cervantes (मिगेल सर्वेन्तीज) के उपन्यास 'Don Quixote' (डॉन किहोते) ने एक बृहत भूमिका ही नहीं निभायी, एक वास्तविक संरचनात्मक आधार भी दिया। उपन्यास विधा ने तब से आज तक इंसान की भीतरी और बाहरी दुनिया को इस तरह उजागर किया है, जैसे हर साँस शब्दों में दर्ज हो गई हो! हर वासना अपने पूरे उत्सव और व्यापार के साथ उपन्यासों की रेखाओं में उतर गई। प्रेम, ईर्ष्या, जन्म, मृत्यु, उत्सर्ग, आदर्श, बन्धन, साहस, बलिदान—इतने अलग-अलग तरह सब कुछ प्रकट हुआ कि आज किसी भी चीज को परिभाषित करना केवल औपन्यासिक प्रयत्न के अलावा कुछ नहीं रह गया लगता। जीने की इतनी दिशाएँ खोली हैं उपन्यास विधा ने कि प्रश्नचिन्ह कोई नहीं।

इंसानी खोज का रास्ता विचार से उपन्यास और उपन्यास से विचार की ओर खुलता रहा। बाहरी और भीतरी दुनिया को समझने और बेहतर बनाने के लिए जितने आयाम दार्शनिकों, मनोवैज्ञानिकों, वैज्ञानिकों और इतिहासकारों ने खोजे, उन सबकी परीक्षण स्थली उपन्यास बना। हर नये विचार को जीवन की तरह जीने का माध्यम उपन्यास बना। फ्रायड की मान्यताओं को विस्तृत धरती मिली उपन्यासों में। कीर्केगार्द के अस्तित्ववादी दर्शन को आकाश मिला उपन्यासों में। मनोवैज्ञानिकों की अचेतन

और अवचेतन की सैद्धान्तिक वायविकताओं को एक वास्तविक ठोस सत्य की तरह जीवित किया उपन्यासों ने। सच तो यह है कि दर्शनों और मनोवैज्ञानिक सिद्धान्तों की कच्ची मिट्टी उपन्यासों ने ही तैयार की थी। डेस्कार्टीज़, कांट, हीगेल, फिर मार्क्स—सब हमारे उपन्यासों में अपनी मानवीय तरलता प्राप्त करते हैं। केवल नैतिक, सामाजिक, राजनीतिक और आर्थिक विचारों की कार्यशाला ही नहीं हैं ये उपन्यास, बल्कि सब विचारों को परखने की एक यथार्थवादी कसौटी भी उपन्यासों में मिली।

पुनर्जागरण वास्तव में नवजागरण था जो ईसा-पूर्व के समय को जादुई छड़ी से उकेर रहा था। इस प्रक्रिया में जिन्दगी और मौत के अर्थ बदले। इस धरती का जीवन पहली बार बाद के जीवन से अधिक महत्त्वपूर्ण बना। ईश्वर के अस्तित्व में अविश्वास का पूर्वाभास पैदा हुआ। नीत्शे द्वारा ईश्वर की मृत्यु की घोषणा (सन् 1883) के लिए उपन्यास को उन्नीसवीं सदी का इन्तजार नहीं करना पड़ा। कथा साहित्य से बहुत अलग एक समयव्यापी आयाम था जो मानवीय आन्दोलनों और आजादी से पैदा हुआ। शायद पहली बार अपने से बाहर किसी भी और शक्ति से नियंत्रित न होने के अहसास ने आसमान की तरफ देखने का अर्थ ही बदल दिया। व्यक्ति की जन्म से मिले अधिकारों से मुक्ति, सत्ता में अविश्वास आदि बाद के सघन दर्शन हैं जो पन्द्रहवीं-सोलहवीं सदी के मानवतावादी आन्दोलन के वातावरण से प्रस्फुटित हुए, पनपे और तरह-तरह के आकारों में प्रकट हुए। मानवतावादी आन्दोलन से सम्पृक्त फ्रांस की क्रान्ति, मार्क्स का दर्शन और गोर्की का साहित्य सब बाद की घटनाएँ हैं।

कविता और नाटक अपने पूरे कलात्मक सौन्दर्य के बावजूद तब तक इंसान की मूल स्वतंत्रता का घोष नहीं थे। वे कहीं न कहीं ईसाइयत या नृप व्यवस्था से प्रभावित होते ही थे। पहली जयघोषणा शायद मिगेल सर्वेन्तीज का 'डॉन किहोते' ही थी। विस्तार महत्त्वपूर्ण नहीं है। साहसिक खोज महत्त्वपूर्ण है। ऊबड़-खाबड़ स्थलों, प्रदेशों और फैलावों में बिखरते-सिमटते हुए अपनी अपूर्ण यात्रा में घटित होता है उपन्यास। दृष्टि कभी होती है, कभी नहीं। कभी दृष्टि की सिर्फ खोज होती है। इस यात्रा के दोनों सिरे जुड़े होते हैं अनुभव से। और यात्रा का बीजमंत्र होता है—साहस, कल्पना और दृष्टि। इन्हीं तन्तुओं से कहीं बुना, कहीं उधड़ा रहा तथाकथित पहला उपन्यास 'डॉन किहोते'।

सर्वेन्तीज एक प्रस्थान बिन्दु की तरह जमे हुए हैं अपने से पहले की मध्ययुगीन संस्थाओं और उनसे जुड़ी परम्पराओं से। 'डॉन किहोते' उस मध्ययुगीन आकाश से टूटकर धरती पर आ गिरने जैसी घटना थी। धार्मिक मानसिकता, मृत्यु, पाप-पुण्य जो ईसाइयत की रीढ़ की हड्डी थे, उन सबको अनदेखा करते हुए सर्वेन्तीज ने उस समय के भूमिपतियों, फ्यूडल लॉर्ड्ज को, जो समाज के अधिपति भी थे और राजनीति की लाठी भी—सबको ऐसी हास्यास्पद स्थिति में ला खड़ा कर दिया कि

उस समय के पाठक को ऐसे हर्ष और आश्चर्य का अनुभव हुआ जो उस समय के लिए अप्रत्याशित भी था और उस स्वीकृति में सामाजिक साहस भी था। यह अनुभव संसार रचना या इसे स्वीकार करना दोनों ही उस समय की उपलब्धि थे। नाइट्स के साहसिक करतबों, दुर्गों, उनकी सेनाओं, यात्राओं, युद्धों, प्रेमिकाओं, मायाजालों, जादुओं के तिलिस्म को एक निहायत मसखरी दुनिया में तब्दील कर दिया सर्वेन्तीज ने। शहजादियों, किलों और उनके ईद-गिर्द बुने जादुओं को इस तरह हवा से उछालकर नीचे गिरने दिया है कि इस तमाशे पर लोग तालियाँ बजा उठे। नाइट्स का गुणगान तो शेक्सपियर के नाटकों में भी बहुत है। पर डॉन किहोते में बने उनके तमाशे के बाद उनके गुणगान की महत्ता समाप्त प्राय: हो गई। 'Le Morte d'Arthur' जैसी रचनाओं का समय हमेशा के लिए समाप्त हो गया। जैसे एक पुराण काल की समाप्ति थी यह।

सर्वेन्तीज के समकालीन अपने लेखन को गौरव मंडित करने के लिए तरह-तरह के औजार इस्तेमाल करते थे। बड़े-बड़े और प्राचीन लेखकों, दार्शनिकों के हवाले देना, उनको उद्धृत करना, उद्धरणों को फुटनोट्स से स्पष्ट करना इत्यादि। दूसरे लेखकों या प्रभावशाली व्यक्तियों से अपनी प्रशंसा में सॉनेट्स लिखवाकर कृति के आगे प्रमाणसूत्र की तरह प्रकाशित करना आम बात थी। सर्वेन्तीज ने प्रीफ़ेस में इसका बड़ा गम्भीर उपहास किया है। प्रीफेस भी एक कथा की तरह हो गया है। एक नाटकीय अन्दाज है। उपन्यास पूरा होने के बाद सर्वेन्तीज हतोत्साह होकर बैठ जाने का नाटक करता है, कोहनी मेज पर टिकाकर हथेली पर मुँह गाड़े सोच में पड़ जाता है। अपनी हीनता का नाटक करते हुए सोचता है—ऐसी पुस्तक का क्या फायदा जिसमें नये-पुराने विद्वानों के नाम या उद्धरण न हों; जिसमें फुटनोट्स की भरमार न हो। आखिर एक मित्र को बुलाता है। मित्र उसे ढाढ़स बँधाता है। इस भूमिका का एक अंश यहाँ देना अप्रासंगिक नहीं होगा। आखिर हम एक महत्त्वपूर्ण जन्म की बात कर रहे हैं। मित्र सर्वेन्तीज की हताशा दूर करते हुए कहता है :

> आओ, अब हम उन लेखकों और सन्दर्भों की बात करते हैं जिन्हें तुम अपने लिए चाहते हो। इसका इलाज बहुत सरल है। तुम कोई ऐसी किताब देखो जिसमें उन सबकी कोटेशंज हों। उनमें से कुछ तुम अपने लिए चुन लो।...यह लम्बी सूची तुम्हारे ज्ञान की शक्ति तो दर्शाएगी ही—चाहे उसकी जरूरत तुम्हारी किताब में नहीं है।...क्योंकि तुम्हारी किताब तो शुरू से आखिर तक इन नाइट्स सम्बन्धित कहानियों पर एक आक्रमण है। एरिस्टोरल ने तो उसका सपना भी नहीं लिया था। सेंट बेसिल और सिसरो ने तो एक शब्द भी उनके बारे में नहीं कहा था। फिर कोई तुम धार्मिक उपदेश नहीं दे रहे हो जहाँ मानव और दैवी

> तत्त्वों को घुला-मिला दिया जाता है। किसी भी रचना को केवल प्रकृति या मानव स्वभाव के सत्यों का ही प्रयोग करना चाहिए।...तुम्हें केवल अपनी शैली, अपने आख्यान को संगीतमय और सुखद बनाना है। ऐसा बनाना है जिसमें सादगी, स्पष्टता और तथ्यपरकता हो। शब्दों का सही प्रयोग हो अपने स्थान पर। अपनी पूरी शक्ति से उद्देश्य की ओर बढ़ते हुए तुम्हें ऐसे अन्दाज में कहना है कि सबकी समझ में आ जाए; जिसमें कोई भी छद्म या जटिलता न हो। यह भी कोशिश करो कि तुम्हें पढ़कर पाठक की निराशा और उदासी हँसी में बदल जाए...साधारण लोग इसे पढ़कर परेशान न हों, समझ-बूझ वाले रचना की प्रशंसा करें और गम्भीर लोग इससे घृणा न करें। अन्त में सबसे महत्त्वपूर्ण बात यह कि इन सब Books of Chivalry के विशाल भवन को नष्ट करना ही तुम्हारा एकमात्र उद्देश्य है। इसे कभी नजर से ओझल मत करो। अगर तुम ऐसा करने में सफल हो गए तो यह कोई छोटी सफलता नहीं होगी।

सर्वेन्तीज की इस नाटकीय भूमिका ने उन नाइट्स के ग्लैमर को ही ध्वस्त नहीं किया बल्कि लेखन के मूल शक्ति स्रोत को भी रेखांकित किया।

और डॉन किहोते शुरू होता है La Mancha गाँव के एक बड़े जमींदार की कथा से जिसने नाइट्स से सम्बन्धित साहस और प्रेम की कहानियाँ पढ़-पढ़ कर अपना दिमाग खराब कर रखा था। उसने एक साधारण किसान के साथ घर से निकलकर बहादुरी और प्रेम के वे कारनामे किए, जिन्हें एक दक्ष विदूषक ही कर सकता है। इस Knight बने हुए जमींदार की यात्राएँ, खड्गयुद्ध, काल्पनिक शहज़ादियाँ, किले वगैरह के महामानवीय करतबों के बाद अपने घर लौटना, दूसरे भाग में घर पहुँचकर अपनी सारी किताबों का नष्ट हुआ पाना और फिर मृत्यु। यहाँ सारे औपन्यासिक औज़ार प्रयोग हुए मिलते हैं—इन सब स्थितियों का मजाक उड़ाने के लिए। फैंटेसी मुख्य रोल अदा करती है। गम्भीर मसखरी माध्यम बनता है यह उद्देश्य प्राप्त करने का। पूरी तरह साधारण इंसान ही उपन्यास में हीरो है। दूसरे साधारण लोग भी अपनी अतिशयता में भी अपनी वास्तविक स्थितियों तक पहुँचने को बाध्य हैं। इंसानी ऊर्जा, कल्पना, स्वप्नशीलता, आदर्श, ऊबड़-खाबड़ साहस की आज भी बेजोड़ मिसाल है मिगेल सर्वेन्तीज का 'डॉन किहोते'।

शेक्सपियर सर्वेन्तीज के वरिष्ठ समकालीन थे। दोनों ने बिना एक दूसरे को जाने इंसानी चरित्र को पहली बार स्वायत्तता प्रदान की। शेक्सपियर में बाहरी परिस्थितियाँ चारित्रिक त्रुटियों का परिणाम मात्र हैं। नायक की चारित्रिक त्रुटियाँ या शक्तियाँ ही एक तर्कसंगत परिणाम लेकर सामने आती हैं। चरित्र और परिस्थितियों के टकराव का परिणाम कर्ता और द्रष्टा, दोनों भुगतते हैं। साफ दिखता है कि 'किंग लियर'

का हश्र यही होना था। उपन्यास विधा के जन्म के पहले इंसान के भीतरी उपकरणों को इस्तेमाल करने वाला कृतिकार शेक्सपियर ही है।

कुछ भी नियमित-अनियमित कर सकने की स्वायत्तता, अपनी पूर्ण स्वच्छन्दता-अराजकता की हद तक भोगने, जीने-मरने की आजादी, उपन्यास की पहली शर्त है। आज उपन्यास का अर्थ केवल एक विधा के माध्यम से अधिक अपनी औपन्यासिक प्रवृत्तियों में उजागर होता है। परिस्थितियाँ, परिवेश, पात्र, कथ्य, शिल्प, भाषा, दृष्टि, दर्शन का विस्तार औपन्यासिक होता है अपने कलेवर की सीमाओं से मुक्त। हमारे अवचेतन में तो गद्य और पद्य, दोनों अपनी तरलता में एक रूप हो जाते हैं। भाषा का आकार और अभिव्यक्ति की विधा केवल अपने प्रभाव में उजागर होती है। इसीलिए उन तमाम कथाओं को जो सैकड़ों साल पहले पद्य में लिखी गई थीं, आज हम मुख्यत: गद्य में कहने-सुनने और आत्मसात करने के आदी हो गए हैं। उनका कथानक हमारी अपनी भाषाओं की मानसिकता में ही अपना अर्थ ग्रहण करता है। एक मानसिक अनुवाद मात्र भाषा का ही नहीं है, विधा का भी है। इसीलिए प्राचीन रचनाएँ हमारे बीच उसी तरह जीवित हैं। महाकाव्य अपनी औपन्यासिक उपस्थिति दर्ज करते हैं। हालाँकि उनमें उपन्यास का अनिवार्य तत्त्व 'मनुष्य केन्द्रित' अनुपस्थित है, फिर भी समयांकन, कथा तथा पात्रों की जीवन्तता हमारे लिए औपन्यासिक आर्कषण लिये हुए है। काव्य केवल उनकी रचना का स्वरूप है। काव्य जनमानस तक पहुँचने का एकमात्र साधन था उन समयों में। गद्य या पद्य का माध्यम केवल आवरण का अन्तर है। असली बात वस्तु तत्त्व की रह जाती है।

उपन्यास का थीम चाहे कुछ भी हो, लेकिन सामाजिक, राजनीतिक, आर्थिक संस्थाओं के माध्यम से इंसानों की उपस्थिति हर तरह वहाँ दर्ज होती है। वे मर्यादाओं और नियमों की कठपुतलियाँ मात्र नहीं होते। उनके आन्तरिक संसार भी उतने ही महत्त्वपूर्ण होते हैं जितने उनके बाहरी क्रिया-कलाप। चेतन और अवचेतन के धरातल तरह-तरह से सामने आते हैं। व्यवहारों और विचारों की गुत्थियाँ पाठक के सामने उलझती-सुलझती हैं। अपनी मान्यता वे पाठक की स्वीकृति में ही पाते हैं। हमारे प्राचीन काव्य इस पाठक-स्वीकृति की सारी प्रक्रिया से वंचित हैं। वे श्रोता को मात्र एक ठोस पदार्थ परोसते हैं। सब कुछ बना-बनाया। उसे एक मूल्य के रूप में श्रोता स्वीकार करता है। साहित्य एक ऐसी धार्मिक, सामाजिक विधा थी जिसमें समाज का कोई अवदान नहीं, आवाजाही नहीं। एकतरफा रास्ता था। दूसरी बात है संघर्ष के मुद्दे। किन बातों और किन लोगों का संघर्ष? किसलिए संघर्ष? हमारे प्राचीन साहित्य में संघर्षों के कारण कोई बड़े मानवीय-इंसानी सरोकार कभी नहीं रहे। वही राज्य, धरती, स्त्री और उच्चवर्गीय मान-मर्यादा ही संघर्षों का स्रोत रहे। कलात्मक ऊँचाइयाँ और दार्शनिक शिखर उन्हीं स्थितियों, परिस्थितियों और

नियतियों को महामंडित करती हैं। जनसाधारण की स्थितियाँ सिर्फ उनके समर्पण में हैं। जनसाधारण के संघर्ष, आपसी सम्बन्ध, प्रेम, घृणा, सपने, निराशाएँ, प्रयत्न, दोस्ती, आकांक्षाएँ—कहीं कुछ दिखता ही नहीं। बस, यही उन महाकाव्यों और उपन्यास का अन्तर है। बहुत कुछ उपन्यास जैसा उनमें होते हुए भी वे उपन्यास नहीं हैं। पद्य और गद्य का अन्तर कुछ महत्त्व नहीं रखता। विषयवस्तु का अन्तर है।

उपन्यास के साथ एक विशेष सचेतन अर्थ जुड़ गया है और वह है—मनुष्य की स्वायत्तता। प्रत्येक मनुष्य की अलग-अलग गरिमा, अस्तित्व, निश्चय-शक्ति, अपनी स्थितियाँ और नियति चुनने का एकल अधिकार, अपनी प्रेरणाओं और प्रवृतियों का आत्म प्रबन्धित विकास और प्रसारण, अपने ही भीतर निहित सर्वशक्तिमत्ता। मर्यादाओं से नपी-तुली, परोमुखी जीवन नियमावलियाँ नहीं। अपनी कल्पनाओं को शारीरिक और भौतिक स्तर पर निरंकुश जीने-मरने की आदिम तथा आधुनिक आत्म-संस्कृति और आचरण स्वतंत्रता। उपन्यास ने इंसान को ऐसी मुक्ति का सुख दिया है जो हमारे पहले के दर्शनों, काव्यों, श्रुतियों, स्मृतियों तथा अन्य भाष्यों ने नहीं दिया। संगीत, उपासना, नृत्य और आध्यात्मिक अनुभवों की विशिष्टता बिलकुल अलग बात है।

उन्नीसवीं सदी के साथ ही अलग तरह की इंसानी समस्याओं का पूर्वाज्ञान शुरू हुआ। उपनिवेशीकरण, औद्योगिक प्रक्रिया और वैज्ञानिक आविष्कार मिलकर दुनिया को बाँट रहे थे। सदियों पुरानी इंसान की पहचान खत्म हो रही थी। सम्पन्नता जो वासनाएँ और जिज्ञासाएँ जगा रही थी, उनका सही स्वरूप समझने की आवश्यकता थी। गरीब और अमीर पहले भी थे, लेकिन इस तरह का आक्रामक अलगाव सामने आना पहली बार शुरू हुआ। शरीर को लेकर ऐसा भावबोध जन्म ले रहा था जो नई नैतिक चुनौतियों के साथ सामने था। दैनिक स्तर पर स्पष्ट टकराहट शुरू हुई। व्यवस्थाओं की क्रूरता इस तरह पहले सर्वविदित नहीं हुई थी। गरीब अपनी गरीबी के कारण समझकर उनसे घृणा करने लगा और अमीर उनको आडम्बरों से ढकने लगा। एक व्यक्तिगत निश्चय के रूप में परिवार का आधार और आकार बदलने लगा। यौन उत्सुकताएँ अपना अर्थ और उद्‌गम ढूँढ़ने लगीं। साथ ही व्यक्ति इतना आत्मविभोर पहले कभी नहीं हुआ था। आत्मछवि अब बाहर के क्रिया-कलाप से निर्धारित न होकर अपनी सन्तुष्टियों-असन्तुष्टियों और भीतरी पहचान से नियंत्रित होने लगी। हर स्तर पर पिछली दुनिया के साथ एक जंग छिड़ गई। यथास्थिति की असहायता का स्वरूप सामने आया।

हालाँकि John Ruskin की प्रखर आर्थिक-सामाजिक सम्बन्धों पर आधारित महत्त्वपूर्ण कृति 'Unto the Last' 1860 में प्रकाशित हो गई थी। मार्क्स का 'Das Kapital' भी सन् 1867 में आ चुका था। पर दर्शन को एक व्यवस्थित प्रभाव का आभास ग्रहण करते हुए निश्चित ही कुछ समय लग ही जाता है। जनमानस

में उसकी भावभूमि तैयार करने का महत्त्वपूर्ण काम डिकेंस जैसे साहित्यकारों का ही रहता है। रस्किन और मार्क्स के इन ग्रंथों के कुछ वर्ष पहले चार्ल्स डिकेंस (Charles Dickens) के महत्त्वपूर्ण उपन्यास छप चुके थे। लेकिन समाज की तसवीर सामने रखना ही काफी नहीं है। उनके कारणों में जाना भी जरूरी है जिनसे मानव-स्थितियाँ पैदा होती हैं और हर तरह के इंसानों की जिन्दगी उनकी अभिव्यक्ति का कारण बनती है। सामाजिक चिन्तकों और उपन्यासकारों ने लगभग समानान्तर इस चुनौती को स्वीकार किया।

शहरों में कीड़े-मकोड़ों की तरह रोजी-रोटी की तलाश में आए लोगों का, सड़क के किनारे पड़ी इंसानी जिन्दगी का, कल कारखानों में चूरा होते मजदूरों का; चोरों, भिखारियों, वेश्याओं, अमीरों का यानी जीवन को जहाँ-जहाँ उस शहरी समाज में ढूँढ़ा-देखा जा सकता था—डिकेंस ने पहली बार उसका चित्रण किया था। अपने उपन्यासों—'डेविड कॉपरफील्ड', 'ब्लीक हाउस', 'हार्ड टाइम्स', 'ग्रेट एक्सपेक्टेशंज' और 'टेल ऑफ टू सिटीज' में इतने पात्रों, कथा-बिम्बों, स्थितियों का यथार्थपरक, व्यंग्यात्मक भी और भावुक भी—ऐसा चित्रण किया है कि शरणस्थली कोई नहीं। यतीम बच्चों को एक स्टॉक और शेयर बाजार कहना, लोगों को कुर्सी-मेज कहना, इत्यादि उसी यातना की अभिव्यक्ति थी जो डिकेंस ने स्वयं जीवन में भोगी थी। अतिभावुकता का दोष उन्हें दिया जाता है। लेकिन स्थिति से बाहर खड़े हुए मात्र द्रष्टा में और यातना की जद में आए हुए भोक्ता के स्वयं अपनी स्थिति को बयान करने में जो अन्तर होता है, उसे ही अक्सर ऐसे स्थलों की भावुकता कहा गया है। डिकेंस के अति व्यंग्यात्मक होने में भी भावुकता की आँच लोगों को महसूस हुई है। सपाट बयानी का दोष भी उन पर आया। डिकेंस में वर्णनों की भरमार है जो बाद के लोगों को कलात्मक नहीं लगी। पहली बार समाज का चित्रण डिकेंस कर रहे थे और उनका उद्‌देश्य भी स्पष्ट था। जिन लोगों तक बात पहुँचनी चाहिए और जिस अस्त्र का प्रयोग होना चाहिए, उसमें डिकेंस भरपूर सफल रहे। लोग अपनी दुर्गति को साफ देखें और जो पीड़ा के आदी होकर चुप हैं, उन्हें पीड़ा सिर्फ दिखे ही नहीं, महसूस भी हो—ऐसी अभिव्यक्ति कितने कलात्मक सौन्दर्य की माँग करती है, यह वे लोग भूल जाते हैं। जो लोग इन स्थितियों के जिम्मेदार थे, वे उसी तरह सबको दिखें जैसे वे Bos (डिकेंस का मित्र-सम्बोधन) को दिखते थे। ऐसा व्यंग्य भी पीड़ा को पचाए बगैर सम्भव नहीं है। चरित्रों के नाम भी क्रूर स्थितियों जैसे हैं। डिकेंस को अपने जीवन में ही भरपूर लोकप्रियता मिल गई थी। सरकार को जिस तरह उन्होंने अकेले प्रभावित किया, उस समय की राजनीति ने भी नहीं किया।

डिकेंस में औद्योगिकीकरण से पैदा हुई पूँजीवादी व्यवस्था के साथ-साथ विशिष्ट राजनीतिक दृष्टि भी है। फ्रांस की क्रान्ति के परिणामों और कारणों—दोनों को ही वे लंदन और पेरिस की स्थितियों में झलकता हुआ देखते हैं। 'Tale of Two

Cities' अंग्रेजी भाषा का सबसे अधिक प्रकाशित होने वाला उपन्यास है। अब तक इसकी 20 करोड़ प्रतियाँ प्रकाशित हुई हैं। फ्रांस की क्रान्ति (1789) के पहले और बाद का सफेद और काला धुआँ, इन दोनों शहरों के किसानों, मजदूरों की रजवाड़ों और जमींदारों—(Aristocrats) के हाथों दुर्दशा और फिर क्रान्तिकारियों द्वारा तमाम सहज मानवीय मूल्यों और सहानुभूतियों का अतिक्रमण—इन सबका चित्रण डिकेंस की उसी राजनीतिक दृष्टि का परिचायक है जो सामूहिक मानव आचरण को आरम्भ से अन्त तक निष्पक्ष होकर परखती है। यहाँ भी वही ऊर्जा है जो सृजन और विनाश के सम्बन्ध की अनिवार्यता को आचरण की अराजकता और बौद्धिक विसंगतियों से जोड़कर देखती है। डिकेंस हालाँकि बौद्धिक विश्लेषण में नहीं पड़ते, लेकिन इंसानी व्यवहारों के उद्‌गम स्थलों की जाँच-पड़ताल वे अपने उस अनुभव के औजारों से ही करते हैं जिससे उनकी अपनी जिन्दगी तराशी गई थी। उपन्यास का माहौल वातावरण को जिस तरह रुँधासता है, उसका चित्रण इतिहास दृष्टि की वक्रता भी है और जनोन्मुख प्रक्रिया भी।

'It was the best of times. It was the worst of times.' जैसी पंक्तियाँ, जिनसे उपन्यास शुरू होता है, कितनी बार और कितने समयों के लिए कही जा सकती हैं। शायद इतिहास में ऐसे समय इतने कम हैं कि उन्हें उनके व्यक्तिगत नामों से पुकारा जा सकता है।

ऐसा ही एक वक्त भारत में भी आया था जब आजादी बहुत दूर नहीं थी। लेकिन कितनी दूर है, यह दिखता नहीं था। ऐसे समय में उसी दृष्टि और संवेदना से लैस होकर प्रेमचन्द उत्तर भारत में लिख रहे थे। डिकेंस शहर में आकर सबके सामने उघड़ी पड़ी जिन्दगी को और ज्यादा उघाड़ रहे थे और प्रेमचन्द अपने उन गाँवों की दुर्दशा का अंकन कर रहे थे जो देश की टूटी हुई रीढ़ की हड्‌डी की तरह थे। डिकेंस की तरह ही प्रेमचन्द का कोई सौन्दर्यभाव जनित कलात्मक उद्‌देश्य नहीं था। चरित्रों की मन:स्थितियों के विश्लेषण में पड़कर वे आग की सीधी लपक से दूर नहीं होना चाहते थे। वेदना उनके सामने थी, संवेदना उनके भीतर। दोनों के बीच कोई तीसरा जैसे आ ही नहीं सकता था। 'गोदान' के शुरू में ही होरी धनिया को जो कह गया, वह असहायता का अनायास वर्णन है। वह गाँवों में सहज स्थिति थी। होरी के मालिक को मिलने जाने की जल्दी में उपन्यास शुरू होता है। होरी कहता है :

> यह इसी मिलते-जुलते रहने का परसाद है कि अब तक जान बची हुई है। नहीं, कहीं पता न चलता कि किधर गए। गाँव में इतने आदमी तो हैं, किस पर बेदखली नहीं आई? किस पर कुड़की नहीं आई? जब दूसरे के पाँवों तले अपनी गर्दन दबी हुई है तो उन पाँवों को सहलाने में ही अपनी कुशल है।

इसी तरह की समतल बयानियाँ इन पात्रों की बाहरी स्थितियों और भीतरी मनस्थितियों में कोई अन्तर नहीं रहने देतीं। अर्थों की कोई परतें यहाँ नहीं हैं जिन्हें कलात्मक जुगाड़ों से सुन्दर बनाने की कोशिश की जाए। किवाड़ खुलने पर भी वही दीखता है जिसकी कल्पना किवाड़ों के बाहर खड़े होकर की जाए। प्रेमचन्द ऐसे लिख रहे थे, जैसे वे स्वयं गाँवों में एक अप्रत्यक्ष चरित्र के रूप में हर जगह मौजूद हों—संवादों में हिस्सा लेते हुए, स्थितियों से गुजरते हुए, सफाइयाँ देते हुए, जैसे-तैसे अपना बचाव करते हुए, अपना अनिष्ट हर समय देखते हुए। यही स्थितियाँ उस समय हर गाँव में थीं। कुछ पात्रों में विक्षोभ भी था, कसमसाई हुई आकुलता भी थी। स्थितियों का विरोध जहाँ नजर आता है, उससे अधिक विद्रोह की सम्भावना का कोई विकल्प भी प्रेमचन्द नहीं रच रहे थे। उसके लिए बहुत कुछ बाहरी जोड़ना पड़ता जो उन गाँवों की समस्यागत असहाय मानसिकता से मेल नहीं खाता। उसके लिए उन्हें और ही तरह की परिस्थितियों को शामिल करना पड़ता जो सम्भावनाओं के नाम पर कल्पित की जाती हैं। लोगों के सामने थे—जमींदार, रायबहादुर, पटवारी, तहसीलदार, कोर्ट-कचहरी। अंग्रेजी कुटिल नीतियाँ कैसे इन सबको संचालित करती थीं, वह ग्रामीण जनता से बहुत दूर की चीज थी। उनके दुख अंग्रेजों की कुटिल नीतियों के परिणामस्वरूप थे, इसे देख पाना उन किसानों के लिए सहज और विश्वसनीय स्थिति नहीं थी। इसके अतिरिक्त अपने ही गाँव-गोठ की जात बिरादरी, संस्कार और परम्पराएँ थीं जिनमें गरीब किसानों को डरा-धमकाकर रखने के लिए उतना ही विष था, जितना सूदखोर जमींदारों, भ्रष्ट अहलकारों, हाकिमों और कचहरी के कारिन्दों में। इन्हीं बातों पर प्रेमचन्द का फोकस था। जरा भी इस फोकस से वे इधर-उधर नहीं होना चाहते थे। राजनीतिक माहौल शायद इसीलिए उनके उपन्यासों में नहीं आया। वह भी अपने असली मुद्दे से उन्हें कुछ तो दूसरी तरफ ले ही जाता। वे इस गहनता को जरा भी ढीला नहीं पड़ने देना चाहते थे। पृष्ठभूमि में भी इस स्थिति के अलावा कुछ और नहीं। किसी क्लोजअप के लिए बैकग्राउंड को ओझल करना पड़ता है। वे मटमैली धोती, बंडी और गमछे पर सफेद टोपी नहीं रखना चाहते थे। ज्यादा कर्कश होकर कहा जाए तो वे जैसे वक्त के फैशन से बचकर अपने कैमरे से समय के सबसे अँधेरे कोनों को उजागर करते रहे।

अपने गाँवों की छवि देने में प्रेमचन्द जितने सफल हुए हैं, उतने उनके समकालीन या बाद के लेखक नहीं। केवल रेणु ही प्रेमचन्द के बाद एक आंचलिक परिवेश के माध्यम से इस कथा को बाँच गए। उनका कलात्मक सौन्दर्य और भाषा का जादू मिलकर कथा के अतल तक पहुँचता है। रेणु में परिवेश एक गंध की तरह व्याप्त है और स्मृतिकोष का हिस्सा बन जाता है। फिर भी उद्देश्य की सघनता प्रेमचन्द में ही ज्यादा है। बाद के अधिकतर लेखक गाँवों से दूर होते चले गए। विषयों के

सीमित दायरों में सिमट गए। उनकी दृष्टि उद्देश्य की उस सघनता को नहीं पकड़ पाती जिससे पूरी तरह सम्पृक्त होकर लेखक अपने समय के दर्द को अक्षर-अक्षर बाँच रहा होता है। उस दर्द के पीछे किन शक्तियों का कितना हाथ है, वह बिना पूरी कथा बाँचे भी दिख जाता है। ओंकारनाथ, दैनिक पत्र 'बिजली' के सम्पादक और रायसाहब के बीच संवाद उस व्यवस्था की कीलपेंच तक पहुँचता है। रायसाहब का अपने सफाई में लम्बा कथन दोनों तरफ का भंडाफोड़ है :

> आपको स्वदेशी-स्वदेशी चिल्लाकर विदेशी दवाओं और वस्तुओं के विज्ञापन छापने में शरम नहीं आती तो मैं अपने असामियों से डाँड, तावान और जुर्माना लेते शरमाऊँ?...हुक्काम को गालियाँ न दूँ तो मैं बागी समझा जाऊँ।

सारा कथन उद्धृत करना संगत नहीं। यह लम्बी सफाई बड़ी अर्थपूर्ण और बहुर्मुखी है। इसमें अतिरिक्तता कहीं नहीं। जहाँ पात्रों से हटकर लेखक स्वयं स्थितियाँ बयान करता है, वह 'नैरेशन' के स्थल किसी भी विधा में कठिनाई पैदा कर सकते हैं। टॉल्स्टॉय और गैबरियल गर्सिया मार्केस इस कला के अद्वितीय सर्जक हैं। उनका 'नैरेशन' ही उनके प्रभाव की जान है। बड़े-बड़े सत्य वहाँ उजागर होते हैं। प्रेमचन्द में भी ऐसे स्थल हैं, हालाँकि कम हैं।

प्रेमचन्द के लगभग समकालीन उक्लीद्स द कुन्या की एक अमर कृति 'Os Sertoes' (1902) (बैक लैंड्स में विद्रोह) ब्राजील के अत्यन्त पिछड़े इलाके में किसानों द्वारा भ्रष्टाचार और नाजायज लगान के विरोध की कथा है। इस उपन्यास ने उस व्यापक स्तर पर अनचीन्ही घटना को सिर्फ ब्राजील के ही नहीं, सारे दक्षिण अमरीका की स्मृति में अंकित कर दिया है। प्रेमचन्द के उपन्यासों में किसानों द्वारा अपनी दुर्दशा के विरुद्ध विद्रोह का यथार्थ और विकल्प 'प्रेमाश्रम', 'कायाकल्प' और 'कर्मभूमि' में आया तो है मगर उग्रता से नहीं। इनमें किसान अपने लगान की दर बढ़ाए जाने का विरोध करते हैं, लड़ते भी हैं, और हिंसा पर भी उतरते हैं। सम्भावनाएँ बहुत थीं, लेकिन अंग्रेज सरकार के अतिरिक्त उस समय चल रहे राजनीतिक आन्दोलन ने किसानों का साथ नहीं दिया। विद्रोह समझौतावादी प्रयासों का शिकार बनकर रह गया। राजनीतिक आन्दोलन के उद्देश्य स्पष्टत: समझौतावादी थे। हालाँकि सहजानन्द सरस्वती जैसे नेता भी थे, जिन्होंने 1929 में बिहार में प्रान्तीय किसान सभा स्थापित की और 1936 में अखिल भारतीय किसान सभा जिसमें राममनोहर लोहिया, जयप्रकाश नारायण, नम्बूदरीपाद, एन.जी. रंगा, राहुल सांकृत्यायन और आचार्य नरेन्द्रदेव जैसे दिग्गज नेता भी शामिल थे। 1934 में यानी 'गोदान' के प्रकाशित होने के दो वर्ष पहले बिहार के भूचाल पीड़ितों की सहायता के लिए सहजानन्द जी-तोड़ काम कर रहे थे। और जमींदार लोग लगान

वसूली की सख्ती का जुल्म कर रहे थे। सहजानन्द गांधी जी से मिले जो उन दिनों पटना आए हुए थे। गांधी जी ने उन्हें कहा, "जमींदार लोग किसानों की मदद करेंगे। उनके कारिन्दे हमारे कांग्रेसी कार्यकर्ता हैं। इसलिए वे जरूर गरीबों की मदद करेंगे।" सहजानन्द सरस्वती ने उसके बाद गांधी जी से विच्छेद कर लिया। सहजानन्द का 'डंडा मेरा जिन्दाबाद' और 'कैसे लोगे मालगुजारी, लठ हमारा जिन्दाबाद' (Walter Hauser, 1961) का नारा प्रेमचन्द के रचनात्मक उद्‌देश्यों की परिधि में नहीं आ पाया। मजबूरियों का चित्रण ही शायद प्रेमचन्द अधिक उद्वेलित करने वाली शक्ति मानते हों!

ऐतिहासिक दृष्टि से लैस होकर भविष्य को भी एक मूर्त यथार्थ की तरह साफ-साफ देख पाने की सामर्थ्य का अभाव शायद प्रेमचन्द में नहीं था। वे स्वयं उन समकालीन गतिविधियों के जागरूक प्रहरी पत्रकार थे। लेकिन उनके साहित्यिक उद्‌देश्य को हम अपनी मान्यताओं के दर्पण में ही देखें तो निराशा होगी। उनका प्रभाव उनके उद्‌देश्य का आज सबसे बड़ा साक्षी है।

उक्लीद्‌स द कुन्या के 'बैक लैंड्स में विद्रोह' का यह विधान अधिक सशक्त है। वहाँ एक साधु कौंसलर अन्तोनियो किसानों के विद्रोह को एक क्रान्तिकारी आयाम देता है। उपन्यास में साधु अन्तोनियो कहते हैं :

> सचमुच, मैं तुम्हें कहता हूँ, जब राष्ट्र के विरुद्ध राष्ट्र उठेगा, ब्राजील के विरुद्ध ब्राजील, इंग्लैंड के विरुद्ध इंग्लैंड, पर्शिया के विरुद्ध पर्शिया, तभी समुद्र की गहराइयों से डॉन सिबैश्चियन अपनी सेना के साथ निकलकर बाहर तुम्हारी रक्षा को आएगा।

यह साधु भी जैसे ऐतिहासिक और मिथकीय राजा सिबैश्चियन की तरह समुद्र की गहराइयों से निकलकर बाहर आया था। इस उपन्यास में भाषा एक चारित्रिक विशेषता के साथ स्थितियों का संवाहन करती है। एक विपक्ष की तरह स्थितियों के भीतर निहित कुतर्क को विज्ञप्त करती हुई जनसंघर्ष को एक धार देती है। अपनी भाषिक भव्यता और क्षमता के लिए यह उपन्यास एक उपनिषदिक प्रभाव रचता है। यह कृति विश्व की साहित्यिक उपलब्धि मानी जाती है।

उन्नीसवीं सदी के अन्त में उक्लीद्‌स के किसानों के ठीक समकालीन बिहार के घने जंगलों में रहने वाले मुंडा लोगों के विद्रोह की महागाथा अपने उपन्यास 'जंगल के दावेदार' में महाश्वेता देवी ने ऊष्ण आर्द्रता और उग्रता से उठाई है। यहाँ भी एक मुंडा युवक 'बीरसा' भगवान बनकर जंगल से उदय होता है। मुंडा लोगों को अपनी भूख-प्यास, बेरोजगारी की शारीरिक मजबूरियों से मुक्त करके विद्रोह की मानसिक मजबूरी की स्थिति में ले आता है। दिव्यता एक कारक है उन लोगों का विश्वास अर्जित करने के लिए—ऐसा विश्वास, जिसमें इंसान अपनी भूख-प्यास भूल जाए।

"राँची से रिपोर्ट गई, चालकाड़ और दूसरी दूर की बस्तियों में, गरीब मुंडा गाँवों के लोगों के मन में भयानक रूप से असन्तोष भर गया है। मुंडा लोग कुछ बात ही नहीं करते : जमींदारों और महाजनों की भी बात नहीं मान रहे हैं। खेत-मजूर मिल नहीं रहे हैं, बेगारी कोई देता नहीं। बिना खाए मरोगे, यह कहने पर मुंडा जवाब देते हैं कि हम क्या दिकू हैं कि उपवास करने से, भोजन के न मिलने से डर जाएँ? प्रदेश की सरकार ने जानना चाहा, 'दुर्भिक्ष तो प्राय: प्रत्यक्ष दिखाई दे रहा है। मुंडा लोग खाते क्या हैं?' जवाब गया, 'घास के दानों का घाटो। जब मिल जाता है, खा लेते हैं! जब नहीं मिलता, नहीं खाते।'"

बीरसा की गिरफ्तारी, उसकी यातना में भी दूसरों की रक्षा का ही अबूझ प्रयास और मरण पाठक की स्मृति में एक शिला की तरह स्थापित हो जाता है। मुंडा लोगों के भीतरी-बाहरी जीवन की ऐसी झलक प्रस्तुत करता है यह सत्य आधारित उपन्यास कि इसे साहित्यिक दूरदर्शात्मकता की अनूठी कृति कहा जा सकता है।

उपन्यास कला ने इतने दुख बीने हैं, इतने सुख बाँटे हैं, इतने आश्चर्य हवाओं में उछाले हैं, इतनी नरम और कठोर धरती की रचना की है कि लगता है, उपन्यास जीवन से बहुत बड़ा है या पूरा जीवन तो है ही। एक ही साथ, एक ही जगह न सही। अलग-अलग हिस्सों में, समय-कालों में, लगता है, इंसान ने अपना असली जीवन उपन्यासों में ही जिया है। जो हम खुद नहीं कर सकते, जिसकी कल्पना भी नहीं कर सकते, जिसे जीवन में किसी भी तरह स्वयं भोग नहीं सकते, वही सब हमने उपन्यासों में भोगा है, किया है, कल्पित किया है। हमारे गोचर भी, अगोचर भी उपन्यासों में उद्घाटित होते हैं। और जीवन की तरह एक निरन्तरता है उपन्यास में। कोई भी उपन्यास खत्म नहीं होता। उपन्यास की समाप्ति चलते-चलते एक स्थिति पर आकर रुक जाने से अधिक कुछ नहीं। हर उपन्यास समाप्त होने के बाद भी जारी रहता है—लेखक के मन में भी और पाठक के मन में भी। लेखक जब उपन्यास समाप्त करके उठता है तो यही सोचता है कि 'यह अभी समाप्त नहीं हुआ, बस, मात्र आगे और लिखना बन्द हुआ है।' कहानी विधा की समाप्ति ऐसी नहीं होती। जहाँ कहानी समाप्त हो जानी चाहिए, वहीं कहानी समाप्त हो जाती है। लेखक भी महसूस करता है कि अब कहानी समाप्त हो गई है। पाठक को भी ऐसा लगता है, एक स्थिति थी जो समाप्त हो गई। कई कहानियाँ समाप्त होने का आभास नहीं रचतीं। उनका तर्क भी यही होता है कि कहानी कभी खत्म नहीं होती। लेकिन एक स्थिति जिस तरह खत्म होती है, कहानी का समाप्त होना भी जरूरी होता है। कहानी चाहे कितनी भी लम्बी हो और उपन्यास चाहे कितना भी छोटा, यह और आधारों के अतिरिक्त इन विधाओं में एक महत्त्वपूर्ण अन्तर है। इस दृष्टि से काफ्का की 'The Metamorphosis' एक लम्बी कहानी है और कृष्णा सोबती का 'मित्रो

मरजानी' एक उपन्यास। काफ्का के उपन्यास 'द ट्रायल' में स्थितियाँ प्रमुख हैं और K के मरने के बाद वह स्थितियाँ जारी रहती हैं। लेकिन 'मेटामोरफोसिस' में ग्रेगर के मरने के बाद परिवार के लिए स्थिति पूर्णतः समाप्त हो जाती है। 'मित्रो मरजानी' के अन्त की स्थिति मित्रो के लिए पटाक्षेप नहीं है। दोनों अपने लघु कलेवर में ही अपना विधात्मक सत्य उजागर करते हैं।

बीसवीं सदी के पहले दशक से ही एक संत्रास का वातावरण किसी न किसी रूप में लगभग हर जगह फैल रहा था और यूरोप बाकी सारी दुनिया को जकड़े हुए था। बाल्जाक, फ्लाबर्ट, एमिल जोला और उनका Realism, Naturalism—सब पीछे छूट गए थे। आजादी का स्वप्न भी उपनिवेशों की आँखों में उभर रहा था। जर्मनी में नाजियों की मदांधता आसपास के देशों को हड़पने की कोशिश में थी। यहूदियों के लिए इससे बुरा समय तब भी नहीं था जब रोमनों ने ईसा-पूर्व काल में उन पर जुल्म किए थे। केवल यहूदी ही नहीं, हर इंसान दहशत में था। पहले विश्वयुद्ध का इतिहास सर्वविदित है। नाजियों की अपनी नस्ल और राज्य-विस्तार की आकांक्षा सर्वविदित है। समाजवाद को साम्राज्यवाद बनने में भी अभी देर थी। उपन्यासों ने तब के समय को इस तरह रचा है, जैसे उस समय की रचना उपन्यास की ही साजिश हो! बाहर का अस्तित्व और संत्रास और उससे मुक्ति के प्रयासों की उपन्यास के भीतर और बाहर आवाजाही ऐसे बनी रही, जैसे घर से निकलना और फिर घर लौटना। काफ्का के 'The Trial' (1925) से कामू के The 'Stranger' (1942) तक की यात्रा एक कोहरे में दफ्न घाटियों में यात्रा जैसी है। आँखों के सामने का कोहरा छँटता नहीं और चलना जरूरी है। यात्रा जरूरी है। ठीक-गलत कुछ नहीं—बस, जरूरी।

काफ्का का 'द ट्रायल' इस सब कुछ के जरूरी होने का दस्तावेज है। जौसेफ के (K.) का अपराधी बनना समय की जरूरत है। कारण न K. को पता है, न किसी अन्य को। उसके चाचा एक वकील करते हैं। वकील को अपराध की जानकारी नहीं है। लेकिन अपराध गम्भीर है, बस, यही मूल है। वकील की असिस्टेंट के प्रति के. का आकर्षण और ऑफिस के एक कोने का रोमांस—फिर एक पेंटर जो कचहरियों, मुकदमों की जानकारी रखता है, सिर्फ इतना जानता है कि सजा जरूर होगी—अपराध चाहे कुछ भी हो। फिर पादरी जो कैदियों का पादरी भी है, उसका रोल इतना ही है कि वह आने वाली अपरिहार्यता के लिए अपराधी को तैयार कर सके। आशा व्यर्थ की चीज है। सिर्फ तैयारी, अपनी समाप्ति के लिए। अपराध तो कुछ न कुछ है ही। सजा तो होगी ही। उससे बचने की कोशिश और उपाय भी जरूरी हैं। साथ ही शरीर की दूसरी वासनाएँ भी इन्हीं स्थितियों के बीच के क्षणों में ही कहीं पूरी होंगी। वे भी जरूरी हैं। परिस्थितियों की क्रूरता हमारी अपनी वासना

की तरह चारों तरफ फैली हुई है। वासना भी हर जगह है, क्रूरता भी हर जगह। दोनों एक साथ घटती हैं। मरने से पहले मरना हो नहीं सकता। लेकिन व्यवस्था का अपना समय और नियम है। सजा का वक्त आएगा जब, फैसला सुना दिया जाएगा। तुम्हारा यही अन्त जरूरी है। इसे कोई त्रासद भी कैसे कहे? यह बड़ी हास्यास्पद बात है। सब स्थितियों पर हँसी आती है। हर त्रासद स्थिति अपने भीतरी अतर्क और अकारण पर आधारित है और वही न समझ पाना ही हँसी का कारण है। कारण की अनुपस्थिति विदूषक की तरह है जो सबको हँसाती है। इसी का विस्मय बार-बार हमें चौंकाता है, जकड़ता है, हाथ कुछ नहीं आता। हमारे समय के मार्केस और सलमान रुश्दी भी इस विस्मय और अकारण का भरपूर प्रयोग करते हैं। खैर, बात मृत्यु की थी और वहाँ ऐसी स्तब्धता है कि विदूषक को परदे के पीछे जाना ही पड़ता है। काफ्का के 'ट्रायल' का अन्त या कहें, अनन्त इस तरह है :

> Where was the judge he'd never seen? Where was the high court he'd never reached?...But the hands of one of the gentlemen were laid on K.'s throat, while the other pushed the knife deep into the heart and twisted it there, twice.... 'Like a dog!' he said, it was as if the shame of it should outlive him.

यह अनन्त K. की मृत्यु को एक मामूली जरूरत से अधिक कुछ नहीं रहने देता, उसके बाद भी अपमानजनक शर्मिंदगी।

काफ्का और कामू बड़े-बड़े प्रतीक, कथा-बिंब और पेरेबल्ज़ रचते हैं अपने समय को पकड़ने के लिए। और इस प्रक्रिया में वे समयातीत भी हो जाते हैं। इंसानी स्थिति के कुछ निर्णायक क्षणों को पकड़कर इंसान को मोहरे की तरह इस्तेमाल करते हैं अपनी बात कहने के लिए और लगता है, स्थितियाँ पीछे भी जाती हैं और आगे भी। वे एक दर्शन को माध्यम बनाते हैं और इंसान को उन स्थितियों से गुजारते हैं जो उन्हें उनकी परिणितियों तक ले जाती हैं, जहाँ कर्ता और द्रष्टा में अन्तर समाप्त होता दीखता है।

कामू में कर्ता ही द्रष्टा भी है और वर्तमान ही निर्णायक क्षण है। कर्ता अपने स्वयं के कर्ता होने से आक्रान्त भी नहीं है क्योंकि वह द्रष्टा भी है और इसीलिए उसके परिणाम भोगने की अनिवार्यता एक सहज स्थिति है। लेकिन काफ्का अपने कर्ता होने का भी जिम्मेवार नहीं है। वह कुछ है ही नहीं। परिस्थितियाँ ही कर्ता हैं और निर्णायक भी। कर्ता और परिणाम के बीच कार्य-कारण का सम्बन्ध गायब है। कामू हालाँकि 1942 में 'अजनबी' लिख रहे हैं और काफ्का 'द ट्रायल' 1925 से

पहले लिखा गया। समय की प्रवृत्तियों में अन्तर केवल इतना था कि जो कुछ भी तरल था, ठोस बन गया था। पहले विश्वयुद्ध की समाप्ति के परिणाम युद्ध से भी अधिक भीषण थे। शायद इसी कारण सार्त्र और कामू, दोनों अस्तित्ववादी दर्शन को एक सीमा तक ही स्वीकारते थे। वे भविष्य के प्रति आस्थावान होकर सामूहिक मानव प्रयत्नों में विश्वास करते थे। लेकिन कामू सार्त्र की तरह समाजवादी दर्शन को अर्जित नहीं कर पाए थे। उनका उपन्यास 'अजनबी' उनके अस्तित्ववादी चिन्तन का प्रतिनिधि उपन्यास है। अपनी माँ की मृत्यु पर भावनाहीन उदासीनता, एक अरब व्यक्ति को गोली मारने के बाद की निस्पन्दता, अपने मुकदमे के दौरान प्रतिक्रियाहीन पाषाणता, कैद में पादरी को उसके ईश्वर के समेत नकारना और अन्त में मृत्यु का वरण। सब ऐसा है जो इस विश्व के अगोचर विधान की इंसान के प्रति उदासीनता का प्रतिबिम्ब है। प्रकृति के विस्तार में इंसान की उपस्थिति जैसे कोई विशेष ध्यान देने लायक चीज नहीं है। यहीं कामू और सार्त्र का अन्तर भी स्पष्ट हो जाता है। काफ्का में स्थितियों की एबसर्डिटी आखिर एक विषाद तक पहुँचती है। कामू में यह विषाद अनुपस्थित है। कामू का Essay 'The Rebel'—सार्त्र और कामू का अन्तर भी है और दोनों के बीच की कड़ी भी, जिसे उन्होंने अपने समय में एक जिद की हद तक बनाए रखा—जोड़े भी रखा और तोड़े भी रखा।

अज्ञेय का 'शेखर : एक जीवनी' काफ्का और कामू के बीच कहीं अटका हुआ है। काफ्का में परिस्थितियाँ इतनी अधिक निर्णायक हैं कि अस्वीकार का कोई स्थान नहीं। परिस्थितियाँ 'शेखर' में भी उसके बचपन से ही निर्णायक रहती हैं। माँ के अविश्वास का एक वाक्य एक अटल परिस्थिति की तरह शेखर में एक निर्णायक भूमि बनी। कैंप में पहरा देते हुए पकड़े जाना, जेल जाने की परिस्थिति—अकारण, अदोष। और फिर शशि की परिस्थिति—शेखर के पहले भाग का अन्त और दूसरे भाग का आरम्भ ड़ी 'पुरुष और परिस्थिति' शीर्षक से है। अधिक परिस्थितियाँ शेखर के अपने कामों का परिणाम नहीं हैं। शशि-शेखर की कथा उन परिस्थितियों के परिणाम में ही स्थित हैं। अस्वीकार का कोई स्थान न होना, उस अस्तित्ववादी दर्शन को जन्म देता है जो बृहद रूप से कामू की रचनाओं में घटा। विशेष रूप से, 'स्ट्रेंजर' में। यहीं 'ट्रायल' से 'स्ट्रेंजर' की यात्रा का अन्त भी है जो उसी अस्वीकार से पैदा होता है—विद्रोह। शेखर में वह विद्रोह उसके स्वभाव में हमेशा ही हाथ की लकीरों की तरह बिछा रहा। हालाँकि उसका कोई विधिवत text नहीं बनता जिसे पढ़ा जा सके और किसी दर्शन तक पहुँचा जा सके। हाथ-पैर मारते रहना ही हाथ आता है। दलदल में धँसे व्यक्ति की तरह हाथ-पैर मारते रहना। यही नियति शेखर के विद्रोह की रही। शशि को सम्बोधित शेखर कहता है, बिलकुल अन्त के निकट, जब शायद सारा अर्जित ज्ञान बुझते हुए क्षणों में भक से उजागर हो जाता है :

> सर्वत्र कलुष है, हास है, पतन हैं...जीवन आमूल दूषित है। ईश्वर मानस, सब कुछ—आमूल दूषित-दूषित और सड़ा हुआ। विरुद्ध लड़ने के लिए कुछ भी नहीं है या सब कुछ है...मिट्टी को काटा जा सकता है, पर दलदल को नहीं—उसमें धँसना ही धँसना है।

शेखर-शशि की कथा में 'घटित' और 'परिणाम' उन दोनों के भीतर एक बीज की तरह मौजूद है। केवल परिस्थिति चाहिए अंकुर फूटने के लिए। जिस रात शशि घर नहीं गई, उसी रात अंकुर फूटा भी और विष-वृक्ष की तरह फैला भी। शशि क्या नहीं जानती थी इसका परिणाम? लेकिन परिणाम का स्वीकार पहले ही मौजूद है भीतर। इसी नियति की बात शेखर के पहले भाग के शुरू में ही एक विद्रोही को आँकते हुए कह दी गई है।

"विद्रोही पैदा होते हैं—बनते नहीं। बीज मौजूद है, केवल मिट्टी की जरूरत है।"

इसी नियति और परिस्थिति के संगम में शेखर की कथा घटित होती है। यहाँ नियति का अर्थ भाग्य नहीं, एक अवश्यम्भावी परिणाम है। विद्रोह किस दिशा में ले जाएगा, इसकी विधिवत् कल्पना में ही क्रान्तिकारिता का दर्शन छिपा है जिसका अवसर शेखर को नहीं मिलता। उसे कल्पना के बजाय मिलती है यातना। और शशि की मौत से जो दृष्टि मिली, वह उसी विकल्पहीनता से पैदा होती है, जहाँ स्वयं को समाप्त कर लेने के अलावा कोई रास्ता नहीं बचता। शेखर शशि के अवशेष नदी में प्रवाहित करने के बाद, अन्तिम प्रणाम के बाद, अथाह वेदना की धार में अपने-आपको समर्पित करता है—उस दल के काम में जहाँ प्रथम और अन्तिम का अन्तर समाप्त हो जाता है। जीवन जैसे जिया जा चुका है, ठीक ऐसे ही। समाप्ति के उस आभास में हर प्रयास अप्रयास की तरह भारहीन हो जाता है। कर्म जहाँ केवल मुक्त करता है। एक की मृत्यु दूसरे को मात्र छाया में परिवर्तित कर देती है।

> निरा अस्तित्व एक क्षण से दूसरे क्षण तक, एक अणु पुंज का बने रहना...
> मैं एक छाया हूँ, एक स्वप्न, एक निराकार आक्रोश...।

शशि के न रहने पर इस बोध की परिधि उस यथार्थ तक पहुँचती है जो अस्तित्ववादी दर्शन से आगे का यथार्थ रहा है, जहाँ हम सार्त्र, कामू और अज्ञेय को बगलगीर देखते हैं और इन तीनों के पीछे काफ्का जैसे खड़ा हँस रहा हो कि तुम तीनों अभी मुक्त नहीं हो 'द ट्रायल' की परिस्थिति से। और सच ही, इनके समकालीन समाजवादी दर्शन ने इन्हें ट्रायल की स्थिति से आगे नहीं जाने दिया।

बड़े लेखक केवल प्रभाव अर्जित कर रहे होते हैं। कहीं से भी। उसी से उनके भीतर का वातावरण निर्मित होता है और रचना प्रभावित होती है। बड़े लेखकों को एक तसवीर में बगलगीर देखना ही अच्छा लगता है एक दूसरे को छूते हुए। यहाँ

भी हम कम से कम चार बड़े लेखकों को बगलगीर हुआ देख सकते हैं : काफ्का, सार्त्र, कामू और अज्ञेय। सार्त्र स्वयं कर्मशील विद्रोही रहे, जिनका दर्शन मात्र विद्रोह नहीं था। वे समाजवाद की क्रान्तिकारिता के बहुत निकट थे। कामू अपने 'The Rebel' में विद्रोह और क्रान्ति को परिभाषित करते हैं, एक दार्शनिक आयाम रचते हैं। 'शेखर' के भाग-दो के प्रकाशन के सात साल बाद 1951 में 'Rebel' प्रकाशित हुआ था। 'शेखर' का अपनी तरह का दर्शन है। शशि का अन्त, शेखर की वेदना और उससे जन्मी दृष्टि किसी भी दर्शन पर भारी पड़ती है; बल्कि कहें कि उसी दृष्टि से दर्शन जन्म लेता है। भले ही उसकी कोई text न हो। 'शेखर' उपन्यास की भाषा उसे एक अनुपम कलाकृति की तरह स्थापित करती है। हिन्दी में इस तरह भीतरी खोहों को प्रकाशित करती हुई भाषा पहली बार प्रयोग हुई। इस तरह की मनोवैज्ञानिक दार्शनिकता ऐसी भाषा में प्रस्फुटित हुई है कि विचारों की बर्फ शिलाएँ भीतरी ऊष्ण समुद्र में तैरती रहती हैं।

यूरोप की विश्वयुद्धीय विकटता से अलग तरह की परिस्थितियाँ और समस्याएँ भारत में थीं। आजादी का संग्राम, किसानों की समस्या, सामाजिक कुरीतियाँ--इसी में हम उलझे हुए थे। लेकिन साहित्योन्मुख प्रतिभाओं की अपनी दिशा होती है। जैनेन्द्र भी समस्याओं की मुख्यधारा से कटकर नारी मुक्ति और नारी अस्मिता को प्राथमिकता देते रहे, बाकी सब उसके बाद। हालाँकि जैनेन्द्र का 'त्यागपत्र' ज्यादा यथार्थपरक और समस्यामूलक उपन्यास है जो समर्थ रूप में नारी मुक्ति की स्थिति का विकल्प रचता है। लेकिन मैं यहाँ 'सुनीता' का जिक्र करना चाहूँगा क्योंकि उसकी विषयवस्तु और मूल अवधारणा में एक चुनौती है जो एक बहस का कारण भी बनी। जैनेन्द्र की यह कृति कई वजह से हिन्दी जगत में महत्त्वपूर्ण रही। एक नारी की पुरुष के पौरुष को साहसिक चुनौती तो है ही, उसका श्रीकान्त के साथ सम्बन्ध भी विवाहित जीवन की नई व्याख्या प्रस्तुत करता है। इतना परस्पर विश्वास चौंका देनेवाला है—ऐसा विश्वास, जिससे जंगल में उसके निर्वसन होने का साहस भी जन्म लेता है। नारी मन की गुह्यता बेदखल होकर एक प्रगाढ़ता में बदल गई है। जैनेन्द्र की भाषा का दर्शन उसे अपनी व्याख्या में लगातार खोलता चलता है। विश्लेषणात्मक होने का कोई सम्मोहन नहीं है। केवल अर्थ का सम्मोहन है जो उस विश्लेषण से खुलता है।

जैनेन्द्र की सुनीता में नैतिकता का नहीं, विश्वास जनित साहसिकता का प्रश्न ही अधिक है। सुनीता का निर्वस्त्र होना किसी नैतिकता का उल्लंघन नहीं बनता, एक स्थिति और उद्‌देश्य के लिए उद्यत निस्संकोच साहसी नारी की अवसर-स्फूर्त क्रिया बनकर ही सामने आता है—भले ही वह पाठकों की सामाजिक नैतिकता को चौंका देने वाला लगे।

हरिप्रसन्न की क्रान्तिकारिता एक छिटपुट, सौन्दर्यकामी, परजीवी और भावुकता से लबालब भरी हुई स्थितियों का पुंज है। हरिप्रसन्न अत्यन्त रोमानी तर्क प्रस्तुत करते हैं सुनीता को अपने क्रान्तिकारी युवक समूह के सामने प्रस्तुत होने के लिए : "हमारे दल के युवक भी देखें कि उनकी देवी चौधरानी सौन्दर्य की भी देवी है। सौन्दर्य ईश्वर का एक रूप है। भाभी सौन्दर्य शक्ति है। सौन्दर्य आदर्श है...बलि की प्रेरणा देता है। जो असुन्दर है, वह फिर सत्य भी कैसे है?"

यहाँ ईश्वर और सौन्दर्य, दोनों गौर करने लायक शब्द हैं। वह दोनों में ही विश्वास नहीं करता। ऐसी ही बातें क्रान्तिकारी स्त्री और गृहस्थ पत्नी की स्थिति को लेकर पहले भी हरिप्रसन्न सुनीता से करता है। जंगल में लाल रोशनी देखकर उस तरफ अपना जाना स्थगित करते हुए, सुनीता को जोर से चिपटा कर उसने कहा :

> तुम जानती हो, अकेला होता तो मैं क्या करता? वहाँ संकट है, उस संकट के मुँह को ही जाकर मैं पकड़ता। लेकिन आज जो मैं उधर ताकता दूर खड़ा हूँ, मैं कुछ भी नहीं कर सकता।
>
> क्यों?
>
> क्योंकि मैं अकेला नहीं हूँ और प्रेम आदमी को निर्बल बना देता है।

वह नारी-प्रेम और वासना में अन्तर करता है, जैसे सब भावुक रोमानी लोग करते हैं। इसे नैतिकता नहीं कहते। नैतिकता एक संस्कार-बोध है और सामाजिक मूल्य भी। व्यक्ति पूरी वासना में भी नैतिक हो सकता है। प्रेमजनित वासना केवल नैतिक ही हो सकती है, अनैतिक नहीं। मित्र पत्नी होने की इंसानी नैतिकता दूसरी बात है। अगर यह दूसरी बात ही हरिप्रसन्न के रास्ते में आती तो मित्र-पत्नी को प्यार करना, उसके शरीर-सान्निध्य के लिए आकंठ उत्सुकता उस नैतिकता का स्वरूप नहीं। अकस्मात् अनावृत सुनीता को उस समय ले लेना कोई साहसिकता भी न होती, पौरुष भी नहीं, और अन्त में नैतिक भी नहीं। नहीं, केवल नैतिकता का प्रश्न यह नहीं रहा। परिस्थिति ऐसे अवसरों में बहुत निर्णायक होती है। जंगल में परिस्थिति ऐसी नहीं कि वह सुनीता को भोग लेता और जंगल में उसे अपने साथ लाने के उद्‌देश्य की मासूमियत भी बची रहती। परिस्थिति ऐसी नहीं थी जहाँ प्रेम मुक्त होकर भोगता है। उस समय उसका सुनीता को 'भाभी' कह उठना बड़ा अनैतिक लगा।

सुनीता में नारी सुलभ निश्चयात्मकता और उत्सुकता है। स्त्री का किसी भी रहस्मयात्मक दिखने-सुनने वाले पुरुष के लिए जितना आकर्षण हो सकता है, उतना ही आकर्षण उसमें हरिप्रसन्न के लिए है। प्रेम वह अपने पति श्रीकान्त से ही करती है। उसी का निर्देश आखिरी हद तक निभाने के लिए उद्यत सुनीता हरिप्रसन्न की सारी प्रेमजनित कामना-वासना को प्रश्रय देने के लिए तैयार होती है। जो शरीर

सुनीता है, वही वह उसे अर्पित करती है। उसका मन हरिप्रसन्न को अर्पित होता कहीं नहीं दीखता।

श्रीकान्त की उदारता इन सबसे बड़ी है। उसका नि:स्वार्थ भाव से दोस्त की खोज में लगे रहना, उसे आश्रय देना, अपनी गृहस्थ सोच के अनुसार उसे बदलने की चेष्टा करते रहना, उदार होकर हरिप्रसन्न की आर्थिक जरूरतें भी पूरी करते रहना और विशेष तौर पर सुनीता को लाहौर से उसका वह पत्र, जिसमें वह हरिप्रसन्न को बचाने के लिए सुनीता को पूरी तरह आजाद कर देता है कुछ भी करने के लिए। उसी के बल पर सुनीता सब कुछ कर सकने को उद्यत हो सकी। यह नैतिक बल श्रीकान्त उसे देता है। इसी के बूते पर वह निर्वसन होकर भी अनैतिक नहीं होती।

श्रीकान्त और सुनीता हरिप्रसन्न को गृहस्थी में दीक्षित नहीं कर सके और हरिप्रसन्न सुनीता को अपने दल में दीक्षित नहीं कर सका। क्या इसी से समझा जाए कि दोनों अपनी जगह हार भी गए और जीत भी गए? हरिप्रसन्न सत्या को नहीं, सुनीता भाभी को प्रेम कर उठा, क्या इसी से उसकी क्रान्तिकारिता खंडित हो गई? बिलकुल नहीं। सच तो यह है कि स्त्रियों को लेकर, घरबार को लेकर, उसके तर्क क्रान्तिकारी दृष्टि उपस्थित नहीं करते। स्त्री, घर, गृहस्थ और क्रान्तिकारी उद्देश्य अपनी-अपनी जगह अनिवार्य और दुर्निवार चुनौतियाँ हैं। एक दूसरे को ललकारने के लिए उन्हें अस्त्र की तरह प्रयोग नहीं किया जाना चाहिए।

दूसरे की स्थिति को छोटा करके देखने में क्रान्तिकारिता का तर्क भोंडा लगता है। ऐसी कोई भी घटना नहीं घटती जो क्रान्तिकारी आदर्श को परखती हो। एक जंगल वाली घटना से ही गृहस्थिन सुनीता विजयी होकर लौटती है। हरिप्रसन्न उसके बाद घर नहीं आएगा, यह निश्चित है। सुनीता का पाँव छूकर हरिप्रसन्न को विदा करना इसी ओर संकेत करता है। अपने प्रेम की ऐसी अलंघ्य स्थिति के बाद हरिप्रसन्न अपने-आपको चाहे जिस आग में झोंक दे। कोई विकल्प उसके पास नहीं है। अपने-आपको 'नहीं मारूँगा' कहकर विदा लेने के बाद क्या हरिप्रसन्न सचमुच अपने-आपको नहीं मारेगा? यह वही एक विकल्पहीन स्थिति है जो हर दुखान्त कथा का कारण बनती है। मरण का पथ ही प्रशस्त करती है।

सन् 1774 में जर्मन लेखक Goethe (गेटे) का 'Sorrows of Young Werther' भी एक मित्र-पत्नी के प्रेम में मृत्यु-पथ प्रशस्त करता हुआ अत्यन्त मार्मिक उपन्यास है। यह कृति इतनी लोकप्रिय हुई कि फ्रांस में नेपोलियन अपनी युद्धस्थलियों में इसे अपने पास रखता था। यूरोप के युवकों के लिए Werther एक फैशन की चीज बन गई थी। वर्दर मित्र-पत्नी Lotte (Charlotte) को पा नहीं सकता और उसके बिना जी नहीं सकता। कोई विकल्प नहीं। उसी प्रेमिका से रिवॉल्वर उधार माँगकर अपना अन्त करना ही बच रहता है। वही वह करता है।

इसी तरह की विकल्पहीनता की त्रासद स्थिति टॉल्स्टॉय की अन्ना कैरेनिना में

भी घटती है। नारी-पुरुष के सम्बन्ध में प्रेम, वासना, नैतिकता, धर्मपरायणता आदि नारी-मुक्ति से अलग समस्याएँ हैं। प्रेम में भी मुक्ति की समस्या उसी तरह अखंड है, जैसे समाज और परिवार में मुक्ति की समस्या। प्रेम में मुक्ति की अवधारणा नारी-पुरुष की समानता से भिन्न है। जैनेन्द्र की सुनीता का संघर्ष उतना व्यापक, सर्वग्राही, ऐन्द्रिक, बौद्धिक तथा भावनात्मक कार्यकारण नियामकों और प्रेरक शक्तियों का संवाहक नहीं है जो निर्णायक स्थितियों और दृष्टि को जन्म देती हैं, जो विषाद और ट्रेजेडी का कारण बनते हैं। और न ही इंसान की भीतरी कन्दराओं में छिपे अकारणों का विस्फोट करते हैं जिससे टॉल्स्टॉय की 'अन्ना कैरेनिना' जैसी रचनाएँ जन्म लेती हैं। तुलना दोनों की किसी भी धरातल पर नहीं है लेकिन एक खास तरह की नैतिकता और मुक्ति दोनों में साझे विषय हैं।

जिन दिनों मैंने टॉल्स्टॉय का 'अन्ना कैरेनिना' पढ़ा, कुछ ऐसा ही माहौल था मन का। भरपूर रोमांटिक और बेहद क्लासिक। जॉन कीट्स की 'Wilt thou Ever Love and she be Fair' और 'T.S. Eliot' की 'Evening is spread out against the sky like a patient etherized on the table'—दोनों बराबर अच्छी लगती थीं। मन की दुनिया एक 'Wasteland' बनी हुई थी। लेकिन प्रसाद की श्रद्धा (कामायनी) 'हृदय की अनुकृति बाह्य उदार, एक लम्बी काया उन्मुक्त' भी मन को आप्लावित करती थी। मजाज़ और फ़ैज़, दोनों ही मन और कंठ में रचे हुए थे।

सब गड्डमड्ड होकर घनी उदासी भी पैदा करते थे और क्रान्ति स्वप्न का रोमांस भी। मार्क्स, फ्रॉयड और सार्त्र समय-सत्य की त्रयी की तरह जेहन में अटके हुए थे। Saul Bellow का 'Herzog' बहुत अच्छा लगा था, लेकिन शेखर की 'वेदना में एक शक्ति है, जो दृष्टि देती है' मन की कच्ची मिट्टी की तरह थी, जिसे कोई भी आकार दिया जा सकता है। अन्तिम सत्य कुछ भी नहीं था। वह तो आज भी नहीं है। लेकिन ऐसा था कि कभी कुछ भी होगा तो घनी पीड़ा और उन्मुक्त आह्लाद के संगम से होगा। अकेले सुख और दुख कभी किसी मानव स्थिति के निर्णायक नहीं होंगे। निर्णय-बोध की बात तब मन में थी ही नहीं। अनिर्णय ही मन मस्तिष्क का प्रेरक प्रवाह था। केवल दिशाएँ थीं, अनुकूल और विपरीत से आजाद।

ऐसी युवा मनःस्थिति में 'अन्ना कैरेनिना' पढ़ा था पहली बार। उसके अन्तिम होकर रह जाने की अनुभूति तो बहुत बाद में हुई। लेकिन बार-बार उधर ही मुड़कर देखना लगातार होता रहा। तब इस तरह के फतवे जारी करने का चलन भी शायद नहीं था कि फलाँ शायर सबसे बड़ा शायर है, फलाँ सबसे बड़ा उपन्यासकार है। शायद यह रिवाज भी हो, पर हम इससे बेख़बर थे। जब एक मुद्दत से बार-बार अलग-अलग विचारों और मान्यताओं के आलोचकों, विद्वानों ने कहना जारी रखा

कि 'अन्ना कैरेनिना' दुनिया का श्रेष्ठतम उपन्यास है तो हमें पीछे मुड़कर अपने मन में झाँकने की जरूरत नहीं पड़ी। यही लगा कि आखिर सबका सत्य साझा है, यह केवल हमारी ही डफली की आवाज नहीं थी।

शायद F.R. Leavis पहले आलोचक थे जिन्होंने कहा कि इस उपन्यास की सघनता, गहराई, दूरगामिता और अनुभव-विस्तार को देखते हुए हम अगर कहें कि 'अन्ना कैरेनिना' महानतम उपन्यास है तो इसकी सहमति प्राप्त करने की चुनौती भी स्वीकार करनी होगी। उन्हीं के शब्दों में :

> It is the range and variety of human experience going with the depth and vividness in the rendering that one would point to and start to comment on if, having ventured (as some might) that 'Anna Karenina' was the greatest of novels, one were challenged to give one's grounds for accepting assent.

और इस चुनौती को वे स्वीकार करते हैं 'अन्ना' का बृहत् विश्लेषण देकर। उनके तर्कों को संक्षिप्त में देने का स्थान यह नहीं है। Leavis का essay, Anna Karenina' : 'Thought and significance in a great Creative Work' कहीं भी पढ़ सकते हैं।

J. Peder Zane द्वारा 'Time' मैगजीन के माध्यम से 125 लेखकों-आलोचकों की समिति ने विश्व के 100 बड़े उपन्यासों में 'अन्ना कैरेनिना' को पहले स्थान पर रखा। किसी भी कृति के बारे में ऐसा एकमत होना लगभग असम्भव है। हालाँकि एक मत से सभी यह नहीं मानते कि कुल मिलाकर टॉल्स्टॉय अभी तक के श्रेष्ठतम उपन्यासकार हैं। लेकिन मैं ऐसा मानता हूँ कि टॉल्स्टॉय ही अभी तक के महानतम उपन्यासकार हैं। F.R. Leavis के तर्कों के अलावा भी हम किन्हीं और बातों की वजह से अन्ना को महान कृति समझते हैं। उन्हीं कारणों को हम संक्षेप में यहाँ रखेंगे।

एक विकल्पहीनता और अप्रत्याशित की गाथा है 'अन्ना कैरेनिना'। इसी विकल्पहीनता की त्रासदी के प्रवाह में जीवन की छोटी-बड़ी घटनाएँ अपने निर्णायक क्षणों तक पहुँचती हैं। इस त्रासदी में नैतिकता, चारित्रिक अहंकार, विचलन और अकारण के प्रवेश से नैतिक, चारित्रिक, निर्णय-अनिर्णय तथा व्यवस्था से जुड़े सभी प्रत्याशित भरभराकर ढह जाते हैं। सांस्कृतिक विघटन व्यक्ति के भीतर भूमि-स्खलन की तरह कहीं छिपा होता है। विस्फोट का समय निश्चित नहीं किया जा सकता। ऊपर की मान्यताएँ इतनी बदशक्ल हो जाती हैं कि बर्बादी के मलबे से उन्हें बाहर निकालने पर पहचानना मुश्किल हो जाता है। यही प्रक्रिया तरह तरह से 'अन्ना' में घटती रहती है। कोई पात्र अपनी स्थापनाओं में सुरक्षित नहीं है। लेकिन मुक्ति का संग्राम अन्ना और व्रान्स्की का है। प्रेम केवल एक विस्थापन है। और असन्तुलन भी इसी विस्थापन में है।

व्यापक परिस्थितियाँ जो एक समयांश निश्चित नहीं करता—उन्हें बदलना व्यक्तियों के बस का प्राय: नहीं होता। भीतरी प्रेरणाएँ कार्यकारण की संहिता से स्वतंत्र इतनी तीव्र गति से आगे बढ़ती हैं कि राह कोई रोक नहीं सकता। अन्ना ने आरम्भ में व्रान्स्की के आकर्षण से दूर रहने की कोशिश की, लेकिन सम्भव नहीं हुआ। अन्ना के पास व्रान्स्की के अतिरिक्त कोई जीवन नहीं था। लेकिन व्रान्स्की के पास अन्ना के अतिरिक्त उसका बृहद सामाजिक जीवन था। अन्ना के लिए लालसाएँ एकरूप हो गई थीं। नौ वर्ष के बेटे की जुदाई एक शूल की तरह हृदय में भरकर वह व्रान्स्की के साथ भटकती फिरी। उसके लिए भटकन ही थी। व्रान्स्की उसे हर जगह साथ नहीं ले जा सकता था। लेकिन passion अपने शिखर पर ज्यादा देर नहीं टिकता, प्रेम टिकता है और प्रेम की कमी व्रान्स्की में नहीं थी। मॉस्को में होटल में वे अलग-अलग कमरों में रहे। व्रान्स्की ने अपने गाँव की जमींदारी सँभाली, वहाँ भी अन्ना से शारीरिक दूरी बढ़ती गई। अन्ना की मन:स्थिति ऐसी हो गई, जैसे 'जीवन को एक हाथ से पकड़कर दूसरे हाथ से पीछे धकेल रही हो।' यह वाक्य उपन्यास में आता है अन्ना के पति कैरेनिन के लिए। लेकिन अन्ना के मन की व्रान्स्की के साथ भी वही स्थिति बनकर रह गई थी। व्रान्स्की का अन्ना के लिए प्यार कम नहीं हुआ था। लेकिन प्रेम और आवेग में अन्ना अन्तर नहीं जानती थी। संक्षिप्त रूप में किसी भी तरह कह सकना इस जीवनार्थ को कम करेगा। जीवन जैसे सिर्फ जीने की चीज है। उससे गुजरना ही जरूरी है। योजनाबद्ध कुछ नहीं। वासनाओं की खोज केवल एक यात्रा है, जहाँ सिद्धान्त एक अप्रिय पाखंड बनकर रह जाते हैं। स्टीफेन-डॉली, लेविन-किट्टी, अन्ना-कैरेनिन-व्रान्स्की, पादरी तथा छोटे-छोटे कई नक्षत्रों से उपन्यास का आकाश भरा हुआ है। उनकी कथा के माध्यम से जीवन अपने-आपको पूरी तरह खोलता चलता है। गर्व और घृणा स्थान बदलते नजर आते हैं।

अन्ना पूरी तरह एक मोहभंग की स्थिति में पहुँचकर जीवन से दूर होती चली गई। पति से तलाक का मुद्दा बार-बार उठा। तलाक के बाद क्या अन्ना को जिन्दगी मिलेगी? व्रान्स्की को छोड़कर पति के पास वापिस वह कभी भी जा सकती है, लेकिन कैरेनिन को वह प्यार नहीं कर सकती। उसके शरीर से एक किरण भी फूटकर कैरेनिन की ओर नहीं जाती। कैरेनिन एक अँधेरी धरती है उसके लिए। व्रान्स्की से विरक्त, एक रेलवे स्टेशन पर आती एक मालगाड़ी के दो डिब्बों के बीच की खाली जगह में कूद पड़ती है। उस खाली जगह के बीच गाड़ी का पहिया सिर तक आने का क्षणांश एक आसक्त क्षणांश है—जीवन की आसक्ति। सिर उठाने की कोशिश भी करती है, क्षणांश छोटा पड़ जाता है। अन्ना की इस तरह की मृत्यु या केवल उसका क्रमशः विघटन ही इस उपन्यास को इतनी बड़ी जगह नहीं देता। एक पूर्ण जीवन किताब की तरह खुलता है, वर्क-वर्क पढ़ा जाता है। मृत्यु भी उस किताब के

पन्ने फड़फड़ाकर रह जाती है, बन्द नहीं करती। व्रान्स्की उसे पढ़ना जारी रखता है। व्रान्स्की का सब कुछ छोड़कर लड़ाई के मोर्चे पर चले जाना, वही विकल्पहीनता की स्थिति है जिसने अन्ना को गाड़ी के पहियों में धकेल दिया। अन्ना का प्रेम यही एक रास्ता उसे सुझाता है। दया, धर्म, करुणा, घृणा, प्रेम, वासना, उदारता, संकीर्णता इत्यादि सब सिद्धान्त पात्रों से टकराकर ही अपना अर्थ ग्रहण करते हैं। बना-बनाया अर्थ जैसे अब तक कुछ है ही नहीं। शून्य में झूलती हुई सूलियाँ कोई नहीं। सूली बगल में दबाकर सभी कोई वजह और जगह ढूँढ़ते फिर रहे हैं।

यथार्थवादी साहित्य का शिखर माना जाता है अन्ना को। जमींदारी पर फलने-फूलने वाले आभिजात्य समाज का झूठ, पाखंड, बनावट, झूठी नैतिकता और क्रूरता सामने है और गरीब किसानों की दुर्दशा भी। बोल्शेविक क्रान्ति के रास्ते की मुश्किलें भी लक्षित होती हैं और उसके संकेत भी मिलते हैं। लेविन, जो स्वयं टॉल्स्टॉय का प्रतिबिम्ब है, उसी के माध्यम से बाहर की दुनिया और किसानों के साथ जिन्दगी में झाँकने का मौका मिलता है। वह किसानों के साथ मिलकर श्रम करता है। खेती को आधुनिक ढंग से करने की कोशिश करता है। लेकिन पारिवारिक सम्बन्ध यहाँ भी अपनी अर्थहीनता में ही उजागर होते हैं। वहाँ नैतिकता केवल दिखावे में है, जीवन को साधने में नहीं है। अन्ना के प्रति समाज का प्रतिशोध उसी समाज की नैतिकता (अनैतिकता) है जो अपने बेटों को किसी अमीर विवाहित स्त्री के साथ सम्बन्ध रखने को उनकी समाज में स्थापना का एक जरिया समझता है। व्रान्स्की अकेला नहीं पड़ता, अन्ना अकेली पड़ती है। प्रतिशोध उसके लिए ही अधिक है। 'You cannot build your happiness on somebody else's pain.' यही केन्द्र भी है और केन्द्र से छिटककर मुक्त होने की युक्ति भी। किसके दर्द का घनत्व ज्यादा है? इसका सामाजिक उत्तर भले ही हो, लेकिन समाधान की कोई संहिता नहीं है।

उपन्यास की लगभग पाँच सौ वर्ष पुरानी विधा एक लम्बे सफर से गुजरने के बाद विस्तार के उस छोर पर पहुँच गई है जहाँ सिर्फ आगे-पीछे देखना ही काफ़ी नहीं रह जाता। अपनी पूर्णता में औपन्यासिकता को आँकने के लिए उन तमाम प्राचीन संस्कृतियों की तरफ भी देखना जरूरी हो जाता है जिनमें औपन्यासिक मानसिकता और कल्पनाशीलता आज की घेरेबन्दियों से हमें मुक्त करती है। धर्म के प्रति हमारे आग्रह आज वैसे नहीं रहे कि हम अपने प्राचीन काव्यों में वर्णित नायकों और कथानकों को केवल पूजा की वस्तु समझें। उनके चरित्र, परिस्थितियाँ और दर्शन अपने तमाम धार्मिक आग्रहों से मुक्त होकर हमारे लिए अपने सामाजिक और राजनीतिक सन्दर्भों में प्रकट होते हैं। उन कृतियों को बृहत या लघु उपन्यास, अथवा लम्बी-छोटी कहानी के रूप में उसी तरह पढ़ सकते हैं, जैसे अपने समकालीनों को पढ़ते हैं। हमारे समकालीन भी केवल अपनी सामयिक उपस्थिति में ही समकालीन

हैं। अपनी कल्पनाशील मानसिकता में वे महाभारतीय या होमरिक भी हो सकते हैं। वैश्विक संस्कृति हालाँकि अभी विकसित नहीं हुई है, फिर भी एक सत्य यह है कि उसकी दूरगामिता हमें केवल भौगोलिक सीमाओं से ही नहीं, अपनी समकालीनता से भी मुक्त करती है। समकालीनता से मुक्ति हमारी मानसिकता की बड़ी उपलब्धि है।

हमारी सभी प्राचीन कथाओं में वे औपन्यासिक तत्त्व नहीं हैं, जहाँ मनुष्य ही सर्वशक्तिमान बनकर सामने आता है और जहाँ उद्देश्य इतने सरल और सतही नहीं होते; जहाँ मंजिल से ज्यादा सफर में रहना आकर्षित करता है। पूर्णता कोई अन्तिम बिन्दु नहीं रहता। निरन्तरता ही पूर्णता का मूर्तन-अमूर्तन है। अनेकानेक रूपों में जीवन की कल्पना करना और उन सब कल्पित स्वरूपों को जीने की धरती तैयार करना वगैरह वही औपन्यासिक तत्त्व हैं जो हमें पौराणिक किस्से-कहानियों में नहीं मिलते। जिन दर्पणों में हम स्वयं को नहीं देखते, उनकी चमक-दमक थोड़ी देर बाद हमारी दृष्टि को धुँधला ही करती है।

लेकिन फिर भी 'महाभारत' के दुखान्त की विराटता आज भी हमें घेरकर बौना बना सकती है। वह एक ऐतिहासिक, सांस्कृतिक महागाथा से कहीं अधिक हमारे अपने समय को भी छीलती-नापती है। इतने महासामरिक संघर्ष से पैदा होनेवाली विजय का उत्सव जिस रिक्तता को जन्म देता है, उसके सूत्र सारे उन औपन्यासिक परिस्थितियों में हैं जो हमेशा मौजूद रहती हैं। लेकिन परिणिति हर समय में भिन्न रहती है क्योंकि उनकी मूल प्रेरणाएँ बदल जाती हैं। फिर भी एक उपन्यास की तरह अपनी गहन दुखान्तता में भी उत्थान का दर्शन रचती है महाभारत। प्राचीन संस्कृतियों की बाकी किसी भी अन्य कृति से 'महाभारत' जनमानस के अधिक निकट है। ग्रीक महाकवि होमर के महाकाव्य 'इलियड' और 'ओडिसी' का महत्त्व ऐतिहासिक से अधिक कुछ नहीं। ऐकीलीज, एगमैमनान, हैक्टर जैसे महायोद्धाओं का दुखान्त, उनकी विजय के बाद की आत्मसम्पृक्त विरक्ति से उत्पन्न मोहभंग और त्याग की स्थिति नहीं है। उनकी ट्रेजेडी इसीलिए उस महाभारतीय गरिमा तक नहीं पहुँचती।

कुछ काल मानव इतिहास में ऐसे हैं जिनमें सम्भावनाएँ उपन्यास विधा की हो सकती थीं। लेकिन उन समयों में उपन्यास का जन्म क्यों नहीं हुआ, आज गौर से देखने पर हैरानी नहीं होती। चिन्तन की ऊँचाइयाँ सीमित वर्ग से सम्बन्धित रहकर अगर साहित्य में समाज की बुनियादी बनावट को उजागर नहीं करती तो उसका कारण एक महत्त्वाकांक्षी वर्ग की अपनी स्पर्धाओं में प्रकट होता है। प्राचीन ग्रीक काल इस बात की अप्रतिम मिसाल है। वहाँ साधारणजन का जीवन और ऊपरी एरिस्टोक्रेसी का जीवन दो धरातल ही नहीं थे, बल्कि नागरिक अधिकारों के बीच की दीवार की तरह थे।

लगभग 2700 वर्ष पहले रचे गए 'ओडिसी' में महामानवों और देवताओं में

कुछ खास अन्तर नहीं दिखता। मात्र हेलेन को पाने के लिए धरती और आकाशवासी रक्तपात और अकथ नरसंहार का कारण बनते हैं। उस युद्ध के बाद अपने राज्य इथाका में वापस आने में ओडिसियस को दस वर्ष लगे, उस साहसिक अनुभव को एक उपन्यास की तरह देखा जा सकता है। सर्वेन्तीज के डॉन किहोते का पूर्वाभास यहाँ मौजूद है। अन्तर केवल इतना है कि 1605 में जब डॉन किहोते लिखा गया तो वह पूर्णत: मानवीय साहसिक और स्वायत्तता का मानवीय अभियान था जो पहली बार किसी साधारण मानव द्वारा अपने लिए चुना गया था। फिर भी 'ओडिसी' में वह पूर्वाभास मौजूद है जिसे प्रख्यात विश्व इतिहासकार J.M. Roberts ने पहला उपन्यास जैसा होने की बात कही थी। कहीं न कहीं ओडिसियस के संघर्षों, अप्रत्याशित अनुभवों, साहसिक निर्णयों में उन्हीं उत्सुकताओं और जिज्ञासाओं का परिचय मिलता है जो हमें डॉन किहोते के सामने आने तक स्थगित करना पड़ा।

2500 वर्ष लम्बी छलाँग लगाकर अपने समय में लौटते हैं तो देखते हैं कि ग्रीक डेमोक्रेसी और हमारी आज की राजनीति का जनाधार कितना भिन्न है। लेकिन एक जनाधार के राजनीतिक रूप को उपन्यासों में देखने के लिए हमें अक्सर लैटिन अमरीका और थोड़ा-बहुत अफ्रीका की तरफ ही देखना पड़ता है। बीसवीं सदी भारत में राजनीतिक उथल-पुथल और आजादी के संघर्षों की स्थिति रही। हिन्दी उपन्यास में छिटपुट राजनीतिक स्थितियों की बात ही उठाई गई है। पूरे राजनीतिक परिवेश को उपन्यास ने नहीं पकड़ा। देश के बँटवारे पर लिखे उपन्यासों ने भी नहीं। एक भयावह स्थिति को पूरे विस्तार में अपनी घिनौनी राजनीतिक पृष्ठभूमि में एक इतिहास दृष्टि के साथ नहीं रचा गया।

लैटिन अमरीका में हालाँकि बीसवीं सदी डिक्टेटरों की रही है, फिर भी वहाँ राजनीतिक साहित्य की परचम हमेशा बुलन्द रही। मार्केस के बाद सबसे अधिक प्रसिद्ध जीवित उपन्यासकार लेटिन अमरीका में मारियो वारॅगास योसा (Llosa) रहे हैं। 'Life and Literature' पर बोलते हुए उन्होंने कहा :

> You know, the inquisition forbade the novel for 300 years in Latin America. I think, they understood very well the seditious consequence that fiction can have on human spirit.

महत्त्वपूर्ण शब्द है—Seditious Consequence तोड़कर अलग कर देने वाला विद्रोही परिणाम। ऐसा ही वहाँ हुआ भी। बाद में अपने ही घर की राजनीतिक स्थितियों के विद्रोही जिसने पैदा किए। वहाँ का राजनीतिक साहित्य मुख्यत: उपन्यासों में झलकता है।

2000 में योसा का उपन्यास 'Feast of the Goat' आया। डॉमिनिकन

रिपब्लिक में 31 वर्ष तक बेरहम डिक्टेटर General Rafael Trujillo (तरुहियो) का राज्य रहा। अन्त में उसकी हत्या कर दी गई थी। उसकी शासन-क्रूरताओं पर आधारित है यह उपन्यास। 1960 से 1975 तक का इतिहास उपन्यास में है। योसा इसे लिखने के लिए लम्बे समय तक डॉमिनिकन रिपब्लिक में रहे। डॉ. बालागेर जो तरुहियो के कैबिनेट में थे, उनसे लम्बी मुलाकातें भी योसा ने कीं। पर उपन्यास आखिर उपन्यास है, कोई रोजनामचा नहीं। तथ्य इधर-उधर होते हैं, सत्य नहीं। अन्ततः कल्पनात्मक सृजन ही उस तथ्यात्मकता तक भी ले जाता है जो विश्वसनीयता का आधार बनती है। योसा कहते हैं :

> इस डिक्टेटर की व्यक्तिगत ऐयाशियाँ एक तरफ, वे किस काम कीं!
> लोगों को जिस तरह दबाया गया, वही मेरा विषय है।

हालाँकि उन ऐयाशियों का भी भरपूर वर्णन उपन्यास में है। लेकिन यहाँ कहानी का महत्त्व सिर्फ विषयवस्तु को खोलते चले जाने में ही है। योसा का लेखन समय-कथा को इतिहास बनने से रोकता है, स्मृति की तरह उदास करता है और राजनीतिक कुचक्रों से पाठक को ले जाता हुआ उस मोड़ तक ले आता है जहाँ ठोस आत्मसजगता राजनीतिक दृष्टि पैदा करती है। उनकी शैली की ऐन्द्रिकता एक झुरझुरी पैदा करती है, एक विद्युत-लहर की तरह सचेत कर जाती है।

उपन्यास शुरू होता है मंत्री कबराल की बेटी उरानिया के विदेश से लौटकर आने से। कई साल बहिष्कृत होकर न्यूयॉर्क रहने के बाद उरानिया अपने बीमार पिता को देखने वापस डॉमनिकन रिपब्लिक आई है। वहाँ के लोगों को देखकर सोचती है :

> यह बेढंगा-सा उत्साह उन लोगों की एक बहुत बड़ी जरूरत है—अपनी ज्ञानेन्द्रियों को मुर्दा कर देने के लिए, ताकि वे कुछ सोच न सकें, कुछ महसूस न कर सकें। जंगली, असभ्य जिन्दगी का एक विस्फोट—नयेपन के बहाव से अछूता। डॉमिनिकन लोगों में अब भी आदिमानव जैसा जादुई कुछ है, जैसे कि शोर की भूख—शोर की, संगीत की नहीं।

यह उस बेटी की सोच है जो तेरह साल देश से बहिष्कृत होकर बाहर रहने के बाद वापस लौटकर अपने पिता से मिलती है—अपंग पिता कबराल, जो डिक्टेटर तरुहियो का दायाँ हाथ था।

> अपने खाने, सोने, कपड़े पहनने, उतारने, नाखून काटने, मलमूत्र त्यागने के लिए नर्स पर निर्भर रहना एक प्यारा-सा प्रतिशोध है। क्या तुम्हें लगता है, तुम्हारा बदला पूरा हुआ? वह पूछती है—नहीं?

योसा इसी तरह यथार्थ को कठोर बनाते हैं। अपने समकालीन गार्सिया मार्केस

की तरह जादुई नहीं। लेकिन मार्केस की अन्तर्दृष्टि और कलात्मकता, विचारों की तरलगामिता, हास्य-कठोरता, नैरेशन की सामर्थ्य का आज कोई सानी नहीं है। पिछले पचास वर्षों में मार्केस जैसा सार्थक, सम्पन्न और भाषा का जादूगर विश्व में दूसरा नहीं हुआ।

साहित्य में कम से कम तीन विश्वप्रसिद्ध उपन्यास हैं जो पत्र शैली में लिखे गए और जिन्होंने इस कला में नये सृजनात्मक आयाम स्थापित किए। 1740 में रिचर्डसन का 'Pamela' पत्र शैली में लिखा पहला मनोवैज्ञानिक उपन्यास माना जाता है। गेटे का 'Sorrows of Young Werther' (1774) एक ट्रैजिक रोमांटिक उपन्यास था जिसने अपने समय में यूरोपियन ख्याति पाई और हमारी समकालीन एलिस वाकर का 'कलर पर्पल' (Color Purple) बेजोड़ अमरीकी उपन्यास है जो समाजशास्त्रीय मूल्यों की अकादमिक प्रस्तुति का माध्यम बना हुआ है।

2003 में एक महत्त्वपूर्ण उपन्यास प्रकाशित हुआ—खालिद हुसैनी का 'Kite Runner'। तीन भागों में विभाजित यह कथा अफगानिस्तान की दुर्दशा की आँखों-देखी तसवीर खींचती है। सोवियत आक्रमण से पहले का शान्तिपूर्ण समय पहले भाग में है। बाबा, पुत्र अमीर, नौकर अली और नौकर का बेटा हसन। अमीर और हसन दोस्त भी हैं। बचपन के खेलों के साथी। हसन एक हठी मासूमियत और जिद्दी वफादारी की तसवीर है। अमीर एक दब्बू और कायर अमीरजादा। हसन कटी पतंग को लूटने में महारत रखता है। अपने दोस्त के लिए वह बदमाश लड़के से पिटता है, अपना रेप भी करवाता है। अमीर चुपचाप खड़ा देखता है, अपराध-बोझ से दबा रहता है।

> ...I waited for him to say something. But we stood there in fading light. I was grateful for the early evening shadows that fell on Hasan's face and concealed mine...

घटनाओं का वर्णन, दृश्यों का अंकन, सारे माहौल में अफगानी सुगन्ध उस समय की स्मृति को जीवित करती है। रूसी आक्रमण के बाद अफगानिस्तान की बरबादी और तालिबानी मजहबी हुकूमत की स्मृति को और गहराई में स्थापित कर जाती है।

दूसरे भाग में कहर बरपा होता है। पाँच साल बाद सोवियत आक्रमण। बाबा अमीर को लेकर पेशावर और फिर यू.एस.ए. चले आते हैं। शरणार्थी जीवन की तरह अभावों में रहते हैं। यह भाग जिन्दगी के उस हिस्से को सजीव करता है जो अपनी अपूर्तियों के माध्यम से ही अपनी पूर्तियों तक पहुँचता है। छोटे-छोटे दैनिक संघर्षों की धरती बड़ी उपजाऊ होती है, उसी से हमारा चरित्र उपजता है।

तीसरे भाग में अफगानिस्तान पर तालिबान काबिज है। वही आसिफ, जिसने हसन का रेप किया था, अब तालिबान के एक समूह का नेता है। रहीम चाचा के बुलाने पर अमीर नौकर हसन के अनाथ बेटे को बचाने अफगानिस्तान पहुँचता है। रहीम चाचा बताते हैं कि हसन अमीर के पिता की ही सन्तान था। अमीर अफगानिस्तान पहुँचकर जो दुर्दशा देखता है, उसका बयान एक साहित्यिक उपलब्धि है और ऐतिहासिक दस्तावेज भी। एक आदमी और औरत को नाजायज सम्बन्ध रखने के लिए जिन्दा गड्ढे में गाड़कर पत्थरों से मार दिये जाने का बीभत्स दृश्य भी है। हत्या का दृश्य फुटबॉल मैच के अन्तराल में घटता है। आधा मैच पहले, आधा मैच बाद में, बीच में नृशंस हत्या। मैच के लिए जमा हुई भीड़ का प्रयोग इस तरह किया गया है। ऐसा दृश्य भीड़ के बगैर अपनी धार्मिक ओजस्विता प्राप्त नहीं कर सकता था। काबुल यूनिवर्सिटी में पढ़ाने वाला प्रोफेसर अब एक अनाम भिखारी है। अमीर को वह हाफिज की गजल सुनाता है तीन रुपये के लिए। यूनिवर्सिटी में वह रूमी, बेदिल, जामी, सादी और हाफिज जैसे शायरों का अदबी कोर्स पढ़ाता था। अब वह बदबूदार कपड़ों में, नंगे पैर भीख माँगता है। यह कहानी समाप्त होने पर भी कहाँ समाप्त होती है। राजनीतिक हथकंडों के परिणाम भुगतते हुए आम लोगों की दुर्दशा देखने की आदी हो चुकी दुनिया में इस तरह के विषय को लेकर भावुकता पैदा करना आसान बात नहीं। ऐसी कृतियाँ ही इतिहास को दूर की चीज नहीं बनने देतीं, एक परिचित सुगन्ध की तरह बीते हुए को कभी भी वापस ले आती हैं।

खालिद हुसैनी की 'Kite Runner' किसी दार्शनिक मुद्रा तक नहीं पहुँचती, जहाँ सुख-दुख से गुजरकर आदमी उन निर्णायक स्थलों तक पहुँचता है जो चुपचाप एक अर्थ थमा जाते हैं, एक दृष्टि जगा जाते हैं। लेकिन उपन्यासों की अनर्गल भीड़ में खालिद हुसैनी की यह कृति अपने खास नैन-नक्श जरूर रखती है।

आतंक! दो तरह का आतंक! राजनीतिक प्रतिक्रियाओं से हर तरफ बेदखल कर दिये गए उग्रवादी अपनी सत्ता कायम रखने के लिए आतंक का सहारा लेते हैं और धर्म का भी। दूसरा आतंक पूँजीवाद का! पूँजीवाद का आधार है बड़ी-बड़ी कॉर्पोरेशंस का विश्वव्यापी फैलाव और उनकी अथाह राजनीतिक शक्ति। आज का मुख्य जीवन-दर्शन यही कॉर्पोरेट वर्ल्ड तय करता है। तथ्य अपने कॉर्पोरेट अर्थानुवाद में ही अपनी सिद्धि प्राप्त करते हैं। इसी कॉर्पोरेट दुनिया के तीन-चार चरित्रों पर आधारित अलका सरावगी के उपन्यास 'एक ब्रेक के बाद' में कॉर्पोरेट दुनिया की भीतरी तसवीर नहीं है। वे दुनिया में जिस तरह कारोबार करते हैं, इसकी कोई झलक नहीं है। उनके व्यापारिक फैलाव के कील-पेंच, काम करने का तरीका, प्रशासन तंत्र, हायरिंग-फायरिंग की रहस्यात्मक प्रक्रियाएँ, आन्तरिक संचालन और भीतरी मशीनी स्वरूप का उद्घाटन नहीं है। न ही उपन्यास इस उद्देश्य से लिखा गया है।

जो बातें इस वैश्विक व्यापारिक प्रसार को गौरवान्वित करने के लिए हमारे शास्त्री लोग हवा में उछालते रहते हैं, उन बातों को उपन्यास के आरम्भ में कुछ अध्यायों में अच्छे सन्दर्भों के माध्यम से पकड़ा गया है।

वी.के., गुरुचरण और भट्ट—ये तीन मुख्य पात्र हैं। वी. के. और भट्ट की पत्नियाँ भी हैं। गुरुचरण तन और मन, दोनों से अकेला है। तीनों उच्च कोटि की कॉर्पोरेट समझ रखते हैं। बहुत ऊँचे पदों पर आसीन हैं। ऐसे पदों पर सवार लोग घोड़ों पर सवार लोगों से बिलकुल अलग होते हैं। उनके ओहदे वफादार घोड़े नहीं होते। कभी भी सवार को कहीं भी पटक सकते हैं। यही इस व्यापारी दुनिया का सत्य है।

तीनों मुख्य चरित्र याद रह जानेवाले चरित्र हैं। उनकी मन:स्थितियाँ ही उपन्यास की घटनाएँ बनती हैं। मन:स्थितियों के लम्बे-लम्बे ब्यौरे पन्नों पर बिखरे पड़े हैं। इन्हीं ब्यौरों में उनकी व्यापारी सोच भी उजागर होती है।

> देखो, इस देश की री-स्ट्रक्चरिंग' या पुनर्गठन करना है, तो कुछ लोग हारेंगे, कुछ लोग जीतेंगे। हारनेवाले प्राय: वही होंगे जो पुराने जमाने से फायदे उठाते रहे हैं। पुराने उद्योगपतियों को अब विदेशी कम्पनियों की क्वालिटी से होड़ लेनी पड़ेगी। किसानों को सस्ते दामों पर सरकार से जो पानी, बिजली, खाद मिलती आई थी, वह सब्सिडी बन्द हो जाएगी। सरकारी दफ्तरों और फैक्टरियों में जो लोग बिना कुछ काम-धाम किए मक्खियाँ मारते बैठे थे और देश पर बोझ बने हुए थे, उनकी नौकरियों की कोई गारंटी नहीं रहेगी। तुम यह जान लो गुरुचरण कि गरीबों का सवाल उठाने वाले दरअसल आर्थिक सुधार के मुद्दे को भटकाना चाहते हैं।

आपसी संवाद और संवादों के बाद मन:स्थितियों के ब्यौरों का अन्तराल—यही उपन्यास का मन है। मन ही एक घनिष्ठ परिचित की तरह साथ चलता रहता है। एक स्वतंत्र चरित्र की तरह मन हर जगह साथ है।

गुरुचरण इन दो मित्रों—वी.के. और भट्ट—के अलावा कई नारियों का अन्तरंग मित्र है। अक्सर काम से 'ब्रेक' लेकर इधर-उधर भटका करता है। इन औरतों को लेकर पहाड़ या कहीं भी घूमता है। भट्ट भी प्राय: उसके साथ होता है। फूल, जंगल, झरने, पहाड़, मित्र और नारियाँ—सब उसी रहस्यमय मन के अनेक रूप हैं जिन्हें वह पकड़कर न रख सकता है, न रखना चाहता है। प्रेम से अधिक प्रेम की तलाश उसकी पूँजी है। उतरांचल में फूलों वाली घाटी में अकेला सर्दी से बीमार पड़कर मर जाता है। उसकी डायरी, उसका मन अन्त में भट्ट के सामने खुलता है। भट्ट की एक बौनी-सी बेचैनी के बाद फिर उसी कॉर्पोरेट दुनिया की तरफ वापसी में ही उपन्यास का अन्त होता है। उपन्यास के मूल मंत्र इन उक्तियों में ध्वनित है :

यही तो मन है जो पल-पल बदलता है। कभी किसी चीज को महत्त्व देता है और कभी महत्त्व हटा लेता है। इसी को तो समझना है। और समझने को है क्या दुनिया में?

हिन्दी उपन्यास ने सभी पहलुओं और सामाजिक समस्याओं को छुआ है। पिछले कई दशकों से हिन्दी में अच्छे उपन्यास तो बहुत आए हैं, लेकिन दिलो-दिमाग और अहसास पर छा जानेवाला उपन्यास नहीं आया। कई पहलुओं को हमारे उपन्यासों ने मार्मिक ढंग से भी छुआ है। दलित चेतना, स्त्री-मुक्ति, मानवीय सम्बन्ध, साम्प्रदायिकता, गरीबी, किसान, मजदूर, शहर-कस्बे-गाँव, देह व्यापार, प्रेम, वासना, भ्रष्टाचार, राजनीति, गुंडागीरी, देश-भक्ति, क्रान्तिकारी, पूजा-पाठी यानी शायद ही कोई विषय हो जिसे हिन्दी उपन्यास ने बाँधने की कोशिश न की हो। फिर भी हमारे उपन्यासों की जिन्दगी अधूरी है, सीमित है, एकांगी है। अनुभव गली के नुक्कड़ तक जाकर घर लौट आते हैं। पहले किसी उद्देश्य को तय करके घर से निकलने भर का साहस मात्र है। उन आश्चर्यों में प्रवेश करने का नहीं, जो सदा ही कारणहीनता से पैदा होते हैं। जहाँ से सब कुछ दाँव पर लगा देने के बाद भी शायद खाली लौटना पड़ता है; जहाँ सिर्फ खो देने में ही दृष्टि मिलती है; जहाँ साहस ही अपने-आपमें एक मंजिल है। उसी यात्रा में इंसानों के दुख-दर्द, प्रेम, वासना, विचार, दृष्टि, मूल्य, राजनीति, नीति-अनीति—सब कुछ अपनी निरंकुशता में प्रकट होते हैं। उन्हें जीवन के अन्तिम सत्य भले ही न कहो लेकिन एक महाकाव्यात्मक प्रयास के बाद की मुक्ति वहाँ अवश्य होती है—लेखक के लिए भी, पाठक के लिए भी। इस तरह का साहस जुटाना अभी बाकी है। अकारण में प्रवेश बाकी है। विस्तृत अनुभव और उन अनुभवों की अन्तर्सम्बन्धित निरन्तरता का फैलाव अभी बाकी है जहाँ पाठक को दृष्टि की अचूक निर्भयता मिलती है। औपन्यासिक तृप्ति बाकी है। 'Old Man and the Sea' का एक दिन, एक रात बाकी है। 'One Hundred Years of Solitude' का एक सदी पर छा जानेवाला महाप्रयास बाकी है। उसके आसपास का आभास भी अभी बाकी है।

अनुभव के भेस में विचार

> You make something through your invention that is not a representation, but a whole new thing truer than anything true and alive and you make it alive. That's why you write and for no other reason that you know of. But what about all the reasons that no-one knows.

अर्नेस्ट हेमिंग्वे के एक संवाद से उद्धृत ये पंक्तियाँ मैंने हेमिंग्वे के घर में पढ़ी थी। फ्लोरिडा प्रांत के Key West शहर में विश्व-प्रसिद्ध लेखक अर्नेस्ट हेमिंग्वे का घर है। सरकार द्वारा सुरक्षित। Miami से 200 मील तक समुद्र को पुल से बाँधा हुआ है वहाँ पहुँचने के लिए। बीच-बीच में छोटे-बड़े द्वीप आते हैं। मछुआरों की बस्तियाँ। Key West में छोटा-सा शहर है, यू.एस.ए. का अन्तिम छोर। इसके बाद समुद्र और उस पार क्यूबा। हेमिंग्वे का कई वर्ष का जीवन इस शहर और क्यूबा के बीच बँटा हुआ था। उनके क्लासिक लघु उपन्यास 'The Old Man and the Sea' के अनुभवों की शुरुआत यहीं से हुई। अभी देर ही कितनी हुई है। 1961 तक वे हमारे बीच थे।

यह नयापन क्या है? यह स्रष्टा होने का दम्भ क्या है? आखिर ऐसा कितना विस्तार है जीवन में, जिसकी इंसान कल्पना कर सकता है, जिसे जी भी सकता है और उसके आधार पर कुछ रच भी सकता है? साहसिकता अपने-आप में स्रोत है नयेपन का, नये अनुभवों और नई सोच का भी। यह नयापन, नये अनुभव और नई सोच तभी बाँटने लायक बनती है, सार्वभौमिक बनती है, यह Particular तभी Universal बनता है जब उसे साधारण के धरातल पर स्थापित कर देने की दृष्टि, क्षमता, कल्पना और साहस हो। अनुभव एक इकाई नहीं है जिसे एक घटना या स्थिति से आँका जा सके। अनुभव एक जोड़ है—कितने ही आन्तरिक और बाह्य दृष्टि सम्पन्न साक्ष्यों का। एक व्यक्ति के नयन-नक्श में उसका अनुभव जगत लिखा रहता है। 'चक्षु साक्षी' से 'मनसा साक्षी' और मनसा साक्षी से 'बुद्ध साक्षी' तक की अनुभव-यात्रा पहले लेखक स्वयं तय करता है और फिर उसे अपनी अलग-अलग क्षमताओं से प्रकट करता है। बहुत कृतियाँ हैं जो इस नयेपन का

अनुभव पाठक को देती हैं बहुत स्तरों पर—भाषा के स्तर पर, मानवीय सम्बन्धों के स्तर पर, समस्याओं के प्रति दृष्टि और सोच के स्तर पर। हर बड़ी खुशी एक साहसिक प्रवेश होता है किसी अगम्य या अगोचर में नहीं, उस लोकमानस में जहाँ सम्भावनाएँ ही सम्भावनाएँ हैं। हर गोचर के साथ अगोचर भी है। उसी अगोचर और अविदित को ही शायद हेमिंग्वे नया रचने की कला कहते हैं। हमारे यहाँ यह नया प्रेमचन्द से ही शुरू हो गया था—समय के सर्वविदित अन्याय से साहसिक संवाद।

एक श्रृंखला तो है ही अच्छी कृतियों की—नये अनुभव और सोच से लैस कृतियों की। ऐसी कृतियाँ जो सार्वजनिक और सार्वभौम हैं। आज उन कृतियों से समय की कुछ दूरी पर बैठकर लग सकता है कि उनमें अनुभव या सोच के स्तर पर खोट है, शुद्ध सोना नहीं है। कुछ ताँबा-पीतल भी मिला है वहाँ। लेकिन फिर भी उनकी प्रेरणा क्या थी, दृष्टि क्या थी, मौलिक सोच क्या थी—यह देखने की अधिक जरूरत है। अनुभव की क्षीणता कितनी और कहाँ है, कृतियों में इन बातों का अन्दाजा लगाना आसान काम नहीं है। निर्णायक को स्वयं कृति का समकाय होना पड़ेगा—उसी कद का या उससे भी बड़ा। अपनी स्मृति को बहुत गहरा खोदना पड़ेगा।

अच्छी कृतियाँ एक स्मृति, एक विरासत के तौर पर पूरी जाति का हिस्सा बन जाती हैं। वे कृतियाँ नई सोच, नये विमर्शों और नये इतिहास को रचने में मदद करती हैं। दमित स्मृतियाँ विस्फोट बनकर हमारी कृति में जाहिर होती हैं। और एक नई स्मृति को जन्म देती हैं। लोलिता और मादाम बावेरी को भूल नहीं पा रहे। हैरानी की बात है कि 2010 के नोबेल पुरस्कार विजेता मारियो वरगास योसा (Mario Vargas Llosa) पर मादाम बावेरी की स्मृति का इतना दबाव था कि उनका अत्यन्त प्रभावशाली उपन्यास 'The Bad Girl' (2007) मदाम बावेरी की ही पुनर्रचना है। लेकिन आज का सन्दर्भ वासना और अस्मिता को एक साथ खड़ा देखना चाहता है। मादाम बावेरी को एक नये मानसिक परिधान में देखना चाहता है। अपनी कामुक आकांक्षाओं को उद्दाम अस्मिता प्रदान करना चाहता है।

स्मृतिहीनता घटनाओं की आक्रामकता से बचाव का कवच ही नहीं आने वाली वासना का एक निर्द्वंद्व उद्गम भी है। यही नया मानसिक परिधान है जिसमें योसा की बैड गर्ल फ्लावर (Flaubert) की 'मादाम बोवारी' से भिन्न हो जाती है।

समाज अपने-आप में नैतिक-अनैतिक कोई मूल्य जैसे देता ही नहीं। बस, जिन मूल्यों को हम जीते हैं, वही केवल नैतिक की नीति है।

2

किसी विचार में गहरी निष्ठा से जैसे बड़ी कृतियाँ लिखी गई हैं, विचारों के आग्रह से मुक्त होकर भी बड़ी कृतियाँ लिखी गई हैं। प्रश्न विचार या विचार से मुक्ति का नहीं है। प्रश्न है अपने कथ्य में गहरी निष्ठा का, निष्कम्प दृष्टि का, दूरदर्शी संवेदना का, अभिव्यक्ति के अविचल साहस का और अपनी स्मृतियों की खोज का।

जिन आर्थिक परिस्थितियों और शोषण से समाजवाद पैदा हुआ, उनसे बिलकुल अप्रभावित उसी समय और समाज में थॉमस हार्डी 'Tess' और 'मेयर ऑफ केस्टरब्रिज' जैसी रचनाएँ लिख रहे थे। नितान्त आंचलिक, नितान्त प्रादेशिक। कुछ देर बाद ही डी.एच. लॉरेंस समाजवाद से अछूते स्त्री-पुरुष सम्बन्धों के समुद्र में हाथ-पैर मार रहे थे। लेकिन वह किसी नारी विमर्श को जन्म नहीं दे सके। हमारे यहाँ भी प्रेमचन्द के बाद वह समाज और समय अतीत नहीं हुआ था। उसकी जरूरतें वही थीं। लेकिन फिर भी जैनेन्द्र और आगे दूसरे विमर्शों में खो गए। किसी नजरिये के तहत लिखने की माँग पूरी करना और किसी नजरिये के प्रभाव में लिखना बिलकुल अलग बातें हैं। माँग पूरी करने की कोशिशों ने बहुत छोटी रचनाएँ दीं। पिछले दशकों में उपन्यासों की भीड़ में से अच्छे उपन्यास अगर उँगलियों पर गिनने लगें तो कुछ उँगलियाँ खाली रह जाएँगी। और फिर अब तो उपन्यासिकाएँ ही रह गई हैं। एक बैठक से भी कम में बैठकर उन्हें पढ़ा और उन पर लिखा जा रहा है। अनुभव की प्रगाढ़ता से जन्मी यथार्थ दृष्टि की अनुपस्थिति में ये कृतियाँ एक बैठक से आगे जातीं भी नहीं।

इतनी भीषण समस्याओं से ग्रस्त विश्व में संघर्षों का कोई अन्त नहीं। फिर किस जादुई प्रेरणा के विस्फोट में आज विश्व के सर्वश्रेष्ठ उपन्यासकार गब्रियल गर्सिया मार्केस को 18वीं सदी के अन्त में प्रवेश करने की, वहाँ की सामाजिक स्थितियों, धार्मिक-पौराणिक प्राचीरों को भेदती हुई, एक पिघले लोहे की धार जैसी प्रेम-कथा लिखने की वासना जाग्रत हुई? 'Of love and the other Demons' (1994), एक छत्तीस वर्ष के पादरी की बारह वर्ष की लड़की से प्रेम की त्रासद कथा। क्या स्रोत सिर्फ वही है जो मार्केस स्वयं बताते हैं? उपन्यास के प्राक्कथन में भी और एक संवाद में भी? वे कहते हैं कि यह कहानी दादी ने उन्हें सुनाई थी, जिसमें एक बारह साल की लड़की को रेबीज (rabies) के बाद उसके सुनहरे बाल और लम्बे होते चले गए। फिर अठारहवीं सदी की एक कब्र की खुदाई के दौरान एक लाल बालों वाली लड़की का शव मिलने पर इस कथा ने जन्म लिया, ऐसा भी मार्केस कहते हैं।

कुछ लोगों का कहना है कि यह बनाई हुई बात है। 'Love in The Time of Cholera' के रिसर्च के दौरान Cartegena के इतिहास में यह कहानी उन्हें सूझी थी।

नहीं, स्रोत सिर्फ यही नहीं। इनको कलेवरों के ठीक नीचे, चेतना के नाभि-स्थल के ठीक नीचे, यह स्रोत था जो इतनी देर बाद फूट पड़ा। एक समानान्तर अस्तित्व, समुद्र के नीचे का ज्वालामुखी।

एक बारह वर्ष की लम्बे सुनहरे बालों वाली लड़की Sierva Maria को एक आवारा कुत्ता काट गया। उसके माता-पिता सागर किनारे किसी कैरीबियन देश में रहते हैं जो अंग्रेजों का उपनिवेश है। काले गुलाम हैं, गोरे शासक, पादरी चर्चाधिकारी, बड़े भूपति, मारक्वीज वगैरह। उस समय का सत्तातंत्र पूरी तरह चर्च द्वारा शासित और नियंत्रित है। राजनीति भी चर्च की सत्ता का ही हिस्सा है। मरिया खत्म होते हुए जमींदार परिवार की बेटी है। उसकी नीम पागल माँ नशे की शिकार है। पिता ही बेटी की देखभाल का जिम्मेदार है। मरिया अपने काले गुलाम नौकरों-चाकरों के बच्चों के साथ उनकी गंदी गलियों में खेलकर बड़ी हुई है। उनकी छिछली भाषा-आदतें, छीना-झपटी, झूठ बोलना वगैरह उसका स्वभाव बन गया है। एक दिन वह गुलाम नौकर के साथ बाजार में जन्मदिन के लिए कुछ माला वगैरह खरीदने गई। बड़े बाजार से आगे दोनों एक स्लम की मंडी में पहुँच गए। बन्दरगाह के किनारे इस मंडी में अफ्रीकी देशों से गुलाम जहाजों में लाकर बेचे जाते थे। उस दिन गुलाम डिस्काउंट पर बिक रहे थे। गिनी से एक जहाज तभी आया था। रास्ते में समुद्री हवा और खाने की वजह से गुलामों को बीमारी लग गई थी। इसलिए सस्ते दामों सेल पर बिक रहे थे। तभी सुनहरे बालों वाली इस गोरी लड़की को कुत्ता काट गया। कुत्ता पागल है या नहीं—कुछ पक्का नहीं। इलाज, टोना-टोटका, जड़ी-बूटी, सब किया गया। पर पैर के टखने का जख्म खराब होता चला गया, लड़की का स्वभाव भी खराब होता चला गया।

आखिर चर्च ने लड़की को अपनी शरण में लेने का फैसला किया। लड़की पूरी तरह शैतान के बस में है। चर्च की धार्मिक रीति-नीति से आध्यात्मिक जादुई तरीकों से उसके शरीर को शैतान से मुक्त कराया जाएगा। तब तक लड़की कॉन्वेंट ऑफ सांता क्लारा के एक छोटे-से सेल में बन्द। उसकी खेलकूद, बाहर की आवारा जिन्दगी, आजादी, बिशप के एक ही फैसले से बन्द। मरिया का exorcism द्वारा इलाज और कैद।

एक पादरी छत्तीस वर्षीय केंतानो डिलोरा को उसके निरीक्षण का काम सौंपा गया। पादरी अजीब आदमी था, चौदह घंटे लाइब्रेरी में गुजारता था। बिशप का विशेष विश्वासपात्र और धार्मिक ऋचाओं का विद्वान होते हुए भी अपनी विस्तृत पढ़ाई के कारण अन्धविश्वास और धार्मिक कानून से परे वैज्ञानिक दृष्टिकोण भी रखता था। सूर्यग्रहण को मात्र ईश्वरीय प्रकोप न मानकर, गैलीलियो और उसके

पहले असीरियन वैज्ञानिकों द्वारा किए गए सौरमंडल के सूत्रों का हवाला देने का साहस भी कभी-कभी वह कर बैठता था। बिशप का मानना था कि गैलीलियो के पास हृदय और विश्वास की कमी थी, तभी उन्हें ईश्वरीय शक्तियों का आभास नहीं हो पाता था। लेकिन पादरी डिलोरा अपनी कल्पना और आदिम वासनाओं की सघनता में क्या कुछ देख जाता है, बिशप को इसका अन्दाजा नहीं था। एक दिन बाइबल के प्रसंग पढ़कर सुनाते हुए उसने बिशप को अपना सपना बताया—वह लड़की एक खिड़की में बैठी है। खिड़की बाहर एक बर्फ के मैदान पर खुलती है। अंगूरों का गुच्छा उसके सामने रखा है। एक अंगूर तोड़कर वह खाती है। लेकिन एक और अंगूर उस गुच्छे पर उग आता है। उसे गुच्छा समाप्त करने की जल्दी नहीं है। वह जानती है कि आखिरी अंगूर उसकी जिन्दगी का आखिरी क्षण होगा। अजीब बात यह है कि बर्फ से ढका यह वही Salamanca का मैदान है, जहाँ सर्दी में तीन दिन बर्फ पड़ी थी और मेमने बर्फ में घुटकर मर गए थे। सुनकर बिशप ने कहा—मरिया की जिम्मेवारी तुम ले लो। पादरी डिलोरा बिशप की बात टाल नहीं पाया। अपनी नियति को टाल नहीं पाया। उस त्रासदी को टाल नहीं पाया था जो उसके लिए सुरक्षित थी। पहले ही दिन मरिया के पाँव की त्वचा का सम्पर्क, उसकी उन्मुक्त श्वास-लहरी, उसका अशरीरी-सा आभास पादरी के अस्तित्व को, उसकी धर्म-पारंगता को, कुछ ही क्षणों में तृणमूल सहित बहाकर—किस भीतरी धरती को अनावृत कर गया, उसका विश्लेषण केवल उन स्थितियों में है जिन्हें कुछ लोग नियति कह सकते हैं।

अगले दिन मरिया गुस्से से भरकर पादरी के मुँह पर थूकती रही। पादरी मरिया के चेहरे पर आँखें गड़ाए उसके थूकने की क्रिया से उत्तेजित होता रहा। वासना अपनी सहनशीलता में मरिया के क्रोध और उच्छिष्ट को ऊर्जा में बदलती रही। प्रेम अपनी सहनशीलता में कितना आत्महंता हो सकता है, उसी के बृहत यथार्थ का एक लघु वृत्तांत है यह अवस्थिति।

> ...'Leave me alone', she said, 'Don't touch me.' He ignored her and the girl loosed a sudden storm of spittle in his face. He persevered and offered the other cheek. Sierva Maria continued to spit at him. Again he turned his cheek, intoxicated by the gust of forbidden pleasure rising from his loins. He closed his eyes and prayed with all his soul while she continued to spit at him, her ferocity increasing with his pleasure, until she realized that her rage was useless.

उस दिन शाम को अपने कमरे में जाकर पादरी ने अपने शरीर को लहूलुहान कर लिया था। शाम के खाने पर प्रार्थना में उसे न पाकर बिशप हैरान था। पादरी

अपने कमरे में खून और आँसुओं से लथ फर्श पर लेटा हुआ पाया गया।

"It is the demon, Father the most terrible of all." उसने बिशप को कहा।

त्रासदी का चौथा पहर संक्षिप्त भी होता है और अपनी यातना में बेहद उजागर भी। पादरी को चर्च ने निकाल दिया। एक कोढ़ियों के अस्पताल में सेवा के लिए उसे रख दिया गया। वहीं से रात को भागकर एक सुरंग के रास्ते मरिया के सेल में वह पहुँचा। मरिया का विरोध और जिद पादरी की पीड़ा के सामने टिक नहीं सका। एक सिपाही के प्रेमगीत पादरी मरिया को सुनाता था। उन्हीं में खोकर मरिया ने पूरी तरह पादरी को आत्मसात कर लिया था।

> They had no more than a few moments of calm while they were together. They never tired of talking about the sorrows of love. They exhausted themselves in kisses, they left burning tears as they declaimed lovers' verses, they sang into each other's ear, they writhed in quicksands of desire to the very limits of their strength : spent, but virgin.

एक रात पादरी का वहाँ आना पकड़ा गया। उसके बाद डिलोरा क्यों वापस नहीं आया, मरिया को पता नहीं चला। उसका विछोह मरिया की कमनीयता सह नहीं पाई। एक सप्ताह बाद ही उसका शव सेल के फर्श पर पाया गया।

लगभग सवा सौ पृष्ठों के इस लघु उपन्यास में सामर्थ्य का जितना फैलाव है, वह उपन्यास की कथा का नहीं है। वह उस समय को पूर्णता में बाँधने की कला का है। स्थितियों को एक क्षणांश में बाँधकर प्रस्तुत करने के जादू में है। सामाजिक मान्यताओं और धार्मिक अंध-सत्ता के सामने सामूहिक बेबसी और समर्पण की उन अभिव्यक्तियों में है जो एक गहरे विश्वास के अहसास की तरह सघन होती हैं, प्रवंचनाओं की तरह बिखरी हुई नहीं होतीं। शब्द जैसे एक सीमित पूँजी हो, अधिक व्यय से सिर्फ अकिंचनता ही खरीदी जा सकती है।

कथ्य सिर्फ प्रेमकथा नहीं, सारा समय है। विस्तार केवल अर्थ का है—वृतान्तों का नहीं, दृश्यों का नहीं, उन तमाम वर्णनों और स्थितियों का नहीं, जो कथ्य से दूर ले जाते हैं। लघु उपन्यास लिखना एक जोखिम भरा काम है। लघुता केवल कलेवर की होती है, प्रभाव की नहीं। चरित्रों की संख्या उतनी ही कम या ज्यादा हो सकती है, जितनी समय और कथ्य की अनिवार्यता है। स्थितियाँ और घटनाएँ भी कम या ज्यादा हो सकती हैं। 'The Old Man and the Sea' में स्थिति और घटना एक ही है। मार्केस के इस उपन्यास में घटनाओं के अंबार हैं। हेमिंग्वे में समय की सीमा जैसे पहले से ही तय है। मार्केस में समय उपन्यासकार के हाथ में नहीं है, स्थितियों के हाथ में है। कितनी लम्बी यात्रा है, आभास के अतिरिक्त

कुछ नहीं। लेकिन जिज्ञासाओं को शान्त करता हुआ एक निर्णायक तत्त्व हर स्थिति के भीतर ही कहीं छिपा है। वाक्य केवल शब्दपुंज न होकर अर्थछवियाँ हैं। छवियाँ इसलिए कि प्रत्येक शब्द स्थिति के प्रकाश में अपना अर्थ और प्रभाव ग्रहण करता है। छवियों की तरह ही प्रकाश की दिशा में प्रकट होता है। लेकिन शब्द और वाक्य शिलाओं की तरह स्थिर हैं। अपने स्थान से हिलाना शायद उस सर्जक के हाथ में भी नहीं, जिसने उन्हें वहाँ रखा है। कई-कई बार बदलने-उलटने, सुनने के बाद उनकी निश्चितता स्थिर हो जाती है। हेमिंग्वे ने कहा था :

> The Old Man and the Sea could have been over a thousand pages long and have every character in the village in it and all the processes of how they made their living, were born, educated, bore children, etc. etc...I have tried to eliminate everything unnecessary to conveying appearance to the reader so that after he or she has read something, it will become a part of his or her experience and seem actually to have happened...I have had to read it over two hundred times.

कथन की मूकता और वाचालता प्रभाव की निश्चित कड़ी नहीं हो सकती। मार्केस के 'Of Love and the other Demons' उपन्यास में संवाद ही संवाद हैं। 'The Old Man and the Sea' में अधिकतर मोनोलॉग ही हैं। लेकिन कहाँ-कहाँ मुँह पर उँगली रखकर कोई पाठक किसी चरित्र को कह सकता है कि चुप रहो, बोलने की जरूरत नहीं। यही बस निर्णयात्मक है। कहीं-कहीं उपन्यासों में मुँह पर उँगली रखने की स्थितियाँ ज्यादा भी हो जाती हैं और मुखर भी। फालतू के संवाद, फालतू के विवरण, फालतू की स्थितियाँ, फालतू के वर्णन पाठक को चैन से पढ़ने नहीं देते। कितना कुछ किसी कृति से निकाला जा सकता है, यह कौन निश्चित करेगा? इतना मर्मज्ञ भी हर पाठक नहीं होता। उसकी मानसिकता उन क्षणों के जोड़ से नहीं बनी होती, जो अनिवार्यता और सहजता को एक साथ देख सकें। गहनता की सरलता को पकड़ सकें। जो कल्पना और सृजन के उद्गम स्थल को धरती और आकाश की तरह अलग न समझें। जो कला के सौन्दर्य और दर्शन से एक साथ अभिभूत हो सकें, जो संक्षिप्तता में सारे विस्तार पा सकें। यही अन्तर एक लेखक और दूसरे लेखक का भी है। एक लेखक भी उसी मानसिकता का शिकार हो सकता है जहाँ अतिरिक्तता को ऐश्वर्य की तरह भोगने का लालच बना रहता है। जहाँ सृजन नहीं, ह्रास ही विस्तार पाता है। जहाँ कल्पना का प्रयोग, एक रेडार की तरह अपने गंतव्य पर पहुँचने का संक्षिप्त रास्ता ढूँढ़ने के लिए नहीं होता। पाठक ऐसे उपन्यासों या अन्य कृतियों को चाहे तो काट-छाँट कर आधा कर दे, और पता भी न लगे कि कृति का क्या नुकसान हो गया।

आजकल लिखे जा रहे लघु उपन्यासों को ऐसे पाठकों का मिलना बहुत सुगम हो गया है। वे उपन्यास उनका कुछ बिगाड़-सँवार नहीं सकते। हर अच्छे पाठक के हाथ में एक अदृश्य कलम होती है, उससे वह काटता-छाँटता चलता है। अपना बचाव आसानी से कर लेता है। एक लम्बी या छोटी बैठक में लिखी हुई रचना को आधी लम्बी या छोटी बैठक में चाय की प्याली की तरह सुड़ककर एक तरफ रख देता है।

भाषा भी कुछ ऐसा ही उपक्रम है। छठी इन्द्रिय की तरह सारे वातावरण पर नजर रखती हुई। एक वितान की तरह सारी रचना पर फैली रहती है भाषा। एक ऐसे चरित्र के रूप में उपस्थित रहती है, जो बाकी सब चरित्रों को उनका रंग-वर्ण, नाक-नक्श और प्रभाव प्रदान करता है। किसी रचना में भाषा का क्या रोल है, यह बड़ा महत्त्वपूर्ण प्रश्न है। भाषाओं का आंचलिक होना या अंचल से बाहर की सामान्य भाषा होना, केवल एक माध्यम निश्चित करता है। माध्यम की क्षमता नहीं। एक सशक्त रचनाकार अपनी भाषा से रचना को संघर्ष नहीं बनने देता। पाठक को अपने निकट लाना या अपने से दूर छिटक देना बहुत कुछ भाषा के हाथ में है। मार्केस के इस लघु उपन्यास में पात्र धार्मिक, विद्वान, मठाधीश, चिकित्सक, दार्शनिक, भूपति ही ज्यादा हैं। भाषा इन स्तरों की एक स्वाभाविक भाषा है। लेकिन प्रभाव में ऐसी कि पाठक उसे आत्मसात करता हुआ चलता है। उस स्तर तक अपने-आपको ले आने के सहज प्रयास में आनन्द अनुभव करता है। पाठक का सहज विस्तार रचना के अर्थ को पाठक के धरातल पर प्रतिष्ठित करता है। धरातल की ऊँच-नीच समाप्त करने की क्षमता अगर भाषा में है, तो कठिनता और सुगमता का कोई झगड़ा नहीं। कई उपन्यास, कई दृष्टियों से अच्छे होते हुए भी इसलिए अच्छे नहीं हैं क्योंकि उनकी भाषा लोकमानस को पास नहीं फटकने देती। यह दूरी पाठक की अक्षमता नहीं जो लेखक को किसी हद तक बरी कर सकती। Nathaniel Hawthorne कितनी सहज बात कहते हैं, "Easy reading is damn hard writing."

तथ्य, वास्तव और यथार्थ क्या सब एक ही हैं? समय इनका अर्थ बाँचने में कितना समर्थ है, समय से पहले कोई बता नहीं सकता। 'तथ्य' सबसे ऊपरी धरातल पर दिखते हुए तन्तुओं जैसे होते हैं, जिन्हें देखा, छुआ और परखा भी जा सकता है। कोई उनका विशेषज्ञ भी हो सकता है। 'वास्तव' उन तथ्यों तक पहुँचने का रास्ता जैसा है। कभी दिखता है, कभी नहीं दिखता। वास्तव में कौन क्या और कैसा है, यह तथ्यों द्वारा हमेशा जाना नहीं जा सकता। और 'यथार्थ' एक दार्शनिक पहलू है, जो तथ्यों और वास्तविकताओं के सामाजिक-व्यावसायिक जोड़ को उस संज्ञान की रोशनी में परखता है—जो स्थानीय होकर भी वैश्विक हो सकते हैं। तथ्य केवल स्थानों की पूर्ति मात्र होते हैं। जैसे चरित्रों के नाम, वर्ष, संख्या, घटनाएँ तभी अपना

अर्थ ग्रहण करते हैं—जब वे पूरे दृश्य का हिस्सा बनते हैं। समय के यथार्थ का सन्दर्भ रचते हैं। बहुत-से ऐसे उपन्यास हैं जहाँ तथ्यात्मक या वास्तविक कुछ भी नहीं। लेकिन दो सदियों पूर्व का समय, संस्थाएँ, विश्वास, भय, साहस, धरती और आकाश, वासनाएँ, इच्छाएँ, जीवन और मृत्यु के अर्थ ऐसा इतिहास रचते हैं, ऐसी दृष्टि देते हैं कि हमें आज अपने जीवन के अर्थांशों को देखने-समझने में मदद मिलती है, ताकि हम सिर्फ कायरों की तरह अपने समय में जीने के लिए, जो कुछ भी व्यवस्थाओं द्वारा हमें उपलब्ध है—उसे ही स्वीकार करने के लिए बाध्य न रहें।

ऐसा ही यह उपन्यास अठारहवीं सदी के अन्त के अलग-अलग जीवनार्थों को हमारे सामने असीमित सामर्थ्य के साथ रखता है—आज से पचास साल पहले 1959 में लिखा Chinua Achebe का 'Things Fall Apart', मार्केस का उपन्यास 'Love and the Other Demons' एक व्यक्ति की वासना का—समय और संस्थाओं की खोहों को भेदता हुआ यथार्थ है। अचेबी का यह उपन्यास एक जाति, कौम और देश की परम्परा, रीति और नीति के अस्त और उपनिवेश काल के उदय की मार्मिक कथा है। दोनों ही उपन्यास इतिहास नहीं, इतिहास का दर्शन हैं। समय का यथार्थ स्वरूप भी हैं।

भाषा की सहजता, कलेवर की लघुता और ऐतिहासिक यथार्थ का दस्तावेजी उपन्यास है नाइजीरिया के चिनुआ अचेबी का 'Things Fall Apart'। करोड़ों की संख्या में इस उपन्यास की प्रतियाँ विश्व भर में बिखरी हुई हैं। सिर्फ अमरीका में ही एक लाख प्रति वर्ष की औसत से आज भी बिकती हैं। एक क्लासिक की हैसियत रखता है यह उपन्यास। उत्तर-पूर्वी नाइजीरिया के कबीले के लोगों का मनोबल तोड़ देने की इस कथा में क्या ऐसा है जो उसे इतना लोकप्रिय बनाता है? क्या लोग इस कृति के माध्यम से नाइजीरिया के कबीलाई धर्म, रस्मो-रिवाज को जानना चाहते हैं? उनकी अन्त:कथा और जीवन की झलकियाँ देखना चाहते हैं? ईसाई मिशन की नम्र धूर्तता का जायजा लेना चाहते हैं? किसी भी बड़ी कृति में विषयगत तथ्यात्मकता कोई खास महत्त्व नहीं रखती। कोई भी समाज, सभ्यता के कुल विकास की श्रृंखला में कहाँ जुड़ता है, अनजाने में इसी ऐतिहासिक यथार्थ को जानने का उत्सुक पाठक अपनी दूसरी जिज्ञासाएँ भी शान्त करता है। और जिज्ञासाएँ हैं उन प्रश्नों के कार्यकारी रूप को दैनिक जीवन में देखना—जिनकी वजह से जीवन इतना आकर्षक, रोमांचकारी या भदेस और घिनौना बन सकता है। अपने ही समाज को पूरी क्रूरता से परखना और उसके घिनौने रूप को दुनियाभर के सामने उखाड़ फेंकना। और उसी के धीरे-धीरे ह्रास और पतन को एक यातना की तरह सहकर पूरी निर्ममता से उसका बखान करना—ऐसी करुणा को जन्म देता है, जो कभी-कभी मानवीय क्रूरता के पक्ष में भी खड़ी होती है। इसी क्रूरता, उदारता और करुणा की आदिमता इस लघु उपन्यास को इतने बड़े स्तर पर स्थापित करती है।

औकोंकवो ईबो (igbo) कबीले का एक शक्तिशाली सदस्य है जिसकी वीरता और अन्य पुरुष-गाथाओं से वह क्षेत्र गूँजता है। कबीले की एक औरत की हत्या पड़ोसी कबीले वाले कर डालते हैं। उस कबीले से युद्ध या मुआवजा ही समस्या का हल है। मुआवजे में एक युवा स्त्री और लड़का उस कबीले से दे दिये गए। युद्ध टल गया। लड़का घर में रहने लगा—औकोंकवो का बेटा बनकर। औरत एक पुरुष को दे दी गई। तीन वर्ष तक लड़का (इकेमेफुना) उसके अपने बेटे से भी ज्यादा अपना बनकर उसके घर रहा। एक दिन कबीले के Oracle (भविष्यवक्ता) ने घोषणा की—कि इकेमेफुना की बलि किसी देवता को शान्त करने को दी जाएगी। अगली सुबह भीड़ के साथ लड़के को गाँव से बाहर ले जाया गया, उसे कुछ भी पता नहीं। अचानक कुल्हाड़ी उसके सिर पर पड़ती है। लड़का भागकर अपने पिता समान औकोंकवो के पास पहुँचता है मुश्किल से चीखता हुआ, 'यह मुझे मार रहे हैं।'

> 'My father, they have killed me!' as he ran towards him. Dazed with fear, Okonkwo drew his machete and cut him down. He was afraid of being thought weak.

अपने ही बेटे समान लड़के को काट फेंका ताकि वह कायर न दिखे!

एक और दुर्घटना में औकोंकवो के हाथों अपने ही कबीले के एक सदस्य की हत्या हो जाती है। अनजाने में किये गए अपराध को नारी-अपराध कहा जाता है। सजा भी कम। सात साल के लिए देश-निकाला। सात साल बाद वापस आने तक कबीला ईसाई मिशनरियों द्वारा हथिया लिया गया था। औकोंकवो सभा बुलाता है, war council, जो इन मिशनरियों को खदेड़ दे। तभी कमिश्नर का एक दूत कुछ बन्दूकधारियों के साथ सभा को बर्खास्त करने आ जाता है। वह दूत की हत्या कर देता है। कोई कुछ नहीं करेगा, कोई नहीं लड़ेगा, औकोंकवो समझ गया। हताशा में पेड़ से लटककर वह स्वयं को समाप्त कर लेता है।

कथा छोटे-छोटे ब्यौरों में, दैनिक रीतियों में, कबीले के विश्वासों में, इंसान की फितरत में, सैकड़ों-हजारों सालों की परम्पराओं के देखते-देखते ही समाप्त होने में निहित है। जिन विश्वासों और परम्पराओं को हम धरती, समुद्र, आकाश से अधिक स्थायी मानकर जीते-मरते रहते हैं—हम उन्हें बूढ़े माता-पिता की तरह अपने लालचों में छोड़कर बस निकल जाते हैं। बाहरी शक्तियाँ हमारे भीतरी लालच और कायरता से अधिक धूर्त नहीं होती। सब कुछ बिखर गया (Things Fall Apart), इसी बात को फिर कहती है। इस बार कहने वाला जादूगर चिनवा अचेबी है।

इतिहास का स्वरूप जिस तरह से एक आतंक की स्मृति से निकलकर जनतांत्रिकता की तरफ बढ़ा है, उससे बेशुमार कृतियाँ विश्व भर में रची गईं। हिन्दी में भी कई

रचनाओं ने किसी और कोण से उस समय को देखा है, यानी अपने-आपको देखा है। अब वे कृतियाँ स्वयं इतिहास का जरूरी हिस्सा बन गई हैं। समय को जानने-परखने का, स्मृतियों में प्रवेश करने का एक सघन माध्यम बन गई हैं। इन कृतियों ने समाजशास्त्रीय अध्ययनों को तथ्य इकट्ठा करने और उन तथ्यों को इन कृतियों के आधार पर परखकर आगे देख सकने का एक जरिया मात्र बना दिया है। राजसी, सामन्ती आतंक सिर से उठ जाने के बाद मुक्त होकर हम अपने अतीत को किसी अन्य रूप से याद कर रहे हैं, देख रहे हैं। हमारी आँखें जैसे हमें वापस मिल गई हों!

पूरी तरह राजनीतिक साहित्य लैटिन अमरीका की परम्परा रही है, लेकिन इतिहास की अपनी राजनीति होती है। हम समझते हैं, जो घट गया, वह तो हम जानते ही हैं। विडम्बना यही है कि वह भी हम नहीं जानते। एक शव को देखना व्यक्ति को जानना नहीं है। उसे जीवित करके उसके साथ संवाद स्थापित करना पड़ता है। अतीत के साथ यह सब जो कर पाते हैं, वही उसकी आगामिता और प्रभाव को भी समझ सकते हैं। प्रजातंत्र, सैनिक शक्ति, धार्मिक आतंक, पूँजी संचयन, अपराध और बहुत कुछ कैसे अलग कर-कर के देखें या इन सबकी साँझ को ही स्वीकार करने के लिए अभिशप्त रहें, इसका उत्तर शायद उनके पास हो जो इतिहास को अच्छी तरह जानते हैं।

मारियो वारगस योसा का 1981 में लिखा उपन्यास 'The War of the end of the World' एक ऐसी इतिहास कथा है—जिससे ब्राजील कभी मुक्त ही नहीं हो पाया। जैसे आज हम बार-बार 1857 की ओर दौड़ते हैं और औंधे मुँह गिरकर वापस आने का साहस बटोरते हैं, ठीक उसी तरह। एक इतिहास बिन्दु को गर्व से देखते हुए भी कितने संशयों से भर उठते हैं। उस समय में प्रवेश करते हुए यही धुआँ उठता है कि हममें से कौन लोग थे जो आजादी के लिए लड़ रहे थे? और कौन लोग थे जो गुलाम ही बने रहते—और अधिक यातनाएँ सहने के लिए? आज भी निश्चित नहीं कि हम किसी मूल्य के लिए लड़ रहे थे, या हमें कोई आतंक आगे की तरफ दौड़ा रहा था किसी मंजिल के आभास के बगैर ही। कितने ही उपन्यास 1857 के समय को लेकर लिखे गए, इतिहास ग्रंथ लिखे गए, लेकिन तथ्य जितने सपाट और सतही हैं, असलियत उतनी ही गहरी और पेचीदा है। उपन्यासों ने ही उस गहरी और पेचीदा असलियत को सामने लाने की कोशिश की है। कमलकान्त त्रिपाठी के 'पाहीघर' और 'बेदखल' में दो महत्त्वपूर्ण अंशों को जन-पक्षधरता से उठाया गया है : 1857 का विद्रोह और अवध का किसान-आन्दोलन। बाबा रामचन्द्र जैसे चरित्र को इतिहास वालों ने अनदेखा ही किया हुआ था। बाबा रामचन्द्र की 1920 में गिरफ्तारी के समय लगभग 60,000 किसानों का उग्र प्रदर्शन हुआ था। उन पर जमींदारों ने चोरी का इल्जाम लगाकर गिरफ्तार करवाया था। राष्ट्रीय आन्दोलन के शहरी नेताओं ने उनका विरोध ही किया। यहाँ कुछ लोगों का रक्त धरती पर न

गिरकर राख के किसी ढेर पर गिरकर बेरंग हो गया है। Harold A.Gould अपने एक आख्यान (1997) में और K. Kumar—'Peasants in Revolt' (1984) में इस किसान-आन्दोलन और बाबा के बारे में तर्कसंगत विवेचन करते हैं।

विश्व भर में इतिहास को लोगों के बीच से उठाने वाली कृतियाँ लिखी गई हैं। नायकत्व भी लोगों का है, और हार-जीत भी उनकी। Kenya की आजादी पर लिखा गया अत्यन्त प्रभावशाली उपन्यास 'A grain of wheat' (Ngugi wa Thiong'o) को अफ्रीकन क्लासिक कहा जाता है। 2 दिसम्बर, 1963 को आजादी मिलने के पहले अंग्रेजों ने कीनिया में 7 साल—1952-1959 तक इमरजेंसी रूल थोप दिया था। ग्रामीण जीवन के उथल-पुथल और आन्तरिक संघर्षों की मार्मिक कथा है यह। यहाँ भी व्यवस्था का पक्ष और विरोध उभरकर सामने आता है। असली बात इतिहास को प्रभुत्व से निकालकर साधारण जनजीवन में स्थापित करने की कोशिश का है, जो इन कृतियों में हुई है।

उन्नीसवीं सदी का अन्त ब्राजील के इतिहास का वैसा ही एक महत्त्वपूर्ण हिस्सा है जिसमें सभी शक्तियाँ निर्णायक हो उठने की होड़ में अपनी अन्तिम क्षमताओं को परखती हैं। 1889 में राजा Don Pedro-II ने सिंहासन छोड़ दिया था। सिंहासन छोड़ने के पहले राजा ने देश के लाखों काले गुलामों को आजाद कर दिया था। आजाद होकर गुलाम लोग बेरोजगार हो गए। बहुतों ने चोरी-डकैती का पेशा अपना लिया। मध्ययुग की सारी अंधवृतियाँ, धार्मिक शक्तियाँ भी पूरी तरह जीवित थीं। चर्च के पादरी जानते थे कि व्यवस्था का हिस्सा बने बगैर चर्च की शक्ति का ह्रास होगा। लेकिन नये मूल्य भी सिर उठा रहे थे। व्यक्ति की आजादी, विचारों की पहचान, आर्थिक शोषण से मुक्ति, सामाजिक समानता के लिए छटपटाहट—सभी कुछ नये ब्राजीली समाज में एक साझे लातिनी अमरीकी भविष्य के सुनहरे क्षेत्र का हिस्सा बन रहा था। लेकिन उन्नीसवीं सदी का अन्त वहाँ आसान नहीं था। उपनिवेश काल का सारा कलुष अभी बाकी था। 'The War of the end of the World भी ऐसा ही एक संक्षिप्त इतिहास है, जिसको पहले कुन्या ने अपने अजर-अमर उपन्यास 'Os Sertões' (Rebellion in the Backlands, 1902) में एक महाकाव्यात्मक आयाम दिया।

'Os Sertões, Brazil' की स्मृति पर लिखा अमिट आख्यान है। उसी इतिहास का पेरू के वारगस योसा ने एक बार फिर लगभग उसी गहनता से दोबारा सृजन किया है। यहाँ भी मूल्यों का सुँधकना है। क्या ठीक है, क्या गलत का धुआँ है। एक चमत्कारी साधु 30,000 अनुयायियों के हकों के लिए देश की प्रदेश की सरकार से लड़ता है। अन्त वही, जो अपनी भयावहता में याद रखने और भूल जाने के बीच समृति में कहीं टिका रह जाता है। 30,000 लोगों के शव सूरज की तपती रोशनी में गिद्धों के नोच खाने के लिए मैदानों में पड़े रहे। जिस अन्यायपूर्ण

टैक्स को न देने की लड़ाई थी, उसमें टैक्स देनेवाला एक भी नहीं बचा। लेकिन राज्य वह लड़ाई जीत गया। 'Os Sertoes' पर आधारित अपने उपन्यास के बारे में योसा का कहना है :

> I didn't know anything about the war at Canudos. I had never even heard of it. I started to research it, to read about it and one of the first things I read in Portuguese was this novel by Euclides da Cunha. It was one of the great revelations in my life as a reader, similar to reading three musketeers as a child or War and peace, Madame Bovary, and Moby Dick as an adult. Truly a great book, a fundamental experience. I was absolutely stunned by it . It is one of the greatest works latin America has produced. In other word's the man I truly owe for the existence of 'The war of the end of the world' is Euclides da Cunha.

वारगस योसा का यह उपन्यास ब्राजील के उसी बहिया प्रान्त के सरताओ क्षेत्र में घटता है। इसी कथा को दोबारा कहता है। यह एक बंजर कँटीला मरुस्थली पिछड़ा हुआ इलाका है। सदी के अन्तिम वर्षों में यहाँ एक साधु का आगमन हुआ : पतला, लम्बा, नीला चोगा, उलझे बाल, मोटे चमड़े के चरवाहों जैसे सैंडल पहने। साधु के माध्यम से ब्राजील के समाज में अन्तर्विरोधों की कथा उजागर होती है। एक प्रजातंत्र है जो वास्तव में पुलिस और सेना की सुरक्षा में किसी अधिनायक से कम नहीं, जैसे सभी प्रजातंत्र हैं। उपन्यास में अत्यन्त प्रभावशाली चरित्र गैलीलियो गॉल उन चरित्रों में से है जो किसी खास समय और स्थिति में उजागर होते हैं। समय का उनको इन्तजार रहता है। लोगों का अपना-पराया होना जिनके लिए महत्त्व नहीं रखता। कई देशों की खाक छानता हुआ वह ब्राजील पहुँचता है—फ्रांस के एक क्रान्ति-युद्ध में भाग लेने के बाद। समाजवाद मार्क्स का चिन्तन भले ही हो, लेकिन जैसे गॉल ने क्रान्ति के आदर्श को आत्मसात किया है, विचार की सारी शक्ति उसी में है। धर्म के विरुद्ध पूँजी के केन्द्रीकरण के विरुद्ध, राज्य-सत्ता के विरुद्ध, अपने आदर्श को वह मार्क्सवाद से सीमित नहीं होने देता। वह साधु एंटोनियो कौंसेलेरो के साथ मिलकर सत्ता का, सेना का विरोध करता है। एक कट्टर धार्मिक, प्रजातंत्र-विरोधी साधु का साथ देता है। क्योंकि साधु द्वारा स्थापित व्यवस्था, जीवन जीने का तरीका बिना सरकार, बिना धन, बिना कानून द्वारा चलाए जानेवाला समाज इस क्रान्तिकारी के अपने मूल्यों से अधिक मेल खाता है। विचारों की सैद्धान्तिकी कहीं आड़े नहीं आती। इस धर्मयुद्ध में भी वह सच्ची क्रान्ति देखता है।

ये दोनों अलग-अलग व्यक्तित्व अपनी विचित्रता और मुद्रा में एक जैसे हैं, प्रभाव में एक जैसे नहीं। लेकिन अपने कर्म की जिद में एक-से। अन्त साधु का होता है,

गॉल का नहीं। उसका रोल शायद अभी बाकी है। साधु बाइबल के किसी मिथकीय चरित्र का निकट आभास लिये हुए है। कहीं वह स्वयं हजरत ईसा की तरह लोगों के लिए रहस्यात्मक भी है और रोशनी की तरह उजागर भी। यह एंटोनियो कौंसेलेरो, जिसे बहिया के लोग कौंसलर के नाम से पुकारते हैं, वास्तविक चरित्र है—इतिहास का सजीव पात्र, एक सच्ची त्रासदी का नायक। उसका पिछला जीवन बचपन की क्रूरताओं, युवावस्था के दुःस्वप्नों, घर-गृहस्थी की बेवफाई, और दुष्कर षड्यंत्रों की अनवरत कहानी है। बाद की लम्बी निरुदेश्य यात्राएँ, लोगों की निराशाएँ, अकाल भुखमरी, बीमारी देखता हुआ यह व्यक्ति उस स्थिरता को प्राप्त होता है, जिसका नाम कौंसेलेरो है। उन पिछड़े हुए लोगों के अन्तस् को एक कलेवर मिला साधु के रूप में। वे लोग किन्हीं रस्मो-रिवाजों को मानने वाले नहीं थे। बिना शादी-ब्याह के साथ रहते थे। बिना नाम के बच्चों का कभी-कभी नामकरण हो जाता था। मुख्य चर्च ने उन्हें लगभग छोड़ रखा था। कौंसलर की उम्र का अन्दाजा लगाना मुश्किल था। उसकी अविचल गम्भीरता ऐसी थी कि लोग चुपचाप उसका अनुसरण करते। उसके काम में हाथ बँटाते। टूटे-फूटे पुराने खँडहर चर्चों की वह मरम्मत करता और साफ-सुथरे पूजास्थलों में बदलने की कोशिश करता, ईश्वर का एहसास दिलाता। पहले उसके साथ कुछ लोग होते थे। धीरे-धीरे एक काफिला बनता गया। हर काम-धंधे के लोग उठकर अपना सब कुछ छोड़कर उसके साथ चलने लगे। चोर, डाकू, अपराधी, नये आजाद हुए बेरोजगार गुलाम, मजदूर, किसान औरतें, बच्चे, पूरे परिवार उसके साथ चलने लगे।

> What port was the counsellor heading for with this endless journeying, no one asked him. Nor did he say and probably he didn't know...

आखिर उसने अपना एक कबीला एक खाली पड़े हुए मैदान पर बसा लिया। यह मैदान एक भूपति (Baron) की सम्पत्ति था। हजारों लोग वहाँ रहने लगे। एक यूटोपिया था यह। उसका अपना तरीका, कानून-कायदे थे। जो प्रजातंत्र सेना के आधार पर टिका हो, उसे वह नहीं मानता था। काम के बदले काम ही उसकी अवधारणा थी। धन और उसके प्रयोग को उसने सीमित कर दिया गया। जो चर्च उस अधिनायकवादी प्रजातंत्र का समर्थन करे, उसे वह नहीं मानता था। ईश्वरीय न्याय अवश्य होता है, ऐसा मानना था उसका। रांसार का अन्त निकट है, इसलिए न्याय के लिए तैयार रहो।

चर्च ने उसके खिलाफ मोर्चा खोल दिया। पादरियों को आभास था कि अपना ही चर्च स्थापित करने वाला साधु कभी भी तलवार उठा सकता है। कितने ही क्रॉमवेल उन्हें याद आ जाते। किंग चार्ल्स का कटा सिर उनकी आँखों के आगे

घूम जाता। सरकार को न मानने के जुर्म में वह सारा क्षेत्र बागी करार दे दिया गया। चर्च के पादरियों और देश की सरकार का डर सच्चा था, जैसे हमारे अधिकतर डर सच्चे होते हैं। कौंसलर लड़ाई के लिए तैयार था। उन लोगों के लिए विश्व का अन्त और न्याय का युद्ध निश्चित था। सेना के कई आक्रमण 'बैक लैंड्स' के उन लोगों ने असफल कर दिये। सैकड़ों सैनिक मारे गए। केवल अन्त ही अन्तिम है।

लेकिन सब कुछ सेना के एक भयानक आक्रमण में खत्म हो गया। एक भी व्यक्ति, बच्चा, औरत—कोई नहीं बचा। प्रजातंत्र और सेना की इस जीत ने यह यूटोपिया समाप्त कर दिया।

यह कथा सुनने में कितनी काल्पनिक—असत्य की हद तक अविश्वसनीय लगती हो, लेकिन बिलकुल सच है। इतिहास का इतने निकट समय का हिस्सा है। साधु के युद्ध में मारे जाने के बाद शव का एक चित्र भी उपलब्ध है।

Llosa इस उपन्यास को अपनी सबसे बड़ी उपलब्धि मानते हैं। लैटिन अमरीका में योसा गार्सिया मार्केस जैसे ही प्रतिष्ठित लेखक हैं। उन्होंने मार्केस के जादुई यथार्थ से हटकर, Balzac के यथार्थ, हेनरी जेम्स और जायस के प्रतिसंसार के मिश्रण को अपने शिल्प और आख्यान का आधार बनाया है।

अलग-अलग वर्गों, तबकों, विमर्शों, हाशियों को लेकर हमारी भाषा में बहुत उपन्यास लिखे गए हैं। उनमें से बहुत कम ऐसे हैं जो किसी खास वर्ग, घटक, विमर्श या हाशिए का होते हुए भी सबका हो। पढ़ते हुए लगे कि मैं भी वहाँ हूँ। बल्कि 'वहाँ हूँ' की जगह 'वही हूँ' लगे। जहाँ लगे कि मैं यहाँ नहीं हूँ, दूसरे ही दूसरे हैं—वहीं हमारी चेष्टा साहित्य मात्र नहीं रह जाएगी। कुछ और होकर रह जाएगी—विमर्श मात्र, मुद्दा मात्र, भाषा मात्र और अन्ततः अविचार मात्र।

साहित्य को चौखटे तोड़ने हैं। संवेदनाओं को, करुणा के मुद्दों के बाड़े से बाहर लाना है। बात किसी की भी हो, लेकिन दृष्टि वही कि साँझ सबकी है। भले ही कविता, कहानी, उपन्यास या कोई और विधा किसी विमर्श, किसी मुद्दे, किसी विचार पर केन्द्रित हो, लेकिन ऐसे कि सारा इंसानी समाज उसमें शामिल है।

अभी हाल में ही अब्दुल बिस्मिल्लाह का 'झीनी झीनी बीनी चदरिया' उपन्यास पढ़ा। देर से पढ़ा। उसके बाद उनके और भी उपन्यास आए हैं। बुनकरों-जुलाहों पर केन्द्रित होते हुए भी यह सभी मानवीय पक्षों को उनके माध्यम से सामने लाता है। दैनिक जिन्दगी में बुनकरों की जिन्दगी के संघर्षों का ताना-बाना है। करघे, बीन, कतानों के संघर्ष के माध्यम से इंसानी संघर्ष को सामने लाया गया है। यह नहीं लगता कि सिर्फ मुसलमान होने की वजह से उनकी जिन्दगी में सारे संघर्ष हैं। गरीब, मजदूर, साधनहीन कारीगर होना ही उनका संघर्ष है। बैंक उनके नहीं, हाट-बाजार उनके नहीं।

> जहाँ कुछ लोग मजूर से बानी वाले, बानी वाले और बिक्री वाले से गिरस्त में बदलते जा रहे थे, वहीं मतीन बानी पर बिनते-बिनते मजूर हो गया था।

ज्यादातर का संघर्ष क्या यही नहीं है आज हमारे साधनहीनों के समाज में? धर्म भी है, जैसे सारे धर्म होते हैं। अमीर चाहे हिन्दू हो या मुसलमान—सभी शोषक हैं। सेठ, गजाधर, कामता प्रसाद, हाजी अमीरुल्लाह—सभी शोषक हैं।

> फिर वह कहाँ है, सरकारी कोऑपरेटिव की भी यही हालत है। किसी गिरस्ता की गद्‌दी पर जाना भी फिजूल है। हर जगह गिद्ध बैठे हैं। गद्‌दी-गद्‌दी पर, दुकान-दुकान पर।

उपन्यास में मुहर्रम, ताजिए, दशहरा, होली, दुर्गा पूजा—सभी कुछ है। दुर्गा पूजा पर दंगा-फसाद भी है। होली पर कोई खास झगड़ा न होने की राहत भी है। गोलघर का हाट-बाजार, दलाली, कटौती—सभी कुछ है। लेकिन वही जो सारे हिन्दुस्तान में है। अमीर-गरीब की दो अलग दुनिया। रहुफ चाचा, नजबुनिया, लतीफ, मतीन, अलीमुन, अल्ताफ, बशीर मियाँ, रामभजन, नरेश, इकबाल वगैरह से भरा पूरा माहौल है। आक्रामकता न मजहब की है, न तबके की। सिर्फ इंसानी संघर्ष है, जो इस उपन्यास में जुलाहों को माध्यम बनाता है। सरकारी सुविधाएँ, आयोजन सब-के-सब सिर्फ साधन-सम्पन्न के लिए हैं। याद रह जानेवाले गरीबों के उत्सव-खुशियाँ भी हैं। शुद्ध उत्सव, हिलोर, तरंग, छोटे-छोटे लोकगीत—जो धन से न खरीदे जा सकते हैं, न बेचे जा सकते हैं। परिवारों के भीतर के चित्र इतने विश्वसनीय हैं कि लगता है, उनके साथ रह आए हों! ये बुनकर सिर्फ मजदूर नहीं हैं, कलाकार भी हैं। लेकिन निराशा और हताशा में अपनी औरतों के साथ बदसलूकी के खुरदरेपन से बचे हुए नहीं हैं। फिर भी जो बात इस उपन्यास पर छाई हुई है, वह है मतीन और फिर उसके बेटे इकबाल की लगातार नाइंसाफी से लड़ने की बेचैनी।

मुम्बई के मुस्लिम समाज को लेकर अंग्रेजी में लिखने वाले युवा लेखक अल्ताफ टायरवाला ने एक उपन्यास दिया है : 'No God in Sight'। हिन्दू राष्ट्रवादी शिवसेना के दबाव में वहाँ के मुस्लिम मध्यवर्गीय जीवन का काफी वास्तविक चित्रण है यहाँ। एक तरह से यह उपन्यास भारत की मध्यवर्गीय सम्पन्नता और छवि का आलोचनात्मक नकार भी है। लेकिन असल बात वही खटकती है, इस नकार में भी हम सब शामिल होना चाहते हैं।

हमारी भाषा में मध्यवर्ग की अंधी दौड़ मूल्यहीनता और हताशा को लेकर कई अच्छी कृतियाँ आई हैं। संजय कुंदन का 'टूटने के बाद' भी इन्हीं में से एक है। कई स्तरों पर मन को छू जानेवाला उपन्यास है यह। वही सारे अनुभव हैं, जिनसे हम परिचित हैं। और इसीलिए उनको रुककर देखने लायक नहीं समझते। ऐसे

ही कुछ पास से गुजरते हुए क्षणों को रुककर देखने लायक बनाया है संजय ने। शिल्प और कथानक की सहजता कई लोगों को सपाटता का आभास भी दे सकती है। इतने अधिक सरलीकरण की लोगों को आदत ही नहीं रही। एक सादगी और सच्चाई है, जो प्रभावित करती है।

पिछले बीस वर्षों में कुछ अच्छे उपन्यास आए हैं जिनकी सार्वजानिकता उन्हें सार्वभौमिक भी बनाती है। अगर उनका अनुवाद ठीक-ठाक से हो सके, तो विश्व के पाठक उनमें वही नया अनुभव देखेंगे—जिसकी बात हेमिंग्वे करते हैं। हालाँकि उनमें कुछ कृतियाँ सीमित क्षेत्रों और जनसमुदायों पर आधारित हैं। कुछ स्त्री अस्मिता के प्रश्नों पर, कुछ ऐतिहासिक, विशेष कर 1857 का संग्राम व किसानों के संघर्ष पर, कुछ आत्मकथात्मक उपन्यास भी हैं। 'सूत्रधार' जैसे जीवनी पर आधारित उपन्यास भी हैं। इनमें से कुछ आज की साहित्यिक उपलब्धियाँ हैं जिनकी खूब चर्चा हुई, होनी भी चाहिए।

चित्रा मुद्‌गल का 'आवां' उन्हीं में से एक विशिष्ट अनुभव-जगत को खोलता हुआ कई प्रश्नों से एक साथ जूझता बृहत उपन्यास है। उपन्यास में ट्रेड यूनियन की गतिविधियों के कलुष, पाखंड, लालच, महत्त्वाकांक्षा, अन्तर्विरोध उस जिस्म की बीमारियों की तरह है जिनका बेहद दुरुपयोग किया गया। लेकिन उस शरीर के पीछे छुपा हुआ आदर्श अपनी जगह अछूता है जो नमिता पांडे जैसे बहुत दूर निकल जानेवाले लोगों को भी अपनी तरफ लौटाने में हमेशा समर्थ रहेगा।

ट्रेड यूनियनों की सारी कमजोरियाँ समाज की उन गैर-लोकतांत्रिक परम्पराओं से जुड़ी हैं, जिनकी वजह से बाकी संस्थाएँ भी खोखली हैं और अपराधीकरण से मुक्त नहीं हैं। फ्रांस तथा अन्य आंशिक रूप से समाजवादी सिद्धान्त को मानने वाले देशों में ट्रेड यूनियन का स्वरूप ऐसा नहीं है। वहाँ कोई एक व्यक्ति इतना बड़ा नहीं होता कि संस्था सिर्फ उसके नाम से जानी जाए। पदाधिकारी के अपने अधिकार अवश्य होते हैं, लेकिन बाकी सदस्यों से मीलों ऊपर भी नहीं होते। हमारे यहाँ समाज में कदम-कदम पर हीरो हैं, परिवार में भी हीरो हैं। अब यह ढाँचा टूट रहा है। हमारी Formal या Informal ट्रेड यूनियंस का इतिहास बहुत पुराना है—हमारी लगभग सभी राजनीतिक पार्टियों से अधिक पुराना। 1918 से 1923 के बीच कई यूनियनें बनीं, Spinners और Weavers Union बनीं। महात्मा गांधी के नेतृत्व में ही अहमदाबाद की हड़ताल सत्याग्रह जैसा रूप ले गई। 1926 में एन.एन. जोशी के प्रयत्नों से ट्रेड यूनियन कानून पास हुआ और ऑल इंडिया ट्रेड यूनियन फेडरेशन बनी। आजादी आते-आते तक चार राष्ट्रीय स्तर की ट्रेड यूनियंस थीं। अब तो दर्जनों हैं। इतने लम्बे ट्रेड यूनियन के इतिहास में जो भी राजनीतिक और सामाजिक कमजोरियाँ थीं, अंग्रेजों के समय की Push and Play की कार्य-पद्धति थी, सब-की-सब इन संस्थाओं को विरासत में मिली। ट्रेड यूनियनों की कार्यप्रणाली

में पारदर्शिता नहीं रही। मिल मालिकों या साहबों से क्या बातचीत हुई, आम सदस्यों को कुछ स्पष्ट नहीं होता। जिस भी राजनीतिक दल से सम्बन्धित होती हैं, उन्हीं की नीतियों का अनुसरण करती हैं। इन सब बातों का ब्यौरा उपन्यास की कथावस्तु का हिस्सा नहीं बन सकता। लेकिन पवार के माध्यम से इस लोह दुर्ग की भीतरी बुनावट और नेताओं की दोगली नीति काफी हद तक सामने आती है।

> साँप-सीढ़ी के खेल में अन्ना साहब मानकर चल रहे कि उनकी रणनीति बड़े कौशल से मेरा उपयोग कर रही। समय बताएगा, कौन किसका उपयोग कर रहा। हाथ बहुत लम्बे हैं उनके, मानता हूँ। मिनटों में सूँघ लेते हैं बेदाग छवि को धूमिल करने वाली लिखावट।

पवार एक चरित्र है जो बेहद कुंठाग्रस्त होते हुए भी बेहद खुला, मुँहफट और वास्तविकता में जीनेवाला पुरुष है। अन्ना साहब के प्रति केवल वही भक्ति-भाव से बोझिल नहीं है। उनकी महत्त्वाकांक्षाओं का भंडाफोड़ वही करता है :

> बह गया पानी स्वयं अपने उद्गम की ओर नहीं पलटता। मगर, उद्गम से उसका नाता नहीं टूटता। तीस-पैंतीस वर्षों से साँप-सीढ़ी के खेल में अन्ना साहब श्रमिक राजनीति कर रहे—चुनाभट्टी से लेकर मुलुंड तक। बदल गईं उनकी झोपड़ियाँ महलों में। मात्र सार्वजनिक नल और सार्वजनिक संडास हासिल करने के...दस खोली के पीछे एक संडास और एक नल!

दूसरे पात्रों का आईना भी वह है। उसका एक लम्बा दकियानूसी वक्तव्य बहुत आकर्षक बन पड़ा है, जहाँ वह अपनी धूर्तता से स्त्री को वही पुराने ढर्रे पर घर में रहकर अपने सनातन फर्ज पूरे करने की वकालत करता है। यह एक मारक व्यंग्य है नमिता की स्थिति पर, लेकिन गम्भीर मुद्रा में पेश किया गया है।

उपन्यास की भाषा सारे विस्तार पर इस तरह छाई हुई है, जैसे सब कुछ उसकी छत्रच्छाया में घट रहा हो! लेकिन यह छत्र भी और छाया भी किसी आलोक को भीतर आने से नहीं रोकते। पात्रों की शक्ति, सजीवता और उनके ग्राह्यार्थ इस भाषा के आलोक में प्रकट होते हैं। लेकिन कई स्थानों पर यह भाषा पात्र को परोक्ष करते हुए विचार और भाव की तरह स्वयं को स्थापित करती सुनाई देती है। शायद यही कारण है कि मुख्य पात्रों की भाषा विचार स्थितियों में अक्सर स्तरीय हो उठती है। स्थानीय भाषा या लोकभाषा का प्रयोग वही पात्र करते हैं जो या तो स्तर में थोड़ा नीचे हैं या शिक्षित नहीं हैं। यह स्वाभाविक ही है। लेकिन अनौपचारिक या घरेलू वातावरण में यह स्तरीय विशेषता कहीं-कहीं संवाद-सुगम नहीं रह जाती। यहाँ इस विशेषता के दो अन्तर-साक्ष्य हैं : एक तो वह स्थिति, जहाँ पात्र की मानसिकता में विचार-तत्परता हावी हो जाती है या आवेशित मनुष्य में चरित्र की भीतरी विशेषता

प्रखर होती है, लेकिन सायासता और अनायासता, दोनों में ही भाषा का आन्तरिक तर्क (Logic), अचूकता और अनायसता 'आवां' में मौजूद हैं।

उपन्यास के स्वरूप और विधा को 400 वर्षों से अधिक लम्बी यात्रा के बाद किसी खास नजरिये तक सीमित करना कभी सफल नहीं हुआ। हर समय में उपन्यासों ने परिभाषित वृत्तों को लाँघते हुए अपनी वर्चस्वता दर्ज की है। कभी-कभी विस्फोटक होने की हद तक। सामाजिक संरचना का प्रत्यक्ष या परोक्ष उत्तरदायित्व उस तरह से उपन्यास नहीं ले सकता, जिस तरह हम अपने चिन्तन और राजनीति के धरातल पर लेते हैं। हालाँकि जो भी सामाजिक सरंचनात्मक प्रयत्न साहित्यिक स्तर पर किये जा सकते हैं, हर समाज में पिछले पचास-साठ साल में साहित्यकारों ने किये। कला और साहित्य का जनतांत्रिक होना एक जरूरत बन गई—विशेष रूप से उन समाजों में, जहाँ तेजी से बदलाव आ रहा था और जहाँ विमर्शों की बहुत जरूरत थी। जो समाज जितने कम जनतांत्रिक थे, वहाँ साहित्य तथा अन्य कलाओं को उतना ही जनतांत्रिक होने की जरूरत महसूस हुई। जिन समाजों में इतिहास, खास कर निकट के इतिहास, समयांश के धुँधलके में खो-से गए थे—वहाँ इतिहास की बात करना भी साहित्यिक कृतियों ने जरूरी समझा। राजनीति का स्वरूप रेखांकित हुआ। इस सबके बावजूद यह नहीं कहा जा सकता कि किसी कृति के बड़ा होने की, कालजयी होने की, पाठकों में सम्मानित होने की कोई खास शर्त हो सकती है, कोई खास सामाजिक या राजनीतिक नजरिया हो सकता है या कोई विशेष सरोकार हो सकता है।

अनुभव के भेस में विचारों का आना और बात है। लेकिन किसी भी विचार का अखाड़ा उपन्यास नहीं बन सकता। एक खास तरह का चिन्तन या जवाबदेही उस रूप में किसी रचनाकार पर आयद नहीं होती जिसके हम आदी बन गए हैं। उससे बेशुमार मात्रा में केवल छद्म ही पैदा होता है। ओढ़न ही ओढ़न सामने आती है। उसे उतरते भी देर नहीं लगती। रचनाकार की चिन्ता-प्रगाढ़ता अधिकतर स्मृति, परिस्थिति और जैविक संयोजन (Genetic Composition) का एक अविदित अनुपातिक मिश्रण है—जो उस कथातीत सम्भावना को जन्म देता है, जिससे प्रेमचन्द भी पैदा होते हैं और नोबोकोफ भी। गोदान भी पैदा होता है और लोलिता भी। मदाम बावेरी भी—जो जीवन के उत्सव को सिर्फ बेचैनियों में जीने को अभिशप्त है। टॉल्स्टॉय की अन्ना भी, जहाँ बन्धन और मुक्ति आपस में गड्डमड्ड होकर जीवन और मृत्यु का अन्तर समेटते-से लगते हैं।

कहानी का अन्तःसदन

एक अन्धा आदमी सड़क के किनारे हाथ फैलाए खड़ा है। कुछ चबा रहा है—च्युइंगम या कुछ और। चबाते हुए लगता है, जैसे हँस रहा हो! उसकी आँखें कैसे गईं—इसका कोई सवाल नहीं है। बस, वह इस दुनिया में है और अन्धा है। सड़कों पर गाड़ियाँ, ट्रामें वगैरह दौड़ रहे हैं। एक औरत अपनी ट्रम में बैठे हुए ही उसे देखती है। लगभग आधा मिनट को ही ट्रम उस स्टॉप पर रुकी है। औरत घूरकर उसे देखती रहती है। उसे लगता है, वह अन्धा उसी की तरफ देख रहा है। अपनी पूरी खुली आँखों से उसे देख रहा है। यह चित्र उसकी चेतना में फ्रीज़ हो जाता है। एक संवेदना उसे जकड़ लेती है। उस अन्धे के प्रति अतिसंवेदनशीलता उसमें एक भय जाग्रत करती है। सारी दुनिया क्रूर है, सन्दिग्ध है, अनिश्चित है। यहाँ कभी भी, किसी भी क्षण कुछ भी हो सकता है। जिस वजह से वह व्यक्ति अन्धा हुआ है, वे सारी वजहें हमारे सारे वातावरण में फैली हुई हैं। कुछ भी सुरक्षित नहीं है। अतिसंवेदना, अतिभयावहता में बदलती है। इस भयावहता का इतना विस्तार एक क्षणिक दृश्य से पैदा होता है। लेकिन मूल में वही संवेदना है। कुछ चबाता हुआ, हँसता-सा लगता हुआ, बाँह फैलाए, सड़क के किनारे खड़ा वह अन्धा आदमी किस यथार्थ का प्रतीक है? सर्वव्यापी लाइलाज क्रूर स्थितियों का—जहाँ जीवन का सारा विनाश शृंखलित है। एक दूसरे के ऊपर भरभराकर गिरती हुई छोटी-बड़ी विनाशक स्थितियाँ, जीवन का सारा तामझाम समेटकर रखने, बचाकर रखने जैसी हास्यास्पद स्थिति। लेटिन अमरीकी कथाकार क्लेरिस लिस्पेक्टर की यह कहानी 'लव' कुछ इसी तरह की स्थिति बुनती है—अतिसंवेदनशीलता से पैदा होनेवाला असुरक्षाबोध।

वह औरत ट्राम के चल पड़ने के झटके से गिरा हुआ सामान सँभालती है। अन्धा आदमी अभी-अभी पीछे छूटा है। कहानी बढ़ती है, क्षति हो चुकी थी। उसकी गोद में रखे टूट गए अंडों का पीला गाढ़ा पानी बाहर रिस रहा था। अपने समय से एकदम निर्वासित होकर वह महसूस करने लगी, जैसे गलियों में चलते हुए लोग खतरे में हैं। जैसे इस अँधेरे में वे मुश्किल से अपना सन्तुलन बनाए हुए हैं और जैसे उन्हें कुछ पता नहीं कि किधर जाना है। एकदम ही ऐसा अहसास हुआ कि जैसे कोई कानून-व्यवस्था नहीं है। उसने अपने आगे वाली सीट कसकर पकड़

ली। उसे लगा, जैसे सब कुछ चुपचाप उथल-पुथल हो जाएगा। फिर भी लगेगा, जैसे सब कुछ वैसे ही है, जैसे पहले था, जब व्यवस्था थी।

घर पहुँचकर अपने सात-आठ साल के बेटे को देखती है, उसकी टाँगें उसे बहुत पतली और लम्बी लगती हैं। बेटे को इतनी जोर से भींचकर गले लगाती है कि वह डर जाता है। स्टोव के भड़कने की आवाज से चौंककर, अपने पति को डरी हुई नजरों से देखती है। उसकी बाँहों में शिथिल होकर लड़खड़ा जाती है। 'स्टोव को भड़कने से तुम नहीं रोक सकतीं', वह उसे हाथ पकड़कर बेडरूम की ओर ले जाता है—इस तरह, जैसे वह उसे जीने के खतरे से दूर ले जा रहा हो! संवेदना का नशा उतर चुका था। उसे लगा, जैसे उसने प्यार और उसके नर्क को पार कर लिया हो! अब वह शीशे के सामने अपने बालों में कंघी कर रही थी। कोई भी बाहरी संसार अब उसके मन में नहीं था। बिस्तर में जाने से पहले उसने दिन में पैदा हुई लौ को ऐसे बुझा दिया, जैसे कैंडल बुझा रही हो!

एक चित्र तो यह है कि हम अपनी सुरक्षा के बन्दोबस्त कड़े करने में लगे हुए हैं। हर चौराहे पर बाँहें फैलाए खड़ी अशक्तताओं को देखकर डरे हुए हैं। भयावह स्थितियों की कल्पना करते हैं। अपनी सुविधा और सुरक्षा के दबड़ों में पहुँच जाने की आत्मलिप्त जल्दी में हैं। विनाश जिसका है, सिर्फ उसी का है। हम उसमें कहीं शामिल नहीं। भय सिर्फ तभी है जब हम निशाने पर हों। कैसी विडम्बना है कि भय यही है कि हर वक्त हम निशाने पर हैं! वह अन्धा आदमी हमें ही देख रहा है!

यह हँसता-सा लगता हुआ अन्धा आदमी हमारी जिन्दगी का प्रतीक बना हुआ है। हमारी स्थितियों का, छोटे-बड़े दैनिक डरों का, आतंकों का, कल क्या होगा की अनिश्चितताओं का, अँधेरे में प्रवेश करते मानव सम्बन्धों का। उन सारे दबावों का जो हमारे समाज ने पैदा नहीं किये, कहीं बाहर से आकर जिन्होंने हमें दबोच लिया है और जिनका हम हँसते हुए, गम चबाते हुए एक अन्धे की तरह स्वागत भी कर रहे हैं। राजनीतिक अंधेरगर्दियों का—जिनसे हम बचे रहना चाहते हैं। प्रणय सम्बन्धों का—जो सिर्फ छूकर ही समझ में आ सकते हैं। अप्रत्याशाओं का—जो नितांत सहज स्थितियाँ बन गई हैं। यहाँ दयनीय कुछ नहीं। ट्रेजेडी, कॉमेडी कुछ नहीं। सिर्फ स्थितियाँ हैं, स्वप्न नहीं हैं। यही सपनों का न होना हमारा आज का दुःस्वप्न है। और यही दुःस्वप्न हमारा आज का यथार्थ है—ऐसा दुःस्वप्न, जिससे मुक्ति की तलाश भी हमें नहीं। इस दुःस्वप्न को हम हँसते हुए, गम चबाते हुए जी लेना चाहते हैं। हमारी यही मध्यवर्गीय आत्मस्वीकृत विवशता, यही निरंकुश स्थितिबोध हमारी आज की कहानियों में अधिकतर व्यक्त हो रहा है।

अधिकतर रचनाओं की भीतरी सम्भावनाएँ बहुत विस्तृत होती हैं। बहुत सहज भाव से उनके निकट जाना पड़ता है। बनी-बनाई कठोरता हमारे काम नहीं आती। क्योंकि

हमारी कठोरता का संघर्ष रचना से शुरू हो जाता है और अगर रचना शक्तिशाली न हो तो पाठक की कठोरता रचना को अपनी पूर्णता से पहले ही तिरस्कृत कर देती है। सिर्फ इतना भर हम यहाँ कहना चाहते हैं कि पाठक को भी अपने समय और स्थिति को बींधने वाली संवेदनात्मक ऊर्जा से भरकर रचना से संवाद की स्थिति में आना जरूरी है। लेकिन पाठक से इतनी बड़ी अपेक्षा करना भी उसी स्रोत से आया है जहाँ से पाठक को एक निर्णायक की हैसियत हासिल हुई और जब से पाठक की अपनी अलग सत्ता अस्तित्व में आई, उसे आलोचक का दर्जा भी हासिल हुआ। एक जनतांत्रिक सिद्धान्त के अनुसार, लेखक को अपने अधिनायक मंच से उतरना पड़ा और पाठक की अपेक्षाओं को समझना पड़ा।

यह दोहरी अपेक्षाएँ और जिम्मेवारियाँ पाठक और लेखक को एक दूसरे से एक क्षण भी जुदा नहीं होने देतीं। एक साथ रचना में उपस्थित रहना दोनों के लिए जोखिम भरा काम है। सिर्फ आँख मूँदने से दूसरा अनुपस्थित नहीं हो जाता, बल्कि और विराटता से सामने आता है। वस्तु की अपेक्षा वस्तु का आभास ज्यादा दबाव डालता है। यह आत्मिक पारस्परिकता आज के लेखक की अगर शक्ति बना हुआ है तो चुनौती भी। इससे वे तमाम संघर्ष पैदा होते हैं जहाँ लेखकीय यथार्थ और यथार्थ की अपेक्षाएँ समानान्तर बनी रहती हैं—एक नहीं होतीं, जुड़ती नहीं। आमने-सामने रहकर दूर तक साथ चलती हैं। यथार्थ और अपेक्षित यथार्थ एक अन्तर बनाए रखते हैं।

हम अपना यथार्थ रचना में देखने की अपेक्षा करते हैं, लेकिन रचना सिर्फ उसका वायदा करती है, उसकी सम्भावना रचती है। उस वायदे पर हम कितना भरोसा करते हैं या उस सम्भावना को कितना स्वीकार करते हैं, इसी में रचना की शक्ति है। लेकिन अगर लेखक का यथार्थ बिलकुल किसी और ही अनुभव स्रोत से आ रहा हो तो रचना पाठक के समानान्तर चलते हुए एक निरन्तर साथ बने रहने का अनुभव रचती है और आदान-प्रदान का संवाद भीतर-ही-भीतर रचती है। लेखकीय अनुभव चाहे जिस धरातल पर भी हो, और चाहे जितना भिन्न क्यों न हो, उसकी शक्ति इन दो स्थितियों में ही है : पाठक को समानान्तर बनाए रखने में या कहीं एक दूरी के बाद अपने अनुभव के धरातल पर स्थानान्तरित कर सकने की अद्भुत सामंजस्य क्षमता में। लेखकीय सर्वण भाव अधिकतर पाठक की इन दोनों स्थितियों को केवल खंडित ही करता है।

लेखन का ऐसा जनतांत्रिक स्वरूप बहुत बाद में शुरू हुआ। लगभग तीन-साढ़े तीन हजार साल पहले जब महाकाव्यात्मक लेखन शुरू हुआ, तब लेखक की यही सवर्णता और अधिनायकत्व की स्थिति थी और लगभग अठारहवीं सदी तक यही स्थिति रही। लेखक चाहे अकेला हो या कोई सामूहिक लेखन हो, वहाँ पाठक अपनी

पूरी तन्मयता से लेखन को समर्पित था। हमारे वेद-पुराण, महाभारत, होमर, विरजिल इत्यादि लगभग एक ही समय के तथाकथित त्रिकालदर्शी सर्जक थे। पाठक उन दिनों केवल श्रोता ही था, अपनी पूरी आस्था में अपना हाथ लेखक को पकड़ा देता था। वह उसे चाहे जिधर ले जाए। राह केवल लेखक की थी। पाठक को किसी घटना, चरित्र या कथानक को सन्देह की दृष्टि से देखने का विधान नहीं था। राम हर स्थिति में नायक है और रावण खलनायक। मानकर चलना था कि कौरव ही अपराधी हैं और पाँडव निर्दोष। होमर के 'इलियड' में भी ग्रीस वाले निर्दोष और ट्राय वाले दोषी। उस समय ये पूरी तरह धर्म की शक्ति से वरद रचनाएँ नहीं थीं, भले ही इनमें उस जमाने के देवी-देवताओं का जिक्र भरपूर आता है। पाठक का स्वतंत्र अस्तित्व प्लाटो, एरिस्टोटल के प्रथम आलोचनात्मक सिद्धान्तों में भी कहीं उभरकर नहीं आया। उन्होंने रचना के गुणों, अवगुणों और अवयवों, तत्त्वों-सूत्रों की बात की। हमारे मनीषियों ने सौन्दर्यशास्त्रीय सूत्र दिये। रचना के रूप और प्रभावोत्पादकता की बात भी की। हालाँकि एरिस्टोटल का 'कैथार्सिस' जैसा सिद्धान्त पाठक पर प्रभाव से ही सम्बन्धित है, लेकिन पाठक की अपनी स्वतंत्र सत्ता की बात वहाँ नहीं आई। एक नृप के समान ही लेखक भी पाठक का एक तरह से पोषणकर्ता है। दोनों के प्रति पाठक केवल नतमस्तक है, पाठक का केवल समर्पण भाव है। प्राचीन संस्कृत महाकाव्यों और सैद्धान्तिकियों में भी यह नृप स्थिति है या कल्पना-प्रसूत सौन्दर्य-सृष्टि है। रचना में साधारणजन का उपस्थित होना या छिटपुट सामाजिक स्थितियों का औरा-ब्यौरा किन्हीं भी जनतांत्रिक लेखकीय मनःस्थितियों को प्रकट नहीं करता। इस बात का महत्त्व बहुत बाद में समझ आया कि लेखन भी समाज के संविधान की तरह एक शक्ति है, जो दंड देने की शक्ति भले ही न रखता हो, ठीक और गलत साबित करने का अधिकार अवश्य रखता है।

उसके बाद जो धार्मिक गाथाओं, कथाओं के अम्बार रहे, उनमें उस समय के समाजों की थोड़ी-बहुत झलक चाहे मिलती हो, साधारण जीवन से उठाए हुए चरित्र भले ही वहाँ आए हों, लेकिन वे सब मोहरे थे—एक ही उद्देश्य की तरफ बढ़ते हुए। उन कथाओं में समाज का अन्तःसदन कहीं नहीं है। साधारणजन उनमें आते हैं उसी निश्चयात्मकता और महिमा के कील-पेंच बनकर।

शेक्सपियर को आज हम महानतम लेखकों में गिनने के आदी हो गए हैं। उन्होंने भाषायी चमत्कार के माध्यम से सूत्रों का एक अपार भंडार हमें दिया। शायद सबसे ज्यादा उद्धृत होनेवाले लेखकों में वे रहे (धार्मिक सूत्रों की बात यदि हम रहने दें!)। इतने महानायकों, खलनायकों, अतिनायकों और सामान्य चरित्रों से शेक्सपियर का आकाश दिपदिपा रहा है। लेकिन आमजन की आशाएँ, निराशाएँ, अपेक्षाएँ, आस-निरास, प्रेम-वासना, सामाजिक संघर्ष, पारिवारिक ऊहापोह, दैनिक निरन्तरता वहाँ नहीं है। हमारा अन्तःसदन वहाँ नहीं है। यह ठीक है कि मानव

स्वभाव अपने से ऊपर उठकर उन सारी स्थितियों, होनियों, अनहोनियों, चमत्कारों और उनसे जुड़े महानायकों की तरफ भी बड़ी उत्सुकता से देखता है। अपने जीवन से ऊपर या दूर हटकर बहुत कुछ अनदेखा, अजाना है जिसे मानव स्वभाव जानना भी चाहता है और जिस-तिस रूप में उनके रहस्योद्घाटनों को स्वीकार भी करता है। आश्चर्यचकित होना और उससे उपजा आपद या अवसाद मानव मन की सबसे अधिक अप्रत्याशित लेकिन स्वीकार्य स्थिति रही है। बड़ी-बड़ी निराशाएँ भी इंसान की व्यक्तिगत असफलताओं से उतनी सम्बन्धित नहीं रहीं जितनी किसी अव्यक्त व्यवस्था से उपजी असहायता से सम्बन्धित रही हैं। ठीक ऐसा ही कि जो सम्भावित है, वही ओझल है और अपनी तमाम स्थितियों में हम जो कुछ करने को बाध्य हैं, बस, उसी का परिणाम देखने को निलम्बित-सा हमारा अस्तित्व बना रहता है। अपनी इस स्थिति को हमने सदियों तक अपने साहित्य में, अपनी कथाओं में व्यक्त होने दिया है और उनमें अपने-आपको कहीं न पाकर भी एक स्तुत्य भाव से स्वीकार किया है। भाव-विह्वलता हमारा प्रधान तत्त्व बना रहा।

हमारी सारी विडम्बनाएँ इसी स्वीकृति से पैदा होती हैं—चाहे वे घटनाओं में हों, चाहे चरित्रों में, चाहे परिणामों में। इन विडम्बनाओं में हम अपना आत्मसूत्र ढूँढ़ते हैं। जो निकट यथार्थ है, उससे ऊपर उठते हैं। कितनी ही अवास्तविकताओं को सहजता से स्वीकार करते हैं। और हमारी चेतना एक ऐसा यथार्थ निर्मित करती है जो संसार के बनाए किन्हीं भी मूल्यों से निर्धारित नहीं होता। सम्पूर्ण यथार्थ इसीलिए तथ्यों और स्थितियों की पकड़ में आने से रह जाता है। उसका आभास हमें उन्हीं सूत्रों में व्यक्त हुआ मिलता है, जिनमें हम व्यक्त रूप से अनुपस्थित हैं और जिनमें वर्गीय और स्थानीय भिन्नताओं का अतिक्रमण हुआ मिलता है। और वास्तविकता इस तरह उजागर होती है जिसका समयांशों से कोई सम्बन्ध नहीं होता। इसीलिए आज भी उन महान कृतियों का दूरस्थ संवाद हमारे कानों में पड़ता ही रहता है और हम उसके लिए अपने कान ही नहीं, मन भी खुला रखते हैं। ये कृतियाँ हमारे जीवन का प्रेत पुनर्मंचन करती हैं, लेकिन साहित्य को हम केवल अपना प्रेत निर्देशक नहीं, आत्मीय दोस्त भी बनाना चाहते हैं जो हमारे दम्भ को पेड़ पर उल्टा लटका सके।

लेखक का मुँह ताकते रहने की हमारी विवशता बहुत लम्बी उम्र पा गई। सत्रहवीं-अठारहवीं सदी तक भी तरह-तरह के लुभावने चरित्र-चित्रण, चरित्रों के साहसिक या मसखरी कारनामों का लम्बा वर्णन ही पढ़ते-पढ़ते हम समझते रहे कि हम साहित्य पढ़ रहे हैं। दोनों बातें जो हमारे-उसके बाद के लेखन को साहित्य बनाती हैं, वे 19वीं सदी में ही शुरू हुईं। हमने साहित्य को अपनी बात कहने का माध्यम बनाया। अपनी नई क्रूर स्थितियों का दर्पण भी बनाया और उसी से धीरे-धीरे जनमानस में, अपने जीवन-मूल्यों की छवियाँ उजागर होने लगीं। उन्नीसवीं सदी एक जादू की

तरह आकाश से धरती पर उतरी थी। सदियों से गुलामी में जीती हुई कौमों का दम घुटने लगा था। आजादी एक ऐसा मूल्य बन गया था, जिसकी धार पर चढ़कर धार्मिक, सामाजिक और आर्थिक असमानताएँ और भिन्नताएँ स्वत: कुंठित हो रही थीं और एक ही मंच पर आने को बाध्य हो रही थीं। एक साहसिक सामाजिक और धार्मिक उदारता जिसे हम पुनर्जागरण के नाम से जानते हैं, नये संघर्षों का कारण भी बन रही थी। औद्योगिक क्रान्ति यूरोप में ही नहीं, पिछड़े और गुलाम देशों में भी जनसाधारण को अपनी जड़ों से उखाड़ रही थी। नई स्थितियों और संघर्षों से पैदा होनेवाली नई साहसिक मुखरता ने साधारण जन की उपस्थिति को इस तरह दर्ज कराया कि उन्हें धर्म, राजनीति, उद्योग, कला, साहित्य, संगीत इत्यादि कोई भी अनदेखा नहीं कर सका। सभी क्षेत्रों में साधारण जन के सुखदुख की बात की जाने लगी। उन्हें आँका जाने लगा। सारा फोकस ही बदल गया। बात शासकों से उतरकर शासितों पर केन्द्रित होने लगी। संस्कृति का अर्थ बदल गया। संस्कृति सिर्फ ऊपरी तबके से सम्बन्धित शब्द नहीं रह गया। लोक-संस्कृति का उदय हुआ। कला, साहित्य, संस्कृति इत्यादि का लोकस्वरूप मात्र चित्रण और लेखन-अंकन में ही उपस्थित नहीं हुआ, बल्कि उससे पहले तक जितने भी स्थापित शक्ति स्रोत थे, उनके विरोध में खड़ा होना ही लोककलाओं का केन्द्रीय बिन्दु बनना शुरू हुआ।

किसी की निर्धनता, असहायता या गुलामी या क्रूरता का चित्रण पहले भी होता था। लेकिन जिस वजह से ये स्थितियाँ हैं, उनके कारणों, उन शक्तियों की भर्त्सना और विरोध का उदय इसी समय में हुआ। धार्मिकता भी अपने सामाजिक सन्दर्भ में ज्यादा उजागर होने लगी और समाज में राजनीतिक चेतना का स्वर प्रखर होता चला गया। साहित्य में आनेवाले असहाय और अशक्त इंसान और उनकी दयनीयता अब केवल वर्णनों से उठकर उसके कारणों से जुड़ने लगी। और कारणों के विरोध का स्वर हमारी राजनीतिक चेतना, पक्षधरता और सामूहिक सत्ता के रूप में हर माध्यम में नजर आने लगा। साहित्य इस बदलाव का उतना ही बड़ा कारण बना जितना समाजवादी दर्शन। जन-साहित्य और समाजवादी दर्शन हमारी सबसे बड़ी उपलब्धियाँ बनीं। यद्यपि चार्ल्स डिकेंस किसी समाजवादी दर्शन के प्रभाव में नहीं लिख रहे थे, लेकिन उनके लेखन में समाज का ऐसा सटीक, वास्तविक और निर्मम चित्र था जिसके आगे सरकार को भी नये कानून बनाने पड़े।

उन दिनों उद्योगों की मरीचिका ने लंदन में अनेक छोटे-बड़े स्लम जगह-जगह फैला दिये थे। रिहायशी बाड़े पैदा हो गए थे। उन बाड़ों में सिर्फ रोजी-रोटी का संघर्ष ही नहीं दिखाई देता था, भरभराकर गिरती हुई सामाजिक मान्यताओं की तसवीर भी थे ये बाड़े। उनके लेखन में गलियों, शराबखानों, भिखारियों, चोर-उचक्कों, आभिजात्य/उच्च वर्गों, नितान्त कीड़े-मकोड़ों जैसे चरमराते फट्टों के नीचे, दरारों, दराजों में जीती हुई दीमक की तरह दीवारें चाटती जिन्दगी की तसवीरें इतनी ज्यादा

हैं कि पाठक को लगता है—मैं सारे लंदन को जानता हूँ। अतिशयोक्तियाँ बहुत आईं उनके लेखन में, जिसकी वजह से उनसे उम्र में काफी छोटे हैनरी जेम्स तथा अन्य समकालीन आलोचकों ने उन पर अतिभावुकता का दोष भी लगाया। लेकिन डिकेंस लोगों के दुख में शामिल होकर दुख का बयान कर रहे थे। रोने वालों के साथ रोना और हँसने वालों के साथ हँसना बाँट रहे थे।

तटस्थता अनुभव अर्जित करने से पहले की स्थिति नहीं होती। वह तमाम अनुभवों को प्राप्त करने के बाद आती है। एक चिन्तन जो स्वत: उन अनुभवों और उनसे अर्जित कलात्मक दिशाओं और सम्भावनाओं से पैदा होता है—वही उस तटस्थता को भी जन्म देता है। ऐसी तटस्थता शायद डिकेंस में हर जगह नहीं थी, लेकिन उनकी जनपक्षधरता से उत्पन्न भावनात्मक आप्लावन को अतिभावुकता कहकर हम खारिज नहीं कर सकते। आज हमसे वे व्यथा-कथाएँ दूर हैं, आवाजें दूर हैं। इसीलिए वे सिर्फ भावुक नहीं, बल्कि सहज लगती हैं।

इधर भारत में उन्नीसवीं सदी भले ही पुनर्जागरण के आन्दोलनों का समय रहा हो, राजनीतिक चेतना के जाग्रत होने का समय रहा हो, हमारे ग्रामीण या शहरों के, कस्बों के निर्धनों, बेरोजगारों और अछूत-दलितों की स्थिति का मुकाबला डिकेंस के इंग्लैंड की सामाजिक स्थितियों से नहीं किया जा सकता। वहाँ नये-नये औद्योगिकीकरण की मार थी। लेकिन हमारे यहाँ जैसी स्थितियाँ थीं, उन्हें मानवीय स्थितियाँ भी नहीं कहा जा सकता। उन स्थितियों को इतिहास नहीं बखान सकता। केवल साहित्य ही पकड़ सकता है। उन्नीसवीं सदी के पुनर्जागरण का लाभ अगली पीढ़ी को हुआ। बीसवीं सदी के शुरू में ही प्रेमचन्द ने गले से पकड़कर इन स्थितियों को झिंझोड़ दिया। 'कफन' उन्हीं बेजोड़ कहानियों में एक है जिस पर एक खास किस्म की कमजोरी का आरोप भी लगाया जाता है। कहानी के पात्र घीसू और माधव की स्थिति को सामाजिकता से अलग उनके बोध और अबोध के भीतर जाकर ही देखा जा सकता है।

जब जिन्दगी को बचाए रखने के लालच और साधन समाप्त हो जाएँ तो अपराध-बोध भी समाप्त होने लगता है। साधारण से भी नीचे के स्तर पर जाकर जिन्दगी अपनी शर्मिन्दगी खो देती है। एक बदहवासी बच रहती है और जिन्दगी एक भोंडी, निरर्थक घटना की तरह अपनी ही आँखों से ओझल हुई रहती है। ऐसी स्थितियों को चित्रित करने के लिए संवेदना, कला और कल्पना, तीनों चाहिए जो हमारे अवचेतन को चेतन के धरातल पर लाकर उस यथार्थ की रचना कर सकें जो अनदेखा भी रह जाता है और अविश्वसनीय भी बना रहता है। इसी अविश्वसनीय अवचेतन को हम प्रेमचन्द की कहानी 'कफन' में धरातल पर आया देखते हैं।

'कफन' के दोनों पात्र सामाजिक समझ और मान्यताओं के विपरीत अपनी

तमाम शर्मिन्दगियों, अपमानों और डरों से मुक्त एक स्थिति में पहुँचकर लापरवाह हो जाते हैं। जहाँ उनका अवचेतन अपमानों, गालियों, भुखमरियों, निक्कमेपन, खुशामदी, टटुआपन और एक भोंडी अर्थहीनता से निर्मित हुआ है, उसी की जमी हुई बर्फ उस अप्रत्याशित उष्णता से पिघलकर बह निकली है। इसे धूर्तता कहना ठीक नहीं है। यह उस अवचेतन की पूरी जागृतावस्था है जहाँ उनके लिए संसार अर्थहीन है। सामाजिक कारोबार, रस्मो-रिवाज और कर्तव्य-बोध पूरी तरह निलम्बित है। यह सामान्य व्यावहारिकता उन जैसों की जिन्दगी का हिस्सा थी ही नहीं। और फिर अवचेतन इस बात के लिए भी चेतन है कि औरत का मोल आखिर है क्या? सारे समाज में ही औरत का मोल कितना था? जितना था, वह भी सिर्फ बेहोशी में ही नहीं, अपने पूरे होश में भी, वे जानते हैं। नशे की हालत में जो भी अवास्तविक है, ओढ़ा हुआ है, थोपा हुआ है, सांसारिक है, रिवाजी है—सब कुछ भाप बनकर उड़ जाता है। भाप बनकर उड़ता भी इसीलिए है कि एक पत्थर की तरह मजबूत सामाजिक मूल्यबद्ध स्थिति उनकी कभी थी ही नहीं। उनका बाप-बेटा होना एक सामाजिक मान्यता से अधिक कुछ नहीं। इस स्थिति में वे सिर्फ दो आदमी हैं, अपनी सामाजिकता की स्थिति से ऊपर उठे हुए। यानी अपनी तिरस्कृत यथार्थ को प्राप्त किये हुए। उनके जीवन में असम्बद्धताओं, विकृतियों और ऊपरी जुगाड़ों को बेनकाब करती हुई वह स्थिति है जिसे संवेदनहीनता की मानसिकता कहकर नकारना केवल ऊपरी स्थितियों को भी न समझ पाना है। एक गहरी संवेदना ही अपारदर्शी स्थितियों के वास्तविक यथार्थ को उजागर कर सकती है। ऐसी सम्भावनाएँ प्रेमचन्द जैसे रचनाकार के हाथों पड़कर असम्भव की कल्पना नहीं करतीं और न ही कोई अमानवीय यथार्थ रचती हैं। वे उस तरह के आधारहीन, साधनहीन, बोधहीन, निर्धन तबके का ऐसा मारक क्षण पकड़ रहे थे जहाँ समाज-बोध बिलकुल समाप्त हो जाता है। पहले की अवशता और बाद की, कभी-कभी बहुत बाद की अवसादपूर्ण स्थितियों को ऐसे चरित्रों में एक साथ पकड़ पाना मुश्किल होता है। कहानी का फलक इतने फैलाव की इजाजत नहीं देता।

यह कहानी हमारे सामाजिक आग्रहों और पूर्वग्रहों की कड़ी जाँच करती है। हमारे समाज-बोध को कठघरे में खड़ा करती है। ऐसे प्रश्न पूछती है, जिनका उत्तर हम 'हाँ' या 'ना' में नहीं दे सकते। विश्वास और अविश्वास, दोनों इस स्थिति की तराजू में ऊपर-नीचे होते रहते हैं। लेकिन उन पात्रों का अदृश्य या अन्तरालित अवसाद भी सामने होता तो पात्रों की तन्द्रात्मक बोधहीनता के यथार्थ की स्थिति में विश्वास का पलड़ा ही भारी पड़ता। एक महीन रेखा इस बोधहीन अतिशयता और फैंटेसी के बीच यहाँ देखी जा सकती है।

अपने बाहरी जगत के बोध को त्यागकर पूरे भीतर उतर जाने की मन:स्थितियाँ 'कफन' के अलावा और भी कई सशक्त कहानियों में आई हैं। हम यहाँ चेखव

की 'ग्रीफ' और गैब्रियल गार्सिया मार्केस की 'बैल्थाजार की शानदार साँझ' को देखते हैं। तीनों कहानियों का बाहरी यथार्थ अलग है लेकिन मानसिक परिणिति वही है—अपनी अतीन्द्रियता या अनीन्द्रियता में पहुँच जाना। बाहरी जगत अपना दबाव छोड़ देता है और विराट अन्तस्थली खुल जाती है, एक दूसरी ही तरह की आत्मकेन्द्रिता की। ये तीनों कहानियाँ अलग-अलग टुकड़े हैं जिन्हें जोड़कर देखने से हमारे अन्तस् की एक तसवीर मुकम्मिल होती नजर आती है—हमारी भीतरी अबाधित स्वतंत्रता की। जीने, मरने या कुछ भी करने की हमारी आन्तरिक अविरल स्वायत्तता की। बाहर का तालमेल जहाँ खत्म हो जाता है।

दूसरी कहानी—मार्केस की 'बैल्थाजार की शानदार साँझ' है। बैल्थाजार ने अपनी जिन्दगी का सबसे खूबसूरत पिंजरा बनाया, एक अमीर आदमी के बेटे के लिए। भीड़ लग गई पिंजरा देखने वालों की। एक डॉक्टर ने देखा तो बोला—पिंजरा मुझे बेच दो, पैसे जितने मर्जी लेना। बैल्थाजार अमीर आदमी के बच्चे के साथ विश्वासघात नहीं करना चाहता। बैल्थाजार की पत्नी खूब सारे पैसे मिलने की उम्मीद से खुश है। पिंजरा उठाए वह अमीर आदमी के घर जाता है। गर्व से पिंजरा डाइनिंग टेबल पर रखता है। अमीर आदमी बाथरूम से बाहर आता है—'किसने कहा ये पिंजरा बनाने को?'...'आप के बेटे ने', कारीगर बोला। बेटे को बुलाया गया। एक थप्पड़ की मार से बेटा बिलखता हुआ फर्श पर गिर पड़ा, पिंजरा लेने की जिद में। अमीर आदमी बैल्थाजार को डाँटता है—'पिंजरा लेकर दफा क्यों नहीं होता—कुत्ते का पिल्ला?' बैल्थाजार बच्चे को पिंजरा थमाते हुए कहता है :

> 'मैंने इसी के लिए यह बनाया है। पैसे मुझे नहीं चाहिए। एक उपहार की तरह रख लो।' पिंजरा रखकर बिना कुछ लिये वह बाहर आया। बाहर खड़े लोगों ने पूछा—'पचास पीसो मिले?'

वह कहता है—पचास नहीं, साठ। सब उस पर गर्व कर उठे, कितना महत्त्वपूर्ण कलाकार है। शाम हो चुकी थी। बैल्थाजार सीधा शराबखाने गया। वह पहली बार शराब पी रहा था। उसने खुद भी पी, बाकी सबको भी पिलाई। दिन छिपने तक वह पूरे नशे में था। बोलता जा रहा था :

> हजार पिंजरे बनाऊँगा, साठ का एक। फिर एक लाख पिंजरे बनाऊँगा। साठ लाख पीसो। हमें इन अमीर लोगों के लिए बहुत-सी चीजें बनानी हैं, इन सबके मरने के पहले। ये सब बहुत बीमार हैं और मरने ही वाले हैं।

वह नशे में धुत था, पगलाया हुआ। दो घंटे तक वह संगीत सुनता रहा, पैसे फेंकता रहा। सब लोग उसकी खुशकिस्मती की दाद देते रहे। खाना खाने के समय तक सब जा चुके थे, उसे अकेला छोड़कर। उसकी पत्नी आधी रात तक इन्तजार

करती रही। बैल्थाजार वहीं पड़ा सपने लेता रहा—एक खुले नृत्य मंच के, एक बड़े हॉल के, सुन्दर पक्षियों के। उसने महसूस किया कि वह बहुत थक गया है, एक भी कदम और नहीं उठा सकता। उसका मन किया—एक ही बिस्तर पर दो सुन्दर औरतों के साथ सोने के लिए। वह अब खाली हाथ, खाली जेब था। अपनी घड़ी तक वह दे चुका था, उधार के लिए। अगली सुबह, वह गली में पसरा पड़ा था। उसे लगा था, जैसे कोई उसके जूते उतारकर ले जा रहा था लेकिन वह अपने जीवन के सबसे सुन्दर सपने को बर्बाद नहीं करना चाहता था।

जीवन के इस बीभत्स्य का सूत्र भी बाहर की बदहवासी और भीतर की जगमग दुनिया में खुलता है—उस यथार्थ को देखने के लिए, जो इन बदहवास स्थितियों से सिर्फ दो कदम दूर खड़ा है।

तीसरी कहानी है चेखव की : 'दुख'। कहानी का बूढ़ा अपनी बीमार बूढ़ी पत्नी को एक बर्फीली तूफानी शाम में घोड़ागाड़ी में लादकर डॉक्टर के यहाँ ले जा रहा है। 'कफन' कहानी के पात्रों की नितान्त बोधहीन स्थिति से यहाँ वक्त दो कदम आगे निकल गया है। इस अवसादपूर्ण स्थिति में पश्चात्ताप और प्रायश्चित्त की बुड़बुड़ाहट है। बूढ़ा शराब के नशे में है। मौसम बूढ़े-बूढ़ी की दशा जैसा ही बेहद खराब है। बर्फ के तूफान में कुछ रास्ता दिखाई नहीं देता। सारी उम्र जो पत्नी से दुर्व्यवहार करता रहा, उसे पीटता रहा—अब जैसे जानता है कि ये अन्तिम क्षण सारी जिन्दगी से बड़े हैं, सारी जिन्दगी पर भारी हैं। बाहर के मौसम और अपने जाग उठे भीतर से झगड़ता हुआ बूढ़ा बुड़बुड़ा रहा है, "देखो, मैं तुम्हें कितना प्यार करता हूँ, इतनी तूफानी रात में तुम्हें डॉक्टर को दिखाने ले जा रहा हूँ। अब तुम्हें कभी नहीं पीटूँगा, कभी बुरा व्यवहार नहीं करूँगा।" अन्तःप्रकाश में भरकर कहता है कि "अगर तुम बच गईं तो तुम्हें बहुत प्यार करूँगा।" बूढ़ी का सिर गाड़ी की लकड़ी से टकराकर ठक-ठक की आवाज कर रहा था। हाथ छूने पर बूढ़ा जान जाता है कि पत्नी नहीं रही। गाड़ी मोड़ लेता है, वापस पहुँचकर दफनाने का इन्तजाम करना है। यहाँ शराब का नशा, पत्नी की मृत्यु और बर्फीला तूफान मिलकर एक स्थगन पैदा करते हैं जिसे अन्तिम सन्तुलन भी कह सकते हैं। बूढ़ा लगाम छोड़कर बैठ जाता है, उस बर्फानी तूफान में भीतर की झंझा शिथिल पड़ जाती है और परिणाम ओझल। घोड़ा रास्ता जानता ही है। कौन है यह घोड़ा, जो रास्ता जानता है? हम सभी के भीतर है यह घोड़ा जो रास्ता जानता ही है। सुबह बूढ़ा अस्पताल में है। बाँहें-टाँगें कटी हुई हैं। सर्दी में जमकर निर्जीव होने पर काटनी पड़ी थीं। धुंध छँटती है, प्रकाश होता है, लेकिन सब कुछ समाप्त होने के कुछ क्षण पहले। 'कफन' कहानी में धुंध छँटने का क्षण नहीं आया। उसके बाद शायद छँटी हो! जिन्दगी की पूरी कहानी कहाँ कही जा सकती है एक ही कहानी में?

अनुभव, संवेदना और दृष्टि—तीनों ही एक दूसरे तक आती हुई और एक दूसरे में समाहित होती हुई धाराएँ हैं। एक दूसरे की पूरक भी और नये कलात्मक आयामों की सम्भावना-स्थली भी। एक रचनाकार की कल्पना और कला जिन्दगी की ऊपरी त्वचाबोधक वास्तविकताओं का अक्सर अतिक्रमण कर जाती है। इस प्रक्रिया में वास्तविक यथार्थ को पकड़ने का आयोजन करती है। तरह-तरह के स्वाँग भरती है। वस्तुओं, घटनाओं, दृश्यों, स्थितियों के आसपास, ऊपर-नीचे भिनभिनाती रहती है। कभी-कभी वास्तविक यथार्थ को पकड़ने के लिए नये-नये और दिखने में असम्बद्ध यथार्थों की रचना करती है। क्योंकि अपने-आप में कोई भी यथार्थ एकायामी या स्थितिबद्ध नहीं होता। कल्पना तरह-तरह के पंख लगाकर दूरियाँ और गहराइयाँ नापती है। फैंटेसी रचती है तन्द्राओं में जाकर अवचेतन में, अर्धनिद्रावस्था में, तनावों में, स्खलनों, अतृप्तियों, स्मृतियों, विस्मृतियों में यथार्थ ढूँढ़ती है। इंसानी स्वभाव के कब्रिस्तानों में, रातों उठ-उठकर विचरते प्रेत लालचों, आकांक्षाओं, मरकर भी जिन्दा रहती हुई जिन्दगी की स्पष्ट-अस्पष्ट मरीचिकाओं के भीतर-बाहर, ऊपर-नीचे, यथार्थ या उसका आभास मँडराता रहता है। एक कल्पनाशील कलाकार अक्सर अपनी बाहरी सामाजिक स्थितियों और मान्यताओं की अनदेखी करता हुआ अपना साहस दिखाता है, उस यथार्थ को पकड़ने की कोशिश करता है—चाहे उसे कितनी ही भर्त्सना का सामना क्यों न करना पड़े।

इसी तरह की अलग-अलग सम्भावनाओं, संवेदनाओं, फंतासियों, कल्पनाओं के हाथों महान कलाकृतियों की रचनाएँ हुई हैं। आधुनिक कहानी के इतिहास का लगभग आरम्भ ही एक ऐसी रचना से हुआ जो आज तक हमारी कला का मापदंड बनी हुई है, निकोलाई गोगोल की कृति : 'ओवरकोट'। दोस्तोएव्स्की ने कहा था कि हम सब गोगोल के 'ओवरकोट' से निकलकर आए हैं। जिन पाठकों ने 'ओवरकोट' नहीं पढ़ी, उनके लिए ही यह कहानी का संक्षिप्तीकरण है। एक बूढ़ा व्यक्ति है जिसे व्यक्ति कहना, तमाम बिखरे हुए सूत्रों को एक आकृति का रूप देने जैसा प्रयत्न होगा। नाम है अकाई अकाकियेविच। वह एक डिपार्टमेंट में काम करता है। शुरू से ही, कोई भारी चीज पकड़ने जैसा आभास गोगोल हमें करा देते हैं। वे कहते हैं, "बहुत बेचैन करने वाला शब्द है यह—डिपार्टमेंट। यानी सारे दफ्तर, रेजिमेंट्स, कोर्ट-कचहरियाँ, सब सरकारी विभाग, प्रत्येक व्यक्ति जानता है कि इनमें सारे समाज का अपमान समाया हुआ है।"

उस व्यक्ति के पास एक बहुत फटा-पुराना-सा ओवरकोट है। वही रोज पहने हुए काम पर जाता है। लोग उसे याद दिलाते रहते हैं, नया कोट ले लो। वह उसी को मरम्मत कराने की सोचता है। कारीगर कहता है कि इसे मरम्मत नहीं किया जा सकता। अपने वेतन में से जोड़-जोड़कर और एक अतिरिक्त बोनस मिलने पर वह एक नया ओवरकोट खरीद लेता है। इतनी बड़ी आकांक्षा पूरी होती है। ओवरकोट

एक प्रतीक है—एक ऐसा प्रतीक, जो सारी बाहरी गलीज जिन्दगी को उघाड़े भी फिरता है और ढके भी रखता है। उस व्यक्ति को लोगों की नजर में हास्यास्पद भी बनाता है और उसे एक भीतरी गम्भीरता भी प्रदान करता है। उसकी आकांक्षा का प्रतीक, ऐसी विडम्बना का प्रतीक, जैसे आकांक्षा पूरा होने का विधान उसके एकदम समाप्त होने के लिए ही रचा गया हो! पहले ही दिन, ओवरकोट पहनकर रात को घर जाते हुए कुछ उचक्के उसे धर दबोचते हैं, उसका कोट ले भागते हैं। इसी मोड़ पर अपने पूरे भदेस, निरर्थक, आत्मघाती, और अचूक क्रूर व्यवस्था का शिकार होती है जिन्दगी। जैसे कुछ खोने का यथार्थपूर्ण यथार्थ नहीं है। एक क्षणिक स्थिति भर है जिसका एक राक्षसी मायावी उदर है और उसमें वह यथार्थ छिपा है जिसे सामने आने या सामने लाने के लिए कई फंतासियों, जादुई प्रबन्धनों, कला-प्रवणताओं को वैसी ही व्यवस्थाओं को रचना होगा जिनका वस्तुकरण हम वास्तविकता में नहीं कर सकते, केवल कल्पना के सहारे कर सकते हैं। वह बूढ़ा व्यक्ति अपना कोट छिन जाने की शिकायत लेकर नीचे के पुलिस कर्मचारियों की अनदेखी करके सीधे बड़े अफसर के पास चला जाता है। यथार्थ यही कि नीचे के कर्मचारी बेईमान हैं, कौन सुनेगा। विडम्बना यही कि ऊपर का अफसर बहुत ज्यादा ऊपर है। इस छोटे-से बूढ़े की उम्मीद दरअसल एक बड़ी हिमाकत है जिसके लिए वह अफसर उसे इतना डाँटता है कि घर आकर वह बूढ़ा उस दहशत के बोझ से दहलकर मर जाता है। लेकिन प्रेत बनकर वह सड़कों पर लोगों को नजर आता है। लोगों के ओवरकोट छीन लेता है। उस अफसर का ओवरकोट भी छीन लेता है। अफसर का ओवरकोट छीनने के बाद बूढ़े का प्रेत नजर नहीं आता। उसके बाद उन उचक्कों के प्रेत नजर आते हैं जिन्होंने बूढ़े का कोट छीना था। इन चोर प्रेतों की सूरत उस मुच्छैल अफसर से मिलती है जिसने बूढ़े को खूब डाँटा था।

इस फैंटेसी में ऐसा यथार्थ है जिसे पाने को हमारी विज्ञ चेतना, हमारा अमूर्त न्यायबोध सामाजिक-राजनीतिक प्रयासों में सिर्फ हताश होता है। इसी हताशा से वह ऐन्द्रिक निर्वासन जन्म लेता है। और कल्पना उन व्यवस्थाओं की सम्भावना निर्मित करती है और कला रचती है 'ओवरकोट' जैसी रचनाएँ, जिनमें आनेवाली कथा-सम्भावनाएँ परिलक्षित होती हैं।

फैंटेसी का प्रयोग कहानी के लिए उतना ही पुराना है जितनी कहानी कला। शुरू से ही हमारा पुराणकाल ऐसी कथाओं से भरा पड़ा है। फैंटेसी हमारे दिवास्वप्नों और अँधेरे के भय की तरह ही स्थितियाँ रचती है जिनका सम्बन्ध उन्हीं यथार्थों से होता है जो हमारे बाहरी जीवन की प्रेरणाओं और प्रयासों को संचालित करते हैं। कौन-सा भय या आकांक्षा हमें संचालित कर रही है, अपने प्रयासों में ढूँढ़ना सदा ही मुश्किल रहा है। कला की शक्ति यही है कि वह मानवीय विश्वास अर्जित करती है, विशिष्ट को सामान्य और सामान्य को विशिष्ट बनाती है। छोटे-मोटे (अविशिष्ट)

अनुभव या स्थितियाँ केवल वही हैं जिन्हें कला के जादू से छुआ नहीं गया।

फैंटेसी को बड़े कलात्मक ढंग से और किसी गहन उद्देश्यपूर्ण अन्तर्दृष्टि के तहत ही प्रयोग किया जाना चाहिए। केवल प्रयोग करने के अति उत्साह में इस तकनीक का इस्तेमाल नहीं किया जाना चाहिए। कुछ तथ्य, कथ्य या सम्भावनाएँ इतनी अस्थूल और अशरीरी होती हैं कि उन्हें बोधगम्य बनाने के लिए फंतासी का ही सहारा लेना पड़ता है। कभी-कभी वैचारिक तरलता को एक ठोस आकृति देने के लिए, एक साँचे में ढालने के लिए भी फैंटेसी का प्रयोग किया जाता है। इसके अतिरिक्त कुछ कथ्य ऐसे होते हैं जिन्हें पूरी निर्वसन वास्तविकता में कहने के लिए साधारण कथा का कलेवर उपयुक्त ही नहीं होता। फंतासी उसी अनुपयुक्तता को ढक लेती है। और जो ग्राह्य नहीं है, वह भी ग्राह्य बन जाता है। इसके अतिरिक्त जहाँ ऐतिहासिक कथाओं या मिथकों का सहारा लेकर फंतासियाँ बुनी गई हैं, वहाँ अक्सर सुबोध इतिहास तत्त्व या मिथक ही ज्यादा प्रभावशाली बनते हैं। गोगोल की तरह ही हमारी कहानी यात्रा के लगभग दूसरे पड़ाव पर ही इतिहास-फैंटेसी जैसा प्रयोग हुआ था। एक उदाहरण—अज्ञेय की कहानी 'जयदोल' लिखी गई थी। इस इतिहास-स्वप्न में एक मानवीय कोण है जो इसे अनिवार्य मुद्दे से जोड़ता है और स्वप्न में देखी गई इस इतिहास-कथा को एक आधुनिक उद्देश्य प्रदान करता है।

कथा का पात्र सागर सारी घटना नींद में देखता है। स्वप्न की अपनी वास्तविकताओं को लाँघती हुई यह कहानी इस अर्थ में फैंटेसी बनती है कि सागर स्वयं इस कथा का पात्र बन जाता है। सागर उस अर्द्धचन्द्र बादलों भरी बरसाती रात में महल की दीवार से पीठ टिकाए बैठा है। सोचते-सोचते, इतिहास को जीवन्त करते हुए उसे नींद आ जाती है। इतिहास रुकता नहीं। निद्रा में भी वही कड़ी आगे बढ़ती है। एक कर्तव्य-बोध सागर में जागता है। अक्षत कुमार को चूलि फा से लड़ाई में मरने से बचाने के लिए सागर गोली चला देता है। और तभी नींद खुल जाती है। इस कहानी में इतिहास भी उतना ही है जितना ऐसी स्थिति में हो सकता है। रानी जयमति को बन्दी बनाकर यातना देने पर भी, उसके अडिग रहने की भावुक स्थितियों के उपरान्त भी एक सामाजिक पक्ष कहानी के साथ जुड़ जाता है जो इस सारी कथा को अपनी रोमांटिक नियति से बाल-बाल बचा लेता है। सत्ता बनाये रखने के लिए बाकी सबको अपंग बनाए रखना जरूरी है, और यह कि जनता केवल अवसर की तलाश में रहती है—नृशंस अन्याय को समाप्त करने के लिए। कहानी का अन्तिम भाग इस ओर संकेत ही नहीं करता, सारी कथा को नये मोड़ पर लाकर समाप्त करता है और इस स्वप्न फैंटेसी को हथेली भर सही, एक अपेक्षित यथार्थ भूमि से जोड़ता है।

दूसरी ओर मुक्तिबोध की कहानी है : 'ब्रह्मराक्षस का शिष्य'। एक सिंहद्वार से भीतर जाकर एक बड़ी महलनुमा हवेली है। हवेली के एकान्त में ब्रह्मराक्षस

अपने ज्ञान से दीप्त एक अभिशप्त स्थिति में कर्महीन, प्रेत जीवन जीता है। अपने गँवार, मूर्ख शिष्य को बारह वर्ष निष्ठापूर्वक ज्ञान प्रदान करने की सक्रियता में ही वह ब्रह्मराक्षस इस संसार के प्रति कुछ कर सकने की स्थिति के बाद शान्ति महसूस करता है। लेकिन शिष्य को बारह वर्ष बाद बाहर देखकर लोग भूत समझते हैं। क्या वह भी भूत बनकर जिएगा या कर्म में मुक्ति ढूँढ़ेगा? भवन से बाहर आना सांकेतिक है कर्म में प्रवेश का। प्रयोग मिथक शैली में किया गया है। भीतरी-बाहरी कुछ भी नहीं। अपने निर्वाह में पूरी तरह मिथकीय इस कहानी को फंतासी कहना अशुद्ध लगता है।

तीनों कहानियाँ अलग-अलग रूप में सांसारिक मांसल यथार्थ के माध्यम से गुजरे बिना अपना यथार्थ प्रेषित करती हैं। गोगोल और मुक्तिबोध सीधी सामाजिक चेतना और अपेक्षित यथार्थ की बात करते हैं। अज्ञेय अपनी मानवीय दृष्टि को एक रोमांचक इतिहासात्मक कथा में प्रस्तुत करते हैं। एक प्रत्यक्ष या परोक्ष जीवनदृष्टि तीनों में है। बड़े सर्जकों में केवल यथास्थित्यात्मक कुछ नहीं होता।

कहानी चाहे लम्बी हो या छोटी, अन्तःसूत्रता या सूत्र-केन्द्रिता उसका ऐसा ही नियम है, जैसे गुरुत्वाकर्षण। परिधि से सब कुछ एक अनिवार्यता के साथ केन्द्र की तरफ बढ़ता हुआ, केन्द्र से परिधि की तरफ नहीं। शिल्प द्वारा समय, स्थान, घटनाएँ और अन्य कार्य-कारण तत्त्व इस तरह अन्तर्गुंफित होते हैं कि उन तत्त्वों के बीच की आवाजाही उस प्रभाव को खंडित नहीं करती जो धीरे-धीरे निर्मित होकर एक शीर्षबिन्दु पर पहुँचता है। लम्बी कहानियों में वे शीर्षबिन्दु एक से ज्यादा हो सकते हैं लेकिन संगीत के अलग सुरों की तरह वे एक लयबद्धता ही पैदा करते हैं। एकाग्रता और संवेदना का घनीभूत क्षण तिरोहित नहीं होने देते। लम्बी कहानियों में शिल्प की कटिबद्धता स्थान, समय, घटनाओं और तत्त्वों की सहज एकता में ही उजागर होती है।

हमारी बहुत-सी लम्बी कहानियों में यह सहजता और एकता खंडित होती नजर आती है। विशेष तौर पर कुछ नये कहानीकारों की बृहत्त सम्भावनाओं को देखते हुए यह चिन्ता जागती है। एक ही साथ, एक ही समय और एक ही जगह बहुत कुछ कहने की नितान्त अनिवार्यता हो, तो भी कहानी का उद्देश्य प्रभाव की एकाग्रता और सघनता होता है।

लम्बी कहानी की बात करते हैं हम आज की प्रमुख भारतीय अमरीकी कथाकार झुम्पा लाहिड़ी से। मानव सम्बन्धों में अप्रत्याशित की चितेरी। भारत हमेशा उनकी रचनाओं में मौजूद ही नहीं रहता बल्कि केन्द्रीय कथा-सूत्र उन्हीं चरित्रों से आते हैं जो भारतीय मूल के हैं। अमरीकी मूल के लोगों के साथ अन्तर्सम्बन्ध और जीने की कला ही उनकी रचनाओं का ज्यादातर आधार बनते हैं। जीने की कला का अर्थ

है—एक ही जैसे मूल्यों और परिवेश में रहते हुए भी जिन्दगी को देखने का कोण ही सब कुछ तय करता है। धरातल केवल छद्म है। एक 'अप्रत्याशित' सम्बन्धों के आधार में कुंडली मारकर बैठा रहता है। वह सामने आता है उस परस्परता में जहाँ उसकी हम सबसे कम उम्मीद करते हैं। यह परस्परता वास्तव में एक आकर्षक अन्तर्विरोध की स्थिति पैदा करती है। किसी भी घटना से वह अप्रत्याशित सामने आ जाता है। हमेशा ही दुःस्वप्न की तरह नहीं। कभी-कभी अँधेरे में अचानक रोशनी हो जाने की तरह एक अतिरिक्त समझ पैदा करता है। यह अप्रत्याशित और टूटने-जुड़ने की प्रक्रिया को सह्य और सहज भी बनाता है।

झुम्पा की कहानी 'Unaccustomed Earth'—(अनएकस्टम्ड अर्थ—उनके नये कहानी संग्रह का नाम भी) थोड़ी अलग तरह के अप्रत्याशित की कहानी है। बेटी रूमा अपने अमरीकी पति Adam के साथ और पाँच साल के बेटे आकाश के साथ रहती है। लगभग एक वर्ष पहले माँ की मृत्यु हो गई। पिता दूसरे शहर में अकेले हो गए। एक साल पहले माँ की मृत्यु के बाद ही पिता रिटायर हो गए। लगभग सत्तर की उम्र है उनकी। पिछले वर्ष से माँ के देहान्त के बाद से ही वे इधर-उधर की यात्राओं पर गए रहते हैं। अब वे एक सप्ताह के लिए बेटी के पास रहने आ रहे हैं। आते ही आकाश के साथ मग्न हो जाते हैं। बेटी के यार्ड में नये फूल-पौधे लगा देते हैं नई क्यारियाँ बनाकर। बेटे आकाश के लिए भी एक क्यारी, जिसमें वह अपने रबर, पेंसिल और खिलौने उगाएगा। पति एडम काम के सिलसिले में बाहर गया है। इस सप्ताह बाप, बेटी और नाती आकाश अपने एकान्त में बहुत मधुर समय गुजारते हैं। पिता अपनी पिछली यूरोप-यात्रा का वीडियो दिखाते हैं। वीडियो में टूरिस्ट बस की बराबर वाली सीट पर दो-एक बार एक औरत की सिर्फ बाँह दिखाई देती है, औरत नहीं। वापिस जाने के एक दिन पहले पिता ने बेटी से एक पोस्टल स्टैम्प माँगा था। अगले दिन वे अपना पोस्टकार्ड ढूँढ़ते रहे जिस पर उन्होंने वह स्टैम्प लगाया था। एअरपोर्ट जाने की जल्दी में वह पोस्टकार्ड के बिना ही निकल गए। उनके जाने के बाद बेटी को आकाश की क्यारी में वह पोस्टकार्ड आधा गड़ा हुआ मिलता है। उस पर बंगला में कुछ लिखा हुआ था। लड़की को बंगला पढ़नी नहीं आती। पता अंग्रेजी में था—किसी मिसेज मीनाक्षी बख्शी के नाम। बेटी वह कार्ड पोस्ट कर देती है। जब एडम अपने टूर से वापस आता है, फूलों की क्यारियाँ देखता है। पूछता है—पिता का वहाँ रहना कैसा रहा? बेटी कहती है—इतने सहज वे पहले कभी नहीं थे। एडम पूछता है—क्यों?

'ही इज इन लव,' बेटी कहती है। कहानी इसी अप्रत्याशित के साथ समाप्त होती है।

एक लम्बे समय को समेटती है करीब चालीस पन्नों की यह कहानी। जब माँ जीवित थी, तब वे भारत जाया करते थे। जब बेटी की शादी नहीं हुई थी, शादी के

बाद की जिन्दगी—सब कुछ सहजता से खुलता चला जाता है। कहानी अपनी परतें खोलती है, समय में आगे-पीछे जाने के शिल्प द्वारा, लेकिन यह विचरण एक स्मृति जैसा ही है जो घटनाओं के तरल माध्यम में कहानी को खोलता है, आगे बढ़ता है। पीछे जाने की बात एक कथासूत्र से शुरू होती है और वापस बिना किसी व्यवधान के वहीं आ जाती है। संवेदना का तार कहीं टूटता नहीं।

झुम्पा की यह कहानी माँ की मृत्यु के बाद का अप्रत्याशित देखती है। इसी बात के बराबर माँ के सन्दर्भ को उठाती हुई हिन्दी की कथाकार कविता की कहानी है : 'उलटबाँसी'। यहाँ हमारे समाज का अमरीकी समाज से बिलकुल अलग होना साफ दिखता है। माँ का शादी करना अमरीकी समाज में उतनी ही साधारण बात है जितना किसी अविवाहित युवा बेटी का शादी करना। किसी भी आयु की औरत अपना साथी चुनकर अपने ढंग से रह सकती है। सम्बन्धों के आधार हमारे यहाँ इतने बदले नहीं हैं। माँ जैसे केवल एक संस्था है जिसे पारिवारिक मूल्य घर भर के लिए सँभालकर जीते रहना है। इतनी ज्यादा अकेली पड़ी हुई माँ का साथ देने वाली बेटी भी अपने लिए काँपती हुई लौ देखती है अपने पति की असहमति में। सिर्फ पोती निष्कम्प है, बेटी से भी ज्यादा निष्कम्प। अगली पीढ़ी की बात भी इसमें लक्षित है और एक किशोरी का असांसारिक निश्छल मानवीय उत्साह भी, जहाँ आजादियों और सपनों को खुली धरती मिलती है। सिर्फ स्त्री होना काफी नहीं रहता। स्त्रियाँ तो इस कहानी में और भी हैं—दो भाभियाँ। जरूरी नहीं कि सभी बेटियाँ इस कहानी की अप्पू की तरह व्यवहार करें। माँ को समझने, उसकी स्थिति में एक गहन संवेदनात्मक प्रवेश ही इस पक्षधरता को रचता है, केवल स्त्री-चेतना नहीं। आधी दुनिया माँओं और बेटियों की है, लेकिन पारिवारिक सम्बन्धों में उनकी अबाधता विरल है, हर जगह धार अवरुद्ध है।

धार इस कहानी में भी अवरुद्ध है। माँ के पक्ष में खड़ी होने वाली बेटी माँ के नये साथी से मिलना जरूरी नहीं समझती। पिता का स्थान लेने वाले व्यक्ति से मिलना सहज बनाने के लिए कहानी को और आयामों में प्रवेश करना पड़ता। वह शायद अप्पू की कड़ी परीक्षा होती, जो अप्रत्याशित है। वह इस कहानी में सहजता से प्रवेश करता है। एक ही आयाम, एक ही सन्दर्भ की कहानी है, इसलिए शिल्प का अधिक जोखिम नहीं, जहाँ संवेदना की धार टूटने या अवरुद्ध होने का खतरा हो। इस कहानी का शिल्प हर स्थिति को ठीक समय पर खोलता है। कहानी के शुरू में अप्पू की अन्तःयात्रा कुछ लम्बी हो गई है। कथा की वैचारिकता को कथा से ही व्यक्त होने देना जरूरी है। कथा नियति की अबाधता के मार्मिक प्रस्फुटन के साथ अन्त होती है :

माँ ने आखिर मुझे ये चाबियाँ क्यों दीं? क्या समझ लिया माँ ने सब

कुछ...फिर भी...? तो क्या मुझे लौटना होगा माँ की उस कोठरी तक, माँ के उसी अकेलेपन के पास? यह वही पूर्वाभास है जहाँ से स्त्री चेतना की व्यावहारिक लड़ाई शुरू होती है।

जिन्दगी के घोर अँधेरे और जाखिम में प्रवेश करती सांस्कृतिक आतंकवाद और भुखमरी की एक कहानी है : 'ए प्रेयर फ्रॉम द लिविंग'—नाईजीरियन विश्वविख्यात कहानीकार बेन ओकरी की। सांस्कृतिक आतंक कई माध्यमों से फैलाया गया है। यह कहानी है बन्दूकों के माध्यम से दूसरी धरतियों पर जाने, वहाँ के नागरिक युद्धों में दखल देने और व्यापक नरसंहार को वहीं के लोगों के सिर मढ़ देने की चालाक और नृशंस कुकृत्यों की। अफ्रीकी देश सोमालिया में अमरीकी फौजें नब्बे के दशक में इसी उद्देश्य से घुसी थीं। गृहयुद्ध के अलावा, सब फसलें बरबाद हो जाने और बाहर से कोई सहायता न मिलने के कारण वहाँ भयानक अकाल की स्थिति बनी हुई थी। लाशों के ढेर उठाने वाले भी नहीं थे। आकाश में हवा भी इतनी नहीं थी कि उस दुर्गंध को कहीं उड़ा ले जाए या जज्ब कर ले। एक शहर है जिसका नाम लेखिका नहीं लेती, केवल 'शवों का शहर' कहकर उसे हमारे सामने लाती है। अपने परिवार के लोगों को ढूँढ़ने एक लड़की निकली है। उसके माँ-बाप और प्रेमी उसमें मारे गए होने का डर है। उस शहर की सीमा पार कोई शहर या बस्ती नहीं है। केवल मरुस्थल है। घरों के बाहर भी मरुस्थल ही है। उस शहर में वह एक लाशों भरे मैदान में घूम रही है। एक-एक शव को उलटती-पलटती। कोई परिचित चेहरा मिले तो शान्ति मिले। तीन हफ्ते की भूख-प्यास का भी अब कोई एहसास नहीं। खाना वहाँ था ही नहीं। ऊपर से, हवाई जहाजों से गिराया जानेवाला खाना बन्दूकधारी आतंकी लूट ले जाते थे। ये सब गृह आतंकी 'वार लॉर्ड' थे। इंसानों के साथ-साथ पशुओं के, गायों, घोड़ों के शव भी थे। सिर्फ फौजी सिपाही जीवित थे। एक सूचना के आधार पर वह इस शहर में आई थी। अपने भाई की लाश उसे मिली थी, सूचना ठीक ही थी। आखिरकार, बाहर एक कुएँ के पास अपने परिवार की बाकी लाशें मिलीं। उन पर मिट्टी उलीच-उलीचकर उसने डाल दी। सिर्फ उनके चेहरे ढक सकी। अपने प्रेमी की तलाश में वह अब भी थी। एक उजड़ी हुई स्कूल की इमारत में वह घुसी। एक गाय भी साथ घुसी। वहाँ भी बहुत-से शव थे। उसके प्रेमी का शव भी था। पहचानकर वह उसका हाथ पकड़कर दीवार के सहारे बैठ गई। गिरने को तैयार। तभी उसकी आँखों में तेज रोशनी पड़ी। कैमरों के फ्लैश थे। दो-एक पत्रकार थे। उन्हें देखकर वह मुस्कुरा दी। मरने से पहले की अपनी आखिरी हँसी। छोटी-सी कहानी समय के गर्त में ले उतरती है। गर्त का अँधेरा कहानी के प्रकाश से जगमगा उठता है।

इस कहानी में यथार्थ ऐसा है जो घटनाओं में नहीं घट रहा। अपने आभास में

एक दबाव की तरह हमारे चारों तरफ फैला हुआ है। घटनाओं से भागा जा सकता है, टाला जा सकता है उन्हें, लेकिन उनके आभास से कैसे भागें? जो नहीं घटा, उसके घट जाने का डर ही असली दहशत बनी हुई है। दहशतगर्द साये हैं, जिनसे आगे या पीछे भाग नहीं सकते। इस अहसास को बखूबी जामा पहनाती है यह कहानी।

पिछले वर्षों की हिन्दी कहानी ने बहुआयामी सन्दर्भ रचे हैं। परम्परा से विच्छेद उतना ही—जितना परम्परा को आगे बढ़ाने के लिए जरूरी होता है। देखने में लगता है कि अपने परिवेश और सामाजिक समस्याओं से हमारी कहानी कट गई है। यह दूरी महसूस होना ही परम्परा की अगली कड़ी है। कहानी जैसे 3-डी (थ्री-डाइमेंशनल) हो गई है। अपना समाज, वैश्विक समाज और बीच का अन्त:प्रवाह यानी हम यहाँ भी हैं, वहाँ भी और बीच में भी। और फिर बहुत-सी ऐसी बातें हैं जिनका मूल स्वरूप ही बदल रहा है। आज मानवीय सम्बन्धों की संस्थाबद्धता उस तरह से अपने अति परिभाषित रूप में मौजूद नहीं है जितनी कुछ समय पहले तक थी। पिता-पुत्र, पति-पत्नी, भाई-बहन, प्रेमी-प्रेमिका एक दूसरे से उतने ही सम्बन्धित हैं कि सन्तुलन बना रहे। लेकिन सन्तुलन बिगड़ना भी कोई दुखद घटना नहीं रह गई जिसका बखान हमारे चेहरों को ज्यादा देर तक विकृत रख सके। शरीर आज अपनी बन्धक यथास्थितियों से ऊपर उठकर सम्बन्धों के मुक्त यथार्थ को ज्यादा महत्त्व देते हैं। प्रणय अवसर की तलाश अपनी गुह्यता से निकलकर खुले आकाश के नीचे आ गई है। सपने केवल दिवास्पप्न नहीं रहे। जिज्ञासाएँ अनावृत्त हैं। सपनों और जिज्ञासाओं के पूर्ति-प्रकाश में ही प्रणय सम्बन्धों की सार्थकता है। आज निम्नमध्यवर्गीय परिवारों की आकांक्षाओं में भी कोई सापेक्षता नहीं है। वे हर अपेक्षा से बड़ी हैं। हर व्यक्ति का संघर्ष उसके कद से बड़ा है और विडम्बना यही है कि संघर्षों का समाप्त होना आज की जिन्दगी का मकसद नहीं रहा। मध्यवर्गीय परिवार अपनी मानसिकता में मध्यवर्गीय नहीं रहे। आज मध्यवर्गों के घरों में दरवाजे नहीं हैं। वे पलायन को निर्बाध रखना चाहते हैं और यही बात मध्यवर्गीय सम्बन्धों में भी है—पलायन को निर्बाध रखना।

मृत्युबोध अपनी नई समयहीनता लेकर आया है। मरना अब हारी-बीमारी या उम्र से सम्बन्धित नहीं रहा। आतंक सिर्फ आतंकवादियों का ही नहीं है। जिन्दगी के दैनिक स्वरूप की अकारणता, अनिश्चितता, असम्बद्धता का आतंक है। चीजों के निर्णायक हम स्वयं नहीं रहे। छोटी-छोटी स्थितियाँ भी बड़े बमों से अधिक विस्फोटक हैं। उन्हीं का आतंक ज्यादा है। आज की कहानी में यही कुछ व्यक्त हो रहा है। केवल एक देशीय या स्थानीय मानसिकता से उठकर हिन्दी कहानी वैश्विक मानसिकता की कहानी बन गई है। विश्व के किसी भी हिस्से में पढ़ी जाकर हमारी कहानियाँ परायी नहीं लगेंगी। हमारी परिस्थितियाँ अलग हैं। लेकिन सोच हमें

अपनी परिस्थिति में सीमित नहीं करती। वैश्विकता का इतना ही अर्थ है कि आज का मध्यवर्ग एशिया, यूरोप, अमरीका, लेटिन अमरीका यानी दुनिया के बड़े हिस्सों के मध्यवर्ग जैसा ही हो गया है। प्रयत्न और आकांक्षाओं का उद्वेलन एक सरीखा है। वित्तीय स्थिति का अन्तर केवल बाहरी अन्तर है, भीतरी प्रवाह वही है जो शक्ति और ह्रास, दोनों का स्रोत है। आज की कहानियाँ अपने अनुभवों के प्रति ईमानदार हैं। और उन्हें कैसे व्यक्त करना है, अपना यथार्थ कैसे प्रेषित करना है, इस प्रयास में शिल्प के नये-से नये प्रयोग किये जा रहे हैं। जहाँ कहीं अतिशयता, असहजता, सायासता नजर आती है, वह कथ्य को आत्मसात न कर पाने की वजह से नहीं है, वह रचना-कौशल के अनुभव की कमी के कारण है। अधिक कसे हुए या ढीले ताने-बाने से साध्य की प्रमुखता जहाँ ओझल होती दिखाई देती है, वह शिल्प के प्रति अति उत्साह से पैदा होती है। विषयों की विविधता में व्यक्त होती है—हमारे समय की चकाचक, बाजारू किस्म की समस्याएँ, सम्बन्धों की सरल, तरल, आकारहीन प्रवाहमयता, निम्न और मध्यवर्गीय जिन्दगियों की महत्त्वाकाक्षाएँ और उनमें छिपी हुई विडम्बनात्मक हास्यास्पदता। हर समय आकारहीन आतंक के आभास से आतंकित हुए, असुरक्षा की फैंटेसी में जीते-मरते हुए, कुछ न हो सकने, कुछ न कर पाने के बाजारी दबाव को हथेलियों से पीछे धकेलते, स्थितियों को जश्न की तरह भोगते आज के युवा, घरों को अदृश्य बनाती हुई, कभी भी कहीं भी उठकर चले जाने, देस को देस, परदेस को परदेस न समझने की हमारी निर्मूलता—इन सब तत्त्वों को पकड़ने के लिए एकायामी शिल्प काफी नहीं रहता। एक के बाद एक तसवीर लाने के लिए और उनका तारतम्य बनाए रखने के लिए, प्रभाव की एकाग्रता को अखंड रखने के लिए, एक स्लाइड शो जैसा लगने से बचने के लिए जिस शिल्प-साध्यता की जरूरत होती है, वह आसानी से पैदा नहीं होती। अनुभव के साथ ही वह कला-कौशल आता है। विश्व के बड़े-बड़े कथाकारों के ताने-बाने में भी कभी-कभी वह झोल नजर आता है लेकिन उनकी स्तब्ध कर देनेवाली अनुभव-दृष्टि उन्हें प्रभावहीन होने से बचा लेती है। जैक लंदन इसका एक उदाहरण हैं।

हमारे कहानीकारों में रवि बुले की तीन कहानियाँ हैं, बिलकुल अलग-अलग विषय पर अचूक बात कहती हुई : 'पुरखों का घर', 'आईने, सपने और बसन्त सेना' तथा 'लापता नत्थू उर्फ दुनिया न माने'। 'पुरखों का घर' एक भुतहा प्रदेश जैसा माहौल बुनती है। वक्त के किसी भी हिस्से में इस कहानी को रखा जा सकता है। आज, कल या आनेवाले कल या उससे भी ऊपर। पुरानी प्रथाएँ यहाँ सब मौजूद हैं। जिन्न, भूत, चुड़ैल सब मौजूद हैं। ईर्ष्या और डाह इस कद्र मौजूद हैं कि जैसे सारा जीवन इन्हीं की भेंट चढ़ा रहता है। कहानी में कक्का हैं जो इतने शक्तिशाली हैं कि हर जगह मौजूद होने का आभास दे सकते हैं। जिनसे कोई काम असाध्य नहीं है। जो पहले घर की धुरी जैसे नजर आते हैं, उन्हीं की ऐसी दुर्दशा,

ऐसा असह्य अन्त। शराब के नशे में धुत् पिता का कक्का को जंजीरों से बाँधकर रखने, उन्हें लाठियों से पीटने, उनके जख्मों से खून बहते रहने पर भी पीटते रहने, अन्त में उनके मर जाने तक पीटते रहने की क्रूरता का वर्णन नितान्त असह्य हो उठता, अगर कहानी इसी पिता की दुर्दशा से शुरू न होती। एक चक्र है जिसके खत्म होने पर ही कहानी शुरू होती है। बड़ी निर्ममता से कहानी जिन्दगी के इस अनर्थ को साधती है। सन्तान पाने का मोह, ईर्ष्या, क्रोध, सम्पत्ति का लालच, घर में वैमनस्य, स्त्री मोह, सब मिलकर एक अचूक त्रासदी को जन्म देते हैं। स्त्री के कपड़े पहनकर अपने मरणासन्न पिता के सिरहाने बैठे उन्हें किसी अपूर्व सांत्वना देने का प्रयास करते कक्का, जिन्न कक्का और उनका असह्य अन्त एक अकथ की कथा जैसा है। विषय की आधुनिकता इस कहानी में तलाश करना फिजूल है। यह उन घिनौने अनर्थों की कहानी है जो अव्यक्त रूप से कम, एक सांकेतिक रूप से ज्यादा हमारी जिन्दगियों को परत-दर-परत घेरे रहते हैं। कक्का ऐसा आभास छोड़ जाते हैं जो किसी यथार्थ से पकड़ा नहीं जा सकता। हालाँकि अयथार्थ का जादू भी इतना नहीं है कि कहानी की स्थितियों को असांसारिक बना दे। चरित्र अविश्वसनीय हो उठता, अगर कहानी के शुरू से ही उसे साधारण की सीमा से कुछ बाहर करके न रचा गया होता। सब कुछ नष्ट हो जाने की निकट सम्भावना इस कहानी से भाप की तरह उठती रहती है। बहुत अलग प्रभाव की कहानी है यह। दूसरी कहानी 'आईने, सपने और बसन्त सेना' आज के सम्बन्धों के अप्रकट को रचती है। जिज्ञासाएँ हमारा उपलब्ध यथार्थ नहीं हैं। लेकिन हमारे सपनों का आईना बनी रहती हैं। आईने के सामने हमारा अन्तस् ज्यादा उजागर होता है। उपलब्ध यथार्थ, जिज्ञासाओं और सपनों की लुका-छिपी चलती रहती है। स्वप्न और जिज्ञासाएँ अन्तःपरिवर्तनीय विस्तार हैं जिनमें औरत और मर्द डूबते-उभरते हैं। आदमी औरत को नहीं, बसन्त सेना को भोगना चाहता है। औरत भी बसन्त सेना होना चाहती है, लेकिन आदमी को अपने मनचाहे चेहरे में निर्वस्त्र चाहती है। औरत और मर्द या बसन्त सेना और ओढ़ा हुआ चेहरा। सपना टूटता है तो आईना भी टूटता है। आईने में देखना मुश्किल है अगर वहाँ बसन्त सेना नहीं है। औरत के सपने में बसन्त सेना और बसन्त सेना के सपनों में औरत है। यह दूसरा द्वंद्व-लोक है जहाँ दोनों एक होते हुए भी एक नहीं हैं। लेकिन दूसरे चेहरे वाले मर्द को ही बसन्त सेना शरीर का पूरा मधु समर्पित करे—यह मर्द का सपना नहीं, उसका आईना है जो उसे हताश ही करता है। खुलते-खुलते कहानी बन्द हो जाती है और बन्द होते-होते खुल जाती है, इसी शिल्प-संकट में कथ्य असम्पृक्त रह जाता है। यथार्थ को अतिरिक्त स्पष्टता देना ही इन ताने-बाने का मकसद होता है। अपनी सारी झिझक छोड़कर पाठक इन ताने-बाने में प्रवेश करता है, सिर्फ इसलिए कि उसके बिना उस यथार्थ को खींचकर बाहर प्रकाश में नहीं ला सकता। लेकिन इस कहानी में कथ्य का यथार्थ दरवाजे

से सिर्फ झाँकता है, बाहर नहीं आता। और पाठक किसी प्रभाव के अन्तर्गत अपना होना स्थगित नहीं कर पाता। कुल मिलाकर कहानी उस हसीन लड़की की तरह आँख दबाकर निकल जाती है जो कहानी के अन्त में आती है (कहानी में लड़की आँख नहीं दबाती) और हम खड़े देखते रह जाते हैं, उस बुर्जुगवार की तरह जो कहानी में सारी उम्र आईने बेचते हैं। कहानी एक अत्यन्त साहसिक प्रयास है जो बसन्त सेना के मिथक को बड़े सार्थक रूप में प्रयोग करती है।

कुणाल सिंह भी अपनी कहानियों को निस्सन्देह उन प्रदेशों में ले जाते हैं जहाँ जाकर लोग अपनी आँखों पर हाथ रखना नहीं भूलते या हाथ रखे हुए दिखना चाहते हैं। सिर्फ यही नहीं है, कुणाल ने अपनी लम्बी कहानी : 'रोमियो, जूलिएट और अँधेरा' में आज की ज्वलन्त समस्या पर भी चाकू रखा है। अन्त:प्रदेशीय असहिष्णुता। छोटी-छोटी परिस्थितियों के माध्यम से कहानी में असमिया आक्रोश जीवन्त हो उठा है। अनुभा और मनोज जिस आक्रोश की भेंट चढ़ जाते हैं, वहाँ गुंडई भी है उन युवाओं की जो ऐसी स्थितियों में ज्यादा ही हिंस्र हो उठती है। सिर्फ वहीं नहीं, कहीं भी। कहानी का वातावरण एक अनवरत आभास पैदा करता है कि अलग-सा कुछ है जहाँ सबकी साँझ नहीं है। अनुभा और मनोज के प्रणय दृश्य नितान्त स्वाभाविक हैं। उत्तेजक या अश्लील कहीं भी नहीं। पाठक उनके छिटपुट मिलन से प्यार कर उठता है और अनुभा के दर्दनाक अन्त की पीड़ा एक दीवार की तरह हम पर गिरती है। और हम छिटककर अलग हो जाने की, बच जाने की मन:स्थिति में भी नहीं रह जाते। इस शक्ति के बावजूद कहानी अपने लम्बे कद की वजह से ही बेडौल-सी हो जाती है। पृष्ठ भर लम्बे संवाद कोई अन्तर नहीं डालते, कहीं नहीं ले जाते, स्थितियों की बजाय मन:स्थितियों का फैलाव और विश्लेषण कभी-कभी तो मनमोहक लगता है लेकिन यहाँ ज्यादा हो गया है। कहीं-कहीं असम्बद्ध विवरण हैं, दूसरे मामूली पात्रों की क्रियाओं के। एक और बात कि लेखक लगातार इस कहानी में एक अतिरिक्त पात्र बना रहता है। उसकी इतनी घुसपैठ ठीक नहीं। फिर भी, पाठक के पास फुर्सत हो तो यह कहानी उसे अपने मोहजाल में जकड़कर ही छोड़ती है, बाँह छुड़ाकर भागने नहीं देती।

और भी बहुत सामयिक स्थितियों को पिछले कुछ वर्षों की कहानियों ने रचनात्मक तन्मयता से उठाया है। मध्यवर्गीय महत्त्वाकांक्षाओं, बाजार के दबाव, घरों के कलह, पाखंड, लालच इत्यादि; व्यवस्था, स्त्री-पुरुष सम्बन्धों और प्रेम के विषयों को खूब अभिव्यक्त किया है। गाँव भी हमारी कहानी में आए हैं, लेकिन बहुत कम। सिर्फ नाम ले देने से काम नहीं चलता, उनकी कहानियों को विस्तार में देखना जरूरी है।

आज की कहानी सिर्फ उन लोगों का लेखन ही नहीं है जो पिछले सालों में

सामने आए हैं। आज तीन पीढ़ियाँ आमने-सामने हैं। यहाँ हम केवल उन्हीं की बात कर रहे हैं जिनके बारे में कहने-सुनने की अभी बहुत गुंजाइश है। पहली दो पीढ़ियाँ सृजन के उस पड़ाव पर हैं जहाँ पिछले एक-डेढ़ दशक से लिख रहे कहानीकारों के लिए वे एक संचित निधि के रूप में उनके साथ हैं। जब चाहें, वहाँ से शक्ति बटोर सकते हैं। आज के युवा कहानीकारों की यह खुशकिस्मती है कि अभी बहुत-से चिराग जल रहे हैं जिनकी रोशनी में हिन्दी कहानी ने अपनी यात्रा का बड़ा भाग तय किया। दुनिया चाहे कितनी भी बदल गई हो, जिन्दगी जीने के आधार-मूल्य वहीं हैं जिनसे हम आज भी और आगे भी घुसपैठिए मूल्यों को खारिज करते हैं और करते रहेंगे; नये रचनात्मक मूल्यों को अपनी परम्परा में शामिल करते रहेंगे। अपने-आपको बिलकुल अलग खड़ा हुआ देखना नितान्त भ्रामक स्थिति होती है। हम केवल एक काल खंड हो सकते हैं, कभी भी हम पूर्ण समय नहीं हो सकते।

इस स्थिति-बोध की क्षणभंगुरता में बहुत कुछ है जो हमारी नई रचनाओं में छूटा भी जा रहा है। जहाँ-जहाँ हम नहीं हैं, वह सब छूटा जा रहा है। उसे जानने-पाने की ललक भी नहीं है। अगर हम गाँव में नहीं हैं तो गाँव हमारे भाव में, संवेदना में, कल्पना में, यथार्थ में, रचना में नहीं है। अगर हम बेसहारा आत्महत्या की स्थिति में आए हुए मजदूर-किसान नहीं हैं तो हमारी सृजनात्मक पहुँच वहाँ तक नहीं है। हम वहाँ नहीं हैं। अगर हम बेघर होकर रोजी-रोटी के लिए शहर के बाहर स्लम में नहीं पड़े हैं तो हम अपनी रचना में वहाँ नहीं हैं। बन्द होते कामधंधों, मजदूरों, प्रताड़ित स्त्रियों, बेमानी स्कूलों, दफ्तरों, झोंपड़-पट्टियों, संस्थानों, होटलों, जादुई व्यवस्थाओं का हिस्सा अगर हम नहीं हैं तो अपनी कल्पना और सृजन में भी वहाँ नहीं हैं। हम बस जहाँ हैं, वहीं हैं। अपने सीमित अनुभवों के संसार का अतिक्रमण करनेवाली साहसिकता अगर हममें नहीं है तो नहीं है। कोई बड़ा सपना हमारे सामने न है और न ही उसे रचने का दुस्साहस। हम अपनी स्थितियों की सम्भावनाओं को रचते हैं। 'लिस्पेक्टर' की कहानी के उस अन्धे आदमी से बचकर निकल जाते हैं जो हमें देख नहीं सकता लेकिन फिर भी हमारा मजाक उड़ाने की स्थिति में हर वक्त बना रहता है। हम किसी असमंजस में नहीं रहना चाहते। जो हम जीते हैं, वही रचते हैं। फिर भी हमारी रचनाएँ कैमरा-कृतियाँ नहीं हैं। और हमारा यथार्थ भी केवल यथास्थिति से रेखांकित नहीं हो सकता। हमारी सम्भावनाएँ चित्रों के चारों तरफ खिंचे हुए वृत्तों में हैं। उनमें समय क्या रंग भरेगा, इसका आभास हमें है—ऐसा आभास, जो हमारी रचनाओं के पीछे से कभी-कभी झाँकता भी है।

कुछ और आगे चलकर क्या पता, हमारे अन्तस् प्रदेश में चकाचौंध उजालों का सूरज डूबने के बाद हमारी छिपी हुई उदासियों से वे सपने भी उभरें जो हमें उन तमाम इंसानी संघर्षों की धरती पर उतारें, जहाँ हम अभी नहीं हैं!

यथार्थ का अनुभव और अनुभव का यथार्थ : पक्ष-प्रतिपक्ष

इंसान जो भी बाहर शारीरिक रूप से जीता है, वह तो Iceberg (समुद्र में तैरता बर्फ का पहाड़) का सिर्फ शीर्ष भाग है। सारा पहाड़ यानी यथार्थ समुद्र के नीचे होता है। एक समुचित यथार्थ को पकड़ने के लिए एक परिस्थिति या समय काफी नहीं। यथार्थ की वृत्तात्मकता का रूप जाने किन-किन समयों, प्रदेशों, मान्यताओं, परम्पराओं से होता हुआ हमारी जातीय क्षमताओं को आँकता हुआ हमारे भविष्य और सम्भावनाओं तक पहुँचता है। यही साहित्यिक यथार्थ का स्वरूप है। हमारे मनीषी साहित्यकारों ने स्मृति, इतिहास, स्थिति-परिस्थिति, अनुभव, ज्ञान, कल्पना और दर्शन का सहारा लिया है—इसी समुचित यथार्थ को पकड़ने के लिए।

हमारी स्मृतियाँ हमें याद दिलाती हैं कि क्या खो गया है जिसकी वजह से हमें अपना आज का यथार्थ खंडित लगता है। हमारी संवेदनाएँ लगातार उस चुभन को जीवित रखती हैं। हमारी कल्पनाओं के आधार में केवल हमारे अनुभव ही नहीं, हमारी पूरी परम्पराओं और दर्शनों का विचित्र आभास छलकता रहता है। ऐसी ही कल्पनाओं से हम त्रिकाल को बाँधते हैं और एक मायावी यथार्थ को अपने केवल स्थितिजन्य खंडित यथार्थ से अलग करके देखने की मानसिकता प्राप्त करते हैं। पूरी अनुभव-परिधि का चक्र हमें यथार्थ के मूल तक पहुँचाता है।

हम यहाँ कहानी के इतिहास और विकास में न जाते हुए कुछ अलग-अलग अनुभवों और यथार्थों की कहानियों को देखने का प्रयास करेंगे। अपने युग-यथार्थ पर जोर देने की प्रथा रही है। लेकिन फिर भी सभी समयों में अन्तर्युगीन कहानियों की रचना हुई है। उनका अनुभव और यथार्थ समकालीन ही बना रहता है। लेकिन अधिक रचनाएँ अपने समय-सत्य को ही बाँधने में अपनी शक्ति रखती हैं। दोनों तरह की रचनाएँ ही अनुभव और यथार्थ के अनेक रूपों में घटित होती हैं। ऐसी ही कुछ कहानियों के माध्यम से यथार्थ और अनुभव की धूप-छाँव में कुछ कदम चलेंगे।

स्मृति एक ऐसा अनुभव है जो अपने समय के यथार्थ को हमारा आज का यथार्थ बनाती है। आज के मूल्यों से टकराकर एक मोहभंग का अनुभव रचती है। हिन्दी

कहानी की वयस्क हो गई यात्रा में कितने ही पड़ाव हैं जिनकी स्मृति हमें आज की भागमभाग से निकलकर कुछ सुस्ता लेने का मोह जगाती है। लेकिन रेणु की स्मृति आज के लगभग हर यथार्थ को अपदस्थ करती हुई निस्संकोच एक मोहभंग की मन:स्थिति निर्मित करती है।

इंसान के अतीत को उसके भविष्य से अलग करके देखने की कला अभी आविष्कृत नहीं हुई है। 'रेणु' के गाँव, उनके मृदंगिया और हीरामन हमारे लिए एक स्मृति मात्र नहीं हैं। आज की भागमभाग, चीजों की दौड़ और हर चीज की वासना, यानी जो कुछ भी जितना ज्यादा है, उस चीज की उतनी ही वासना और अधिक मन दुखाती है, जब हीरामन और मृदंगिया सरीखे सामने आते हैं।

यही स्मृति हमारे आज के यथार्थ को अतिरिक्त क्रूरता भी देती है और एक आभास रचती है अपूर्णता का। उनकी स्मृति से आज के बाजार की व्यर्थता और क्रूर हो उठती है। मोहना को रसप्रिया सिखाने के लिए घंटों पेड़ के नीचे बैठकर उसकी प्रतीक्षा करना अधिक सार्थक हो उठता है। रमपतिया का प्यार अपने तिरस्कार में भी पूर्णता पाता है, अपने बेटे को रसप्रिया का शुद्ध रूप सिखाकर। आज की अतृप्तियाँ और चुहल वासनाएँ इस एक स्मृति के बराबर रखकर देखने से एक नया यथार्थ रचती हैं। और फिर शिल्प मृदंगिया को एक पल के लिए भी खारिज नहीं होने देता। प्रतीक्षा करते हुए या मोहना से बात करते हुए सारा समय, परिवेश, पूरा वातावरण और मृदंगिया का पूरा जीवन उसकी स्मृति के माध्यम से हमारे सामने आता है। रमपतिया आखिरी क्षण सामने आती है तो लगता है, जैसे सूरज पर से बादल हट गए। मोहना अपनी माँ के विचित्र व्यवहार को देखकर चुप खड़ा रह जाता है। मुँह से गाली और आँख से आँसू निकलने का रहस्य वह बालमन नहीं समझ पाया। लेकिन अशक्त मृदंगिया ने अपने बचे-खुचे दिनों की सार्थकता के आभास से भरकर मृदंग को अपने सीने से चिपका लिया होगा, जैसे रमपतिया ने मृदंगिया की उँगली टेढ़ी होने पर कई दिन तक मृदंग को छाती से लगाए रखा था।

यह हमारी स्मृति में स्मृति की कहानी है। जिस भी क्रम में मृदंगिया अपनी बीती हुई जिन्दगी याद करता है, वह क्रम अनोखी सूत्रधारता लिये हुए है। ठीक जो जब सामने आना चाहिए, वही सामने आता है। मोहना जब भी सामने से हटता है, कितना कुछ महत्त्वपूर्ण उजागर होता है। मोहना जैसे मृदंगिया की कला की पूर्णता और प्रेम की अपूर्णता, दोनों का प्रतीक है। पूरे परिवेश और वातावरण में कथ्य रहता है। यह कथा-मुक्तता अपने-आप में विरल है।

अनुभव की अनुपस्थिति का आतंक और यथार्थ का छल केवल एक दुविधा को ही जन्म नहीं देता, वह पूरे परिवेश को ही पाठक की मन:स्थिति से खारिज कर देता है। कई तरह से दोनों स्थितियाँ बहुत दूर तक साथ चलती हैं। कभी-कभी यात्रा के

किसी पड़ाव पर वह दुर्घटना घटती है, जहाँ पाठक सभी कुछ को बरखास्त करता हुआ अपना रास्ता लेता है और वहाँ से बच निकलने की सन्तुष्टि लेकर पीछे न देखता हुआ आगे बढ़ जाता है। रचनाएँ अपना आतंक फैलाती हैं आसपास घटने वाली स्थितियों को मुखौटे पहनाकर, साधारण अनुभव को साधारण न रहने देकर। हर यथार्थ में अतिरिक्त कुछ जोड़कर, अपनी असम्बद्ध अनावश्यकताओं से। असाधारण सभी को आतंकित करता है। और जब साधारण को भी असाधारण बनाने की कोशिश की जाए तो आतंक और कुरूप हो उठता है। वास्तव में आज तक का जो भी शक्तिशाली साहित्य रहा है, उसका प्रयास असाधारण को विश्वसनीय और साधारण बनाकर प्रस्तुत करने में रहा है। किसी भी लेखक की क्षमता का अन्दाजा इसी बात से लगाया जा सकता है कि वह अपनी चमत्कारिकता को समाप्त करने में सफल हुआ या नहीं।

अनुभव हस्तान्तरण की प्रक्रिया में लेखक अपनी संवेदन ऊर्जा से परिचालित होता है। यह केवल अनुभव का हस्तान्तरण नहीं होता, एक पूरी जीवन-दृष्टि का हस्तान्तरण होता है। एक पूरी सोच अनुभव-सिक्त होकर, तरह-तरह के भूमिगत प्रदेशों से प्रवाहित होकर, एक मानसिकता का ठोस स्वरूप ग्रहण करती है। अपने संवाहन के साधनों को निरखती-परखती है ताकि पाठक तक पहुँचने की यात्रा में कुछ दरक न जाए, कुछ पीछे न छूट जाए या फिर जो है, वही न लगकर कुछ और ही लगने लगे। संवेदना और दृष्टि दो तरफा आवाजाही है। दोनों एक दूसरे की जनक भी हैं और निर्देशक भी। हमारी संवेदनाएँ और दृष्टि यथार्थ के स्वरूप को ठीक वैसा ही नहीं रहने देतीं। प्रतिक्रियाएँ भी इसलिए भिन्न होती हैं। लेकिन स्थूल रूप में स्वीकृत बृहत सामाजिक यथार्थ का स्वरूप, जो एक समयांश की रचना है—उसे पूरी तरह अस्वीकृत करने के लिए एक विशेष परिस्थिति की आवश्यकता होती है। उस विशेष परिस्थिति में एक दार्शनिक यथार्थ की रचना होती है—ऐसे दार्शनिक यथार्थ की, जो अपनी अमूर्तता में ही सक्रिय होता है। एक सशक्त कलाकार के हाथों व्यक्त होकर वह एक विश्वसनीयता भी प्राप्त करता है। ऐसा ही दार्शनिक यथार्थ हमारे अपूर्व कलाकार चेखव की कहानी 'शर्त' (The Bet) में व्यक्त हुआ है। एक मामूली-सी सांसारिक परिस्थिति एकदम अस्वाभाविक बन उठती है। वास्तविकताएँ फैंटेसी का रूप धारण करती हैं और फैंटेसी एक ऐसा मायावी यथार्थ रचती है जो हमारे आसपास के आभास को पूरी तरह निलम्बित करके एक दार्शनिक यथार्थ की रचना करती है। चेखव की सशक्त कहानियाँ अनपढ़ी तो कम ही होंगी, लेकिन इस कहानी को एक बार से ज्यादा पढ़ना ही अधिक स्वाभाविक है। इसकी कठिनाई की वजह से बिलकुल नहीं, बल्कि इसके विपरीत आसानी से अपने अँधेरों में झाँकने का अवसर देती हुई यह कहानी हर बार बहुत कुछ प्रकाशित कर जाती है।

इन अंधेरों को भी हम प्यार कर उठते हैं और उसके बाद होने वाले प्रकाश को भी अपनी बन्द आँखों पर महसूस होने देते हैं।

एक पतझड़ की अँधेरी रात में एक बैंकर व्यापारी अपने अध्ययन कक्ष में बेचैनी से घूमता हुआ पन्द्रह वर्ष पहले का दिन याद करता है। उसके घर एक पार्टी थी, जिसमें ऐसे ही एक बहस छिड़ गई कि सजाए-मौत बेहतर है या उम्रकैद। बैंकर (व्यापारी) मौत की सजा को बेहतर मानता है। रोज-रोज मरने से एक दिन मरना बेहतर। एक युवा वकील जैसे कैसे भी जिन्दा रहते चले जाने को ही बेहतर मानता है। दो मिलियन (बीस लाख) की शर्त जोश में आकर व्यापारी लगा बैठा। युवा वकील ने कहा, बीस लाख के लिए मैं पाँच नहीं, पन्द्रह साल कैद में रहूँगा। शर्तें लिख ली गईं। युवा वकील एक अँधेरी कोठरी में रहेगा। सिर्फ एक खिड़की से उसे खाना, किताबें, शराब, संगीत का सामान या जो भी वह चाहे, दिया जाएगा। व्यापारी सोच रहा था कि कल सुबह पन्द्रह वर्ष पूरे हो जाएँगे। वह अब अमीर नहीं रहा था। कर्ज में डूबा हुआ था। उसे याद आने लगा, किस तरह वकील ने जेल में पन्द्रह वर्ष बिताए। पहला साल युवा कैदी ने भयानक अकेलेपन और डिप्रेशन में गुजारा। दिन-रात उसकी कोठरी से पियानो की आवाज आती थी। शराब और तम्बाकू वह नहीं लेता था। शराब पीकर किसी से न मिलना बड़ा कष्टदायक है। दूसरे साल वह सिर्फ क्लासिक्स पढ़ता रहा। चार साल तक। पाँचवें साल फिर संगीत सुनाई दिया। और उसने शराब भी माँगनी शुरू की। जो लोग छोटी खिड़की से उसे देखते उन्होंने बताया, वह सारा दिन शराब पीता, बिस्तर पर पड़ा रहता, अपने-आपसे गुस्से में बतियाता। पढ़ता नहीं, रात भर कुछ लिखता रहता और सुबह उसे फाड़ देता। बहुत बार उसके रोने की आवाज भी सुनाई देती। छठे साल बाद उसने भाषाएँ पढ़नी शुरू कीं। चार वर्ष बाद व्यापारी को छः भाषाओं में लिखा हुआ खत मिला। दसवें वर्ष के बाद उसने धर्म की, इतिहास की, और अन्य किताबें पढ़ीं। आखिरी दो सालों में गणित, विज्ञान के अलावा बहुत-से विषयों पर बहुत-सी किताबें पढ़ीं। लेकिन कल सुबह पन्द्रह वर्ष पूरे हो जाएँगे। व्यापारी बरबाद हो जाएगा। उसने सोचा, उसकी कोठरी में जाकर उसे समाप्त कर दिया जाए। किसी को कानों-कान खबर भी नहीं होगी। कोठरी में वह चुपचाप घुसा। उसने देखी एक कृशकाय मानव आकृति, जिसे पहचाना भी नहीं जा सकता। वह मेज पर सिर रखे सो रहा था। एक लिखा हुआ कागज मेज पर खुला पड़ा था। व्यापारी ने वह कागज उठाया, लिखा था :

> कल बारह बजे मैं आजाद हो जाऊँगा। लेकिन अब मुझे आजादी नहीं चाहिए, जिन्दगी नहीं चाहिए—वह सब कुछ, जिन्हें तुम अच्छी चीजें कहते हो, मुझे नहीं चाहिए। पन्द्रह साल तक मैंने इस धरती की जिन्दगी को देखा-परखा है। किताबों में मैंने मदिरा पी, गीत गाए, जंगलों में घूमा,

> शिकार किये, सुन्दर औरतों से प्यार किया। पहाड़ों की ऊँचाई छुई। आँधी-तूफान देखे; शहर, दरिया, झीलें और समुद्र देखे। चरवाहों का मधुर संगीत सुना। शैतान और भगवान से बातें कीं। मैं अन्तहीन अँधेरे गड्ढों में गया, चमत्कार किये, हत्याएँ कीं, शहर जलाए, नये धर्मों का प्रचार किया, प्रदेश जीते और राज्य स्थापित किये। सारे युगों का विचार-तत्त्व मेरे मस्तिष्क में समाहित है। मैं तुम सबसे अधिक जानता हूँ। तुम सब कल नहीं रहोगे। रहने लायक, पाने लायक कुछ है ही नहीं। कल समय से पहले ही मैं यहाँ से निकल जाऊँगा। मैं तुम्हें शर्त से आजाद करता हूँ।

व्यापारी ने उस कागज को चुपचाप मेज पर रख दिया और बाहर चला आया। और सुबह नौकर दौड़ता हुआ आया। कैदी गायब था। छोटी-सी सुराखनुमा खिड़की से वह बाहर फाँद गया था। व्यापारी कोठरी में गया। वही लिखा हुआ कागज मेज पर पड़ा था। उसने उठाकर उसे अपनी तिजोरी में बन्द कर दिया।

यह दार्शनिक यथार्थ इस कहानी में अपनी असामान्यता को एक विस्तृत स्तर पर स्थापित करता है। आज के बाजारवादी यथार्थ के बराबर इसे रखकर देखना जरूरी हो गया लगता है—आज के यथार्थ को बदलने के लिए नहीं, सिर्फ उसे आईना दिखाने के लिए।

इस तरह के मानसिक यथार्थ अपनी मूर्तता और अमूर्तता में एक बाहरी और सिंहासनासीन यथार्थ के प्रतिपक्ष के रूप में सक्रिय रहते हैं। हमारी स्मृतियाँ, हमारा अतीत और सबसे बढ़कर हमारा मृत्युबोध हमारे इस मानसिक प्रतिपक्ष को जिन्दा रखता है। हमारे लेखन में, कलाओं, दर्शनों में यह प्रतिपक्ष हमेशा जीवित रहता है। उन तमाम आकांक्षाओं, बाजारी वासनाओं, आपाधापियों, प्रतिद्वंद्विताओं और चकाचौंध प्राप्तियों के नीचे मोहभंग की हल्की-सी रेखा खींच देता है। इसी रेखा को और गहरा करने का काम हमारा लेखन, दर्शन और लोककलाएँ अपनी-अपनी तरह से करती हैं। इसीलिए सिर्फ बाहरी-ऊपरी यथार्थ—जिसे वास्तविक यथार्थ भी कह सकते हैं—का चित्रण मात्र काफी नहीं होता। उसके भीतर ही कहीं हमारी अन्तिमता का स्पर्श भी रचना में मौजूद रहना स्वाभाविक है। हर रचना एक ऐसे ही मोहभंग को जन्म देती है। कभी-कभी एक विरोध भी रचती है, जो यथार्थ के अलग-अलग रूपों की समानान्तरता को तोड़ता हुआ विस्फोटक अस्वीकृतियों को जन्म देता है और अलग ही तरह की विस्मृति रचता है।

ऐसे ही प्रतिपक्ष को रचने वाले एक विस्तृत लोकमानस के चित्रकार विजयदान देथा हैं, जिन्होंने यथार्थ के कितने रूपों-कुरूपों को अपनी रचनाओं में इस तरह उतारा है कि वितृष्णाएँ, मोहभंग, विरोध, अस्वीकृतियाँ पूरी निरंकुशता के साथ हमारा

मानस उथल-पुथल देती हैं। ऐसी सरल भाषा और दृष्टि की स्वजातीय क्रान्तिकारिता आज के लेखन में विरल है।

'अनेकों हिटलर' विजयदान देथा की सहज सरल सात पृष्ठों की कहानी है। इस कहानी में हमारे बाजार की क्रूरता छाती पर सवार हो जाती है। तरह-तरह के छोटे-बड़े शक्ति-प्रतीक जो पहले विजेताओं की हिंसात्मक आकांक्षाओं में उभरते थे, आज बाजार में उतर आए हैं। आज यही शक्ति-प्रतीक तरह-तरह से हमें मरने-मारने के लिए उत्तेजित करते हैं। इस कहानी में ट्रैक्टर वह प्रतीक है जो किसान के सिर चढ़ बैठा है। ट्रैक्टर लेने के पहले वे पाँचों किसान ऐसे लगते थे, 'जैसे उन्होंने किसी औरत की कोख से जन्म न लेकर, धरती की कोख से जन्म लिया हो! कठील, आक, खेजड़ी और बबूल की तरह धीरे-धीरे बढ़े और फले हों! जैसे कुदरत की वनपाती ही उनकी बिरादरी हो...!' ऐसे थे ये पाँचों किसान। आजादी के बाद खेती में खूब पैसे आने लगे थे। जेबों में नोट भरकर शहर गए थे पाँचों ट्रैक्टर खरीदने। ट्रैक्टरों की एजेंसी के मालिक ओमी जी के दफ्तर का वातावरण एक और प्रतीक है उस शक्ति का। दरवाजा उघाड़ते ही ठंडी हवा का झोंका आया। एक बोला, "स्वर्ग का मजा तो आप ले रहे हैं। हम तो जानवरों की जिन्दगी गुजारते हैं।"

अपनी शक्ति से सन्तुष्टि नहीं मिलती। दूसरे की शक्ति से तुलना करके जो दुराशा मिलती है, वही हिंसा का कारण बनती है। और बाजार तुलनाओं का सबसे बड़ा माध्यम। तुलाओं और तुलनाओं का निरन्तर विस्तार—हमारा बाजार। एक दूसरे को एक दूसरे के सामने छोटा-बड़ा करता, काटता-छाँटता बाजार। सबकी नजरों में, सबके सामने हमें उठाता-गिराता बाजार।

पाँचों किसान ट्रैक्टर खरीदकर सड़क पर निकलते हैं। सब कुछ कितना अच्छा लगता है उन्हें—हवा, पेड़, पंछी! सड़क, इंसान, ट्रैक्टर! सब कुछ सुन्दर। लेकिन एक बाज झपटा और एक खरगोश को उठा ले गया। तभी सड़क पर कुछ आगे एक साइकल सवार दिखा। साइकल सवार ने पीछे मुड़कर देखा। पैडल और तेज मारने शुरू कर दिये। किसान उसकी क्षुद्रता पर हँसे—ट्रैक्टर का मुकाबला करता है मूर्ख! साइकल सवार को कुछ दिनों बाद एक मुकाबले में भाग लेना था, वह अपनी शक्ति आजमा लेना चाहता था। शुरू हो गई मुकाबले की लड़ाई। ट्रैक्टर और साइकल के अलावा अब उन्हें किसी चीज का खयाल नहीं था। साठ हजार का ट्रैक्टर, यह दो कौड़ी का चरखा। इस चरखे के पीछे उसकी प्रियतमा का चेहरा भी था, उसकी ताकत बना हुआ। किसानों के क्रोध का ठिकाना नहीं। "इस नंगे सिर वाले दोगले ने तो आज अपनी पगड़ियों को धूल चटा दी।" छोटे ने जुगत सुझाई, "पास आते ही ट्रैक्टर उसकी ओर घुमा देना।" और पास आते ही ट्रैक्टर उसकी ओर घूम गया। टायर ने नंगे सिर वाले का कचूमर निकाल दिया। "माँ का खसम, ट्रैक्टर से आगे निकलने की जुर्रत कर रहा था।" ट्रैक्टर रुका, एक भाई ने रम की

बोतल लड़के के मुँह में डालकर बोतल तोड़कर पास ही फेंक दी और ट्रैक्टर आगे बढ़ गया। आगे बढ़ना ही मूल मंत्र है—आज के यथार्थ का मूल मंत्र। धरती की कोख से जन्मे ये किसान ट्रैक्टर पर आगे बढ़ गए। इस साधारण-सी परिस्थिति से इतनी बड़ी दुर्घटना का होना एक स्तब्धता पैदा करता है। हम जहाँ हैं, वहीं रुक जाने की माँग करता है।

'संक्षिप्त' और 'सघन' बेमानी शब्द नहीं हैं। यहाँ 'संक्षिप्त' से मतलब आकार में छोटा होना नहीं है। एक निरर्थक फैलाव में शक्ति, सरलता और सहजता व्यतीत हो जाती है। कहानी की केन्द्रमुखता कहानी के यथार्थ को एक परिधि देती है जिस पर घटनाएँ एक सन्तुलन बनाए रखती हैं, छिटककर इधर-उधर नहीं बिखरतीं। कहानी के नियम बदले नहीं हैं। यह कहना कि आज कहानी वैसी नहीं रही, जैसी पहले थी और आज सघनता कहानी का मूल्य नहीं रहा और प्रभाव की एकाग्रता अब कहानी में नहीं ढूँढ़ी जानी चाहिए, इत्यादि कहीं भी कहानी के बारे में विश्व में स्वीकृत मूल्य नहीं हैं। आज भी अच्छी कहानियाँ उसी तरह और उन्हीं वजहों से अच्छी हैं जिन वजहों से हमेशा अच्छी थीं। कथासूत्रता और दृष्टि-सम्पन्नता बड़ी कहानियों का हमेशा आधार रहे हैं। दृष्टि ही समय-यथार्थ से जूझती है, कथा-तत्त्वों तथा कल्पना के सृजनात्मक सम्मिश्रण से पाठक की सहभागिता अर्जित करती है, यथार्थ के सही स्वरूप को समझने की बेचैनी पैदा करती है—ऐसी बेचैनी जिसके बाद यथार्थ के बीजसत्य तक पहुँचने की यात्रा पाठक स्वयं तय करता है। उदय प्रकाश की कहानी 'दद्दू तिवारी' ऐसी ही दृष्टि-उर्जा और कथा-सूत्रों के तार्किक सामंजस्य की मिसाल के तौर पर प्रस्तुत की जा सकती है। उस कहानी की विस्तार से चर्चा करने का स्थान यह नहीं है। पाठकीय विस्तार उसे पहले ही मिल चुका है। लेकिन कथा-यात्रा में ऐसे पड़ावों पर थोड़ी देर रुककर उन्हें फिर से देखना, उनका जिक्र करना जरूरी हो जाता है। स्मृति में स्थान पाने लायक वे कहानियाँ कभी नहीं बनेंगी जो सहज, सरल और केन्द्रमुखी नहीं हैं, जिनका प्रभाव एकाग्रित नहीं है। स्मृति की संक्षिप्तता इतनी क्रूर भी हो सकती है कि आँखों से ओझल होते ही लगे कि उन्हें देखा ही नहीं था।

नरेन की एक छोटी-सी कहानी है : 'ब्रैंडेड शर्ट'। जिस-तिस को शर्मिंदगी दिलाने के लिए काफी बड़ी है यह कहानी। मदन बाबू मामूली-से कर्मचारी थे, बिहार सरकार के मत्स्य विभाग में किरानी। एक सपना था उनका मुद्दत से—ऐरो ब्रांड की शर्ट खरीदने का। आखिर ब्रैंडेड शर्ट की इच्छा दुर्गा पूजा से पहले उनके मुँह से निकल ही गई जब विभाग से उन्हें बोनस मिला। पत्नी ने साहस बँधाया, बच्चों ने भी साथ दिया। सबके बढ़ावे पर मदन बाबू शर्ट खरीदने निकल ही पड़े। दो हजार

की शर्ट। पैसे दिये, शर्ट ली और सपना पूरा। दुर्गा पूजा से पहले कई दिन वही शर्ट पहनकर घूमते रहे। उन्हें लगता, सभी उनकी शर्ट देख रहे हैं। कभी लगता, कोई नहीं देख रहा। आखिर शर्ट पहनकर मदन बाबू दफ्तर गए। सभी ने कहा, कितनी शानदार है। मदन बाबू सकुचाए, फिर इतराए। उन्होंने चाय के साथ समोसे सबके लिए मँगवाए। जब पैसे देने वे कैंटीन के काउंटर पर गए तो पीठ पीछे शर्मा जी को कहते सुना, "छोटा जातिया, तेली। साला कंजड़ कहीं का! चला है अगड़ों की चाल चलने। ऐरो की शर्ट खरीदी है। पटना जंक्शन पर हनुमान मन्दिर के फुटपाथ पर पैंतीस-पैंतीस रुपये में ऐसी कमीजें थोक के भाव बिकती हैं...अमरीका, इंग्लैंड वाले अपनी उतरन दान में देते रहते हैं।" मदन बाबू को लगा, वे गिर पड़ेंगे। घर जाकर ऐरो की शर्ट खूँटी पर टाँग दी। इसके बाद ब्रैंडेड शर्ट कभी पहनने की हिम्मत नहीं जुटा पाए।

दिखना-दिखाना तो शुरू से चलता आया है। आज शर्मिन्दगियाँ उन्हीं की हैं, जो बाजार का चलन नहीं समझते। आज का यथार्थ यह भी है कि पैंतीस रुपये वाली ऐरो की शर्ट पहनकर एक गरीब आदमी दो हजार की ऐरो शर्ट वाले को शर्मिन्दा कर सकता है। धीरे-धीरे लोगों को बाजार का इस्तेमाल करना आ रहा है। और कुछ वक्त बाद स्थिति ऐसी भी आएगी कि बाजार नंगे होकर मुँह बाए सड़क के दोनों ओर खड़े रहेंगे और साधारण व्यक्ति उनका तमाशा भी देखेगा और उन्हें इस्तेमाल भी करेगा। कुछ ही समय बाद बाजार हमारी अशक्तता का शोषण नहीं कर पाएगा। लेकिन आज की स्थिति मदन बाबू वाली है।

साम्राज्यवादी देश पूर्व-उपनिवेशित देशों की गुलाम प्रवृत्तियों को जिन्दा रखने में ही अपनी मरी हुई विरासत और खोई हुई शक्ति को जिन्दा रखे हुए हैं। बाजारवाद भी उसी की देन है। जो साम्राज्यवादी शक्तियाँ हैं, उनके अपने समाजों में बाजार का आतंक उतना नहीं है। सिर्फ अपनी जरूरतें पूरी करने से अधिक बाजार वहाँ कुछ नहीं है। इस तरह की आपाधापी नहीं है। वहाँ एक गरीब या मध्यवर्गी परिवार यह नहीं देखता कि किस ब्रैंड का कपड़ा है या कार है। कोई भी आदमी कैसी भी कमीज पहन सकता है। कैसी भी कार रख सकता है। यह साम्राज्यवाद हमेशा भीतरी ज्यादा होता है, बाहरी कम।

हमारे साधारण बाजारों से अलग एक वैश्विक मंडी है जो साधारण जन के जीवन का हिस्सा नहीं बनती। और इसीलिए हमारी बेखबरियाँ हमें उनके प्रति एक ठंडा रुख अपनाए रखने का माहौल ही बनाए रखती हैं। दूर दराज के इलाकों में, वन प्रदेशों या अन्य बीहड़ इलाकों में तरह-तरह के शोषण हमारे लिए छोटी-छोटी खबरें भी नहीं बनते। आबादियों, शहरों से दूर होने के कारण उनकी गोपनीयता बनी रहती है। केवल शोषक और शोषित—बस, दो ही इकाइयाँ आमने सामने होती हैं, अपनी

सम्पूर्ण उच्छृंखलताओं या विवशताओं के साथ। वहाँ की आर्थिक मजबूरियों और शारीरिक स्वतंत्रता के खिलंदड़ेपन को शहरी संस्कृति सिर्फ एक ही तरह देखने की आदी है। शहरी जुगुप्साएँ उस स्वच्छन्दता को एक कामुक स्वीकृति के रूप में ही देखती हैं। विरोध की स्थिति में हिंसा और शक्ति का प्रयोग शहरी संस्कृति जायज मानती है। उनके शोषण को कला में तरह-तरह के नाम दिये जाते हैं।

पंकज मित्र ने अपनी कहानी 'चमनी गंझू की मुस्की' में जिस गोपनीयता और रहस्यात्मकता का वातावरण रचा है, उसमें उस शोषण की चालाकियाँ तो उजागर होती ही हैं, साथ ही वैश्विक मंडी का एक आकर्षक रूप भी सामने आता है। कला के अन्तरराष्ट्रीय व्यापारी दूरदराज, अलग-थलग पड़े हुए इलाकों में ढकी-छिपी, अभी तक अनखोजी सम्पदाओं को आकर्षक नामों के तहत प्रदर्शित करने, खरीदने-बेचने में इतने मस्त हैं कि उसके पीछे सत्य क्या है, सांस्कृतिक और कलात्मक सत्य क्या है, इसका कोई तथ्यात्मक प्रमाण ढूँढ़ने के चक्कर में नहीं पड़ते। जहाँ खरीदने वालों की मंडी है, उन्हें अपने साधारण से अलग, दूरदराज का कुछ चाहिए। सभ्य और सुसंस्कृत लोगों को कला के नाम पर कुछ चाहिए जिसे प्राचीन संस्कृति कहना उनके लिए ज्यादा सभ्य तरीका है। तृप्तियाँ आखिर वर्जनाओं की अभिव्यक्ति में ही मिलती हैं। अलग नैन-नक्श, अलग गठन, आवरण या अनावरण कला की जान हैं। पंकज मित्र अपनी कहानी में इसी मंडी का यह स्वरूप उजागर करते हैं। एक नया माहौल रचने के लिए नहीं, उन भीतरी और बाहरी प्रदेशों में कला का बाजारीकरण शक्तिसम्पन्न लोगों के लिए कितना आसान और सहज है, यह दिखाने के लिए। चमनी ऐसा चरित्र है जो अपनी स्वच्छन्द उत्सुकता में सब कुछ करती है, छिपे हुए कला के खजाने दिखाती है, स्वच्छन्दता और अपनी आर्थिक विवशता में अपना शरीर भी देती है। वैश्विक बाजार का बाहरी प्रदेशों में आकर्षण भी बनती है और उद्देश्य पूरा हो जाने पर तिरस्कृत भी होती है। पूरी आदिवासी संस्कृति, कलाओं, शरीरों का उपयोग और तिरस्कार एक त्रासदी है जिसका चित्रण पंकज की कहानी बेजोड़ सार्थकता के साथ करती है। पिता शिकारी और बेटा—एक हताश चित्रकार। चमनी की आवाजाही दोनों के बीच बराबर; आखिर चमनी माध्यम बनी चित्रकार को पहाड़ी लोककला से परिचित कराने का। फिर क्या था! शक्ति के गर्भ में जितनी चालाकियाँ छिपी होती हैं, एक-एक कर बाहर आईं। कला की वैश्विक मंडी और चमनी। बेटू इमाम दोनों का दोहन करते हैं। कोहबर आर्ट, सोहराय आर्ट और कई तरह के ट्राइबल आर्ट। लोकजीवन आखिर पूरी की पूरी लोककला है। हर छोटा-मोटा तीज-त्योहार, हँसना-गाना, कूटना-पीसना, बोना-काटना—सभी कुछ तो ढल जाता है लोककलाओं में, और फिर साथ में वे सब शरीर और उनकी अनुकृतियाँ। सभी कुछ के लिए वैश्विक संस्कृति और कला की मंडी है। तीन पात्र और तीन दुनियाएँ अलग-अलग। एक अलग अनुभव की कहानी है—'चमनी गंझू की मुस्की'।

कहानी का नाम भी एक अनुभव है। पंकज की कहानियाँ पढ़ते समय ही आश्वस्त नहीं करतीं, यह आश्वस्ति बड़ी देर तक बनी रहती है। 'इसकी जरूरत नहीं थी' कहकर इनकी कहानियों से कुछ भी निकालना मुश्किल होता है।

पिछले कुछ दशक संचार क्रान्ति के रहे हैं। औद्योगिक क्रान्ति के बाद जैसी आपाधापी मची थी, गाँव उजड़े, शहर बनने शुरू हुए थे और बड़े पैमाने पर उथल-पुथल हुई थी, उससे अलग तरह की उथल-पुथल संचार क्रान्ति से पैदा हुई है। जिन्दगी में हर समय एक दबाव-सा बना रहता है। नौकरी की अपेक्षाएँ, एक खास तरह के प्रशिक्षण की होड़, हर वक्त असमंजस की स्थिति पैदा करता है। स्थिरता और जड़ता में कोई अन्तर ही नहीं रहा। लाख-डेढ़ लाख महीना कमाने वाले युवक-युवतियाँ प्रेत-जिन्दगियाँ जीते हैं। सुबह कब जाते हैं, रात कब आते हैं, पता नहीं। छोटे शहरों और कस्बों की दुनिया भी है जहाँ बहुत कम पैसे में एक बी.कॉम. या इससे भी अधिक शिक्षित युवक-युवती काम करने वाले मिल जाएँगे। छोटे-बड़े उद्योग-धन्धे, बिजनेस कम्पनियाँ ऐसे ही युवाओं के सिर पर टिकी हुई हैं। अगर एक खास तरह की शिक्षा नहीं है तो इन्हीं छोटी-मोटी नौकरियों में जमे रहो, एक कम्पनी से दूसरी कम्पनी में। स्थिरता कहीं भी नहीं। घर से बसों, गाड़ियों में काम पर पहुँचो। रात घर लौटो और छोटी-सी पगार पर जितने दिन हैं, बने रहो। अगले मौके की तलाश में हर वक्त बने रहो। कम्पनी वाले भी हर वक्त नये कर्मचारी की तलाश में। काम और आदमी की अदला-बदली आम बात है। इस अस्थिरता का दबाव है, लेकिन आतंक इतना नहीं। हँसना-बोलना, प्यार करना, शादी-ब्याह—सब कुछ चलता है। जरा-सी फुर्सत मिले तो उदासियाँ और निराशाएँ मन को दबोच लेती हैं। एक निहत्थापन है जो असुरक्षा का घेरा टूटने नहीं देता। फिर भी इन युवक-युवतियों के जीवन में वैसी कुंठाएँ, वर्जनाएँ और जुगुप्साएँ नहीं हैं जो एक संकुचित समाज में होती हैं। ये अपनी अस्थिरता में भी एक मुक्तता, सन्तुलन और तटस्थता बनाए रखते हैं। निराशाजनक बात यह है कि चारों तरफ गन्दी राजनीति की तरफ इन युवक-युवतियों का कोई खास ध्यान नहीं जाता। जो हो रहा है, उसे आराम से होने देते हैं। राजनीति वालों को इनका कोई डर नहीं है। उन्हें यह आश्वस्ति है कि ये लोग विरोध का झंडा नहीं उठाएँगे। चारों तरफ होते हुए अन्यायों, अत्याचारों के खिलाफ इनमें आक्रोश नहीं जागेगा। इनकी अस्थिरता, पाँच हजार के बाद सात हजार की नौकरी पाने की तलाश में ही इन्हें बाँधे रखती है। आक्रोश और विरोध का स्वर वहीं है जहाँ ये चार-पाँच हजार भी नहीं हैं।

हीरो आज समाज में वैसे भी कोई नहीं। सिर्फ ग्लैमर हीरो है—चाहे वह खेलों में हो, फिल्मों में हो, राजनीति में हो या बिजनेस में। और यह ग्लैमर आम आदमी की पहुँच से परे है इसलिए व्यक्ति का हीरो कोई नहीं। हमारे आसपास समाज

में कोई हीरो नहीं, घर-परिवार में कोई हीरो नहीं, काम की जगह कोई हीरो नहीं। सम्बन्धों में कोई हीरो नहीं। देखने के लिए आसपास सभी कुछ अपने जैसा ही साधारण-सा है। अच्छा भी, बुरा भी। सुख-दु:ख भी, आस-निरास भी, हँसी-खुशी भी। असाधारण कुछ नहीं। जिन्दगी की क्रूर स्थितियों में भी असाधारण देखने की मन:स्थिति गायब हो गई है। आँखें जैसे एक ही आकार में खुलती-बन्द होती हैं, फैलती-सिकुड़ती नहीं। माथे सपाट और समतल रहते हैं। धारियाँ नहीं पड़तीं। यह एक रूप है जिन्दगी का।

इन्हीं पढ़े-लिखे युवक-युवतियों की कहानी है कैलाश बनवासी की 'रोज का एक दिन'। यह नितान्त आज की कहानी है। कुछ युवक-युवतियाँ एक साथ एक गाड़ी में रोज अपने घर जाते हैं। उन्हीं की एक अन्तरंग आत्मीयता की झलक की यह कहानी है। आज की इस पीढ़ी से गहरी आत्मीयता की कहानी। इनके प्रति विश्वास से भरी हुई और इनकी उदासियों में शामिल। आज के पल को पकड़ती हुई। आने वाले कल के संघर्ष, अनिश्चितता और मामूली भविष्य के प्रति संवेदना की कहानी।

मनीष एक छोटी-सी कम्पनी में एकाउंट्स का काम करता है, चार हजार पाता है। पक्का कुछ नहीं। रोज गाड़ी से घर जाता है। उसके साथ ही अलग-अलग जगह काम करने वाले गौतम, इकबाल, अविनाश, आदेश, वर्षा, संध्या और श्रेया भी हैं—रोज के सफर के साथी और कॉलेज के कुछ उच्छृंखल युवक भी। श्रेया और मनीष अन्तरंग दोस्त या प्रेमी। मनीष का बॉस है बड़ा काइयाँ। रोज देर करा देता है। मनीष रोज साइकिल लेकर अन्धा-धुन्ध स्टेशन की तरफ भागता है। Traffic भी रुकावट और सुन्दर चेहरों वाले बिलबोर्ड भी रुकावट। इतने आकर्षक चेहरे क्या सचमुच इसी देश के हैं? डिब्बे में सब खुलते हैं अपनी-अपनी जिन्दगियों की छोटी-मोटी झलक प्रस्तुत करने। एक दूसरे को काम भी कह सकते हैं बेझिझक होकर। आपस में विश्वास भी है। इन सबमें अच्छी सेंस ऑफ ह्यूमर है। अविनाश की एक क्लाइंट से बातचीत एक बढ़िया सेल्समैनशिप का नमूना है। श्रेया और मनीष की दोस्ती बहुत मनमोहक है। अपनी-अपनी स्थितियों से निपटते हुए। अपनी चिन्ताएँ लेकर जब ये सब गाड़ी में बैठते हैं तो एक हँसी-खुशी भरा समय गुजारते हैं। ईर्ष्या, वैमनस्य, कुटिलता कुछ नहीं। संध्या बैग से बिस्कुट निकालकर सबको देती है। मनीष सोचता है लड़कियों की इस आदत को लेकर : 'ये लड़कियों का अपना खास निजी गुण है 'लड़कीपना', जिसे ये हमेशा सँभाल कर रखती हैं और जिसे ये खोना नहीं चाहतीं।' लेकिन कहानी का अन्तिम बोध वही है। वास्तविकताओं के बोध से पैदा होनेवाली उदासी कहानी को भिगो जाती है। मनीष सोचता है : 'जाने क्यों लगता है, कभी भी ये दृश्य बदल जाएँगे? बदले हुए दृश्य में हम ऐसे होंगे जो एक दूसरे को पहचानते तक नहीं और अजनबियों की तरह देख रहे हैं एक दूसरे को, बहुत सूखी तटस्थता से...'

और सोचता है : 'जो दिखता है, वह स्याह है, हम ऐसे ही किसी छोटी-मोटी अस्थायी नौकरी में लगे होंगे...। हमारी आत्मा में एक पथरीला वीरानापन घर कर चुका होगा। और देह पर जगह-जगह उदासी के जाले दिख रहे होंगे...कि हम बूढ़े हो चुके होंगे...।'

इस निम्न मध्यवर्ग के नीचे भी एक स्तर है जीवन का—दरअसल काफी नीचे, जहाँ उदासियों का ऐश्वर्य भी नहीं है। सोचने को, महसूस करने को जितना ढोर-डंगर के पास है—बस, उतना ही। और हमारे देश में इनकी संख्या सबसे ज्यादा है—हमारे बोझा ढोनेवाले, रेढ़ी-रिक्शा खींचनेवाले, रोड़ी कूटने वाले, टोकरी उठाने वाले, खेत-खलिहान में मजूरी करने वाले, कचरा बीनने वाले। भाग-भागकर हुक्म बजाने वाले, होटलों-ढाबों में बर्तन माँजने वाले, मंडियों में झरिया लगाने वाले—आदमी भी, औरतें भी और बच्चे भी।

इन सब कामों में उम्र, शहर, कस्बा, गाँव—किसी का दखल नहीं। प्रान्त, प्रदेश का अन्तर नहीं। कहीं कम, कहीं ज्यादा। ये सब आश्वस्त हैं कि इससे ज्यादा उन्हें कुछ मिलेगा नहीं। कुचक्र इतना सबल है कि इन्हें आक्रोश की स्थिति में भी नहीं आने देता। कोई भी अवसर जिनकी बातें सरकारें करती हैं, संस्थाएँ करती हैं, इनके लिए सुनी-सुनाई बातों की तरह भी नहीं। कहीं काम बदलेंगे तो पहले जैसा दूसरा भी होगा। इसलिए सन्तुष्ट। इनके प्रति एक विस्तृत संवेदनहीनता हमारे समाज में है। अगर ये न हों तो किसका जीना दूभर नहीं होगा? इनका होना और अपनी जगह बने रहना हमारे समाज के लिए बहुत जरूरी है। किसी की ज्यादा दुर्दशा देखो तो दो शब्द हमदर्दी उड़ेल दो—बस, और क्या! संख्या में बहुत कम लोग इतनी ज्यादा संख्या वालों को कैसे दबाए रखते हैं, यह एक भीषण अजूबा है। कुदरत का चमत्कार है। सितारों की गर्दिश है, कर्मों का फल है। ईश्वर का न्याय है, ललाट की रेखा है। और हमारी संवेदनाएँ अपने सगे भाई-बन्धुओं, बाल-बच्चों, पत्नियों-प्रेमिकाओं से आगे बढ़ने में अशक्त हैं। आजादी इस इमारत को रंग-बिरंगे पेंट से और चमकीला बना रही है।

इसी दशा-दिशा की कहानी है, अरविन्द अडिगा की, जिन्होंने बुकर भी जीता है। 'दि एलीफेंट' कहानी में एक कार्ट पुलर की दो रोज की जिन्दगी को हमारे सामने अरविन्द रखते हैं। चेनैया को एक फर्नीचर की बड़ी दुकान के आगे अपना रिक्शा-गाड़ी लेकर खड़े रहना है। दुकान से एक मलयाली छोकरा निकलता है और चेनैया को चौंकाता है : 'तुम्हारा नम्बर लग गया'। एक भारी मेज लादकर शहर के दूसरे कोने में एक अमीर आदमी के बँगले पर छोड़ना है। ऊँची-नीची ढलान पर उचक-उचककर पैडल मारता चेनैया वहाँ पहुँचता है। मिसेज इंजीनियर चार रुपये टिप देती है, एक और माँगने पर गाली। कारखाने में मजदूरी का वायदा पाकर भी दरबान धकिया देता है, भीतर नहीं जाने देता। राजनीतिक पार्टी के कई दिन पोस्टर

लगा-लगा कर भी नेता से मिलने जाने पर ठंडे फर्श पर घंटों बैठकर बाहर निकाल दिया जाता है। आक्रोश भी मन में आता है। एक अमीर औरत के गाली देने पर उसे अपनी आरी से काट देने को आरी उठाता है। लेकिन सड़े हुए केले का छिलका उसके घर के दरवाजे पर लटकाकर अपना आक्रोश शान्त कर लेता है। सड़क किनारे सोने वाले मजदूरों की लाइनों में हर रात एक मोटी वेश्या आती है, पैसे ज्यादा माँगती है। एक रात किसी के साथ सोई हुई के मुँह में गाय का गोबर ठूँस देता है। वेश्या उसका हाथ काट खाती है, लेकिन वह खूब खुश होता है। एक हाथी की झुकी हुई गीली आँखें देखकर वह भाईचारा महसूस करता है। हाथी भी बोझा ढोने वाला था और वह भी। जब हाथी का भाग्य यह है तो उसकी क्या किस्मत! छोटे-छोटे धारदार वर्णनों से कहानी आरी जैसी हो गई है। दाँत हैं कहानी में, काटती है यह कहानी। अपनी स्थिति को सारे संघर्ष के बाद स्वीकार करता चेनैया अपनी रिक्शा से पीठ लगाकर बीड़ी सुलगाकर चुप बैठ जाता है। आगे कुछ नहीं सोचता।

ऐसे ही यथार्थों का अन्तरीकरण सामान्य जीवन के प्रति जो अन्तर्दृष्टि देता है, वह अक्सर किसी समय और प्रदेश तक सीमित नहीं होती। लेकिन एक सीमित समय या समाज के यथार्थ का सामान्यीकरण भी उसी अन्तर्दृष्टि तक ले जाता है जो सभी मानवीय सरोकारों का स्रोत बनती है। ऐसी ही यथार्थ दृष्टि समाजवादी दर्शन का स्रोत भी बनी थी जो मानवीय पक्षधरता का सबसे स्पष्ट और मौलिक चिन्तन बना, और आज भी है।

एक और ही अन्दाज में दो महादुर्घटनाओं के बाद की व्यथा-कथा, सशक्त युवा कथाकार, तरुण भटनागर अपनी दो कहानियों में कहते हैं : 'मंगोलाइट' और 'हेलियोफोबिक'। 'मंगोलाइट' तरुण की नई कहानी है। तिब्बत नाम का आजाद देश आज धरती के नक्शे पर चीन का एक छोटा-सा हिस्सा है। दलाई लामा का संघर्ष तिब्बत के नाम को जिन्दा रखे हुए है वरना कौन परवाह करता है! लेकिन हर एक तिब्बती चाहे वह जहाँ भी हो, हजारों मील दूर रहकर भी अभी भी उन्हीं हवाओं में साँस लेता है—तिब्बती हवाओं में। अन्तस् में वही बर्फ से ढकी पहाड़ियाँ रोज सुबह उदय होती हैं। आँखों में वही रंगीन कपड़ों के तिकोने टुकड़े, गोम्पा के चारों तरफ लहराते नजर आते हैं। नुनेरी और चाम्गझू के मन्दिरों की छवि स्मृति में कौंधती है। मैनपाट गाँव में बसे हुए तिब्बतियों की कथा कहते हुए तरुण इन सबका जिक्र करते हैं। छत्तीसगढ़ के सरगुजा जिले का पहाड़ी गाँव है मैनपाट जहाँ छब्बीस साल पहले ये मंगोलाइट तिब्बती आकर बस गए थे। सुलू उनमें सबसे बूढ़ा है। दिन-रात तिब्बत वापस जाने की बात बड़बड़ाता है। तिब्बत में उसके बीवी-बच्चे हैं, उन्हें ढूँढ़ना है, इसी धुन में जीता है। तिब्बत वापस जाने के विचार उसे पगलाए हुए हैं। मैनपाट गाँव से कुछ नीचे एक गाँव के स्कूल मास्टर की उससे दोस्ती है।

गाँव के कुछ लोगों की तिब्बत-दर्शन जाने की बात उठती है। उस समय मास्टर को जिम्मेवारी निभानी पड़ती है सुलू को यह बताने की कि अब तिब्बत में उसका कोई नहीं। दस साल पहले यह सूचना एक लिस्ट में आई थी। बूढ़ा सुलू घुटनों पर गिरकर इतनी जोर से रोता है कि गाँव भर के बच्चे वहाँ इकट्ठे हो जाते हैं।

ऐसी कथाएँ इसलिए महत्त्वपूर्ण बनती हैं कि वे हमारी कहीं भी, कभी भी घट सकने वाली त्रासदियों के पीछे की राजनीतिक और साम्राज्यवादी कुटिलताओं को केवल प्रकाशित ही नहीं करती, उन्हें हमारी स्मृति में दर्ज करती हैं। और स्मृतियाँ विस्फोटक भी बनती हैं, दृष्टि भी देती हैं, सहज आक्रोश की मन:स्थिति बनाए रखती हैं। तरुण की कहानी 'हेलियोफोबिक' की चर्चा काफी हुई है। वहाँ भी अफगानिस्तान के महाविनाश की झलक है। एक शरणार्थी कैंप के अत्यन्त वास्तविक चित्रणों द्वारा कही गई त्रासद गाथा। अनुभव की सहज सृजनात्मकता, तत्पर संवेदना ने इन दोनों कहानियों को यादगार कहानियाँ बनाया है।

अफगानिस्तान और तिब्बत तो रूस और चीन की साम्राज्यवादी प्रवृत्ति के शिकार हुए। लेकिन आधी से अधिक दुनिया यूरोप की साम्राज्यवादी स्थापनाओं का खामियाजा अभी तक भुगत रही है। सारा अफ्रीका और एशिया का अधिकांश आज भी यूरोपियनों की कुटिल राजनीति के परिणामों से त्रस्त है। अफ्रीकी गृहयुद्धों में पिछले दस वर्ष में लगभग दस लाख लोग मारे गए और बीस लाख बेघर हुए। अफ्रीका का देश रवांडा पहले बेल्जियम का उपनिवेश था। तूत्सी और हुतू नाम की दो प्रजातियों में बँटा हुआ। तूत्सी अल्पसंख्यक थे। लेकिन बेल्जियम ने उन्हें प्रमुखता देकर हुतुओं को दबाए रखा, उन्हें बाँटे रखा। रवांडा से जाते समय वे हुतुओं को भड़का गए कि उन्हें बहुसंख्यक होने की वजह से देश में अपनी सत्ता स्थापित करनी चाहिए। वैसे भी जनता को बाँटकर रखने की नीति का यही परिणाम स्वाभाविक था। तब से अब तक लगभग दो दशकों से जो गृहयुद्ध वहाँ चल रहे हैं, वे दूसरे विश्वयुद्ध से भी अधिक भीषण हैं—मृतकों की संख्या और लोगों की बेघरी को देखते हुए। इनमें यूरोप और अमरीका की शक्तियाँ प्रत्यक्ष या परोक्ष रूप से भाग लेती रही हैं। कांगो और रवांडा तो लगभग हर समय ज्वालामुखी के कगार पर हैं। 2003 में संधि के बाद कुछ शान्ति है। लेकिन स्थिति हर समय विस्फोटक तो बनी ही रहती है। रवांडा की एक कहानी है—2006 में लिखी हुई, उवेम अकपान की 'My Parents Bedroom'। शिल्प की सघनता और कथ्य की एकनिष्ठता की मिसाल है यह कहानी। शब्दों में कही जाने लायक न होने पर भी इस भयावहता को अकपान ने ऐसे व्यक्त किया है, जैसे इस कथा को कह जाने में ही मुक्ति हो—एक प्रेत से मुक्ति! ऐसी घटना को व्यक्त करने के लिए जिस स्तब्धता की आवश्यकता है, वही उवेम अकपान पैदा करते हैं, अपने शब्दों से। तीन दृश्य, एक प्रसंग, एक चार सदस्यीय

परिवार, पगलाई भीड़ और छतों में छिपे हुए जख्मी लोगों के शरीर से रिसती रक्त की लकीरें दीवारों पर। हुतू और तूत्सी लोग एक दूसरे को खत्म करने पर उतारू। समाज ऐसा कि जिसमें हुतू पति है तो पत्नी तूत्सी या पति तूत्सी तो पत्नी हुतू। लेकिन हुतू लोगों का कबीलाई प्रण कि देश में एक भी तूत्सी नहीं बचेगा। भीड़ का साझा उन्माद। हुतू संख्या में बहुत ज्यादा हैं, इसलिए कर सकते हैं ऐसा। एक भी तूत्सी इस शहर में नहीं बचेगा। दस साल की बच्ची मोनीक और उसका ढाई-तीन वर्ष का भाई जीन। 'बत्तियाँ मत जलाना और भाई का खयाल रखना'—कहकर माँ खूब अच्छे कपड़े पहनकर घर से रात को निकल जाती है। कह जाती है कि लोग आएँ तो कहना कि तुम उन्हीं में से एक हो। माँ तूत्सी है, बाप हुतू। मोनीक के चाचा की पत्नी भी तूत्सी थी। आठ महीने का गर्भ था उसे। पिछली रात चाचा ने सबकी उपस्थिति में कुल्हाड़ी से अपनी पत्नी को काट गिराया था, तूत्सी पत्नी को। मोनीक के पिता को भी आज रात यही करना था, अपनी पत्नी के साथ। रात भीड़ आई घर में, चाचा के साथ। घर में दो बच्चे थे सिर्फ, भीड़ क्रोधित। एक मोटे आदमी ने मोनीक पर चढ़कर उसका अंडरवियर और मन चिथड़े कर दिया। इससे ज्यादा वह कुछ नहीं कर पाया। 'भाग गए कायर' कहते हुए भीड़ वापस चली गई। मोनीक का पिता पत्नी को बहुत प्यार करता है। लेकिन भीड़ के लिए उसे काट फेंकना है। रात गए दोनों घर आए। पत्नी को प्रतीक्षा है कि कब चाचा लोगों को लेकर आएगा। सारे माहौल और बच्चों को अनदेखा करती हुई माँ, इन्तजार में है। पिता पत्थर भी है और भीतर उफनता हुआ लावा भी। "तुम घर क्यों वापिस आईं? कल रात जहाँ छिपी थीं, वहीं रहतीं।" पत्नी सिर्फ इतना कह पाई कि "वे लोग बच्चों को काट फेंकते।"

अपनी मृत्यु की निश्चितता में उस क्षण की प्रतीक्षा—अपने पति-प्रेमी के हाथों, अपने बच्चों के सामने, भीड़ के सामने। ऐसी स्थिति को आँकना, कहना किसी भावुकता की माँग नहीं करता। कला की माँग करता है जो ऐसी स्थिति को चुपचाप आकर गुजर जाने दे और उसके बाद की रिक्तता को भी बना रहने दे, जो ऐसी घटनाओं के बाद बनी रहती है। भीड़ आती है। पति के हाथ में कुल्हाड़ी थमा देती है। घटना के बाद विक्षिप्त होकर मोनीक बाहर भाग जाती है। सुबह के रक्तिम प्रकाश में ढाई-तीन साल का जीन गाढ़े रक्त से सनी घास में खेल रहा है। पिता और बहन का, माँ का उसे कुछ पता नहीं।

पूरे देश और समाज की निराशा, हताशा, आक्रोश कभी-कभी एक ही व्यक्ति की चेतना में पुंजीभूत हो जाता है। एक ही व्यक्ति का अन्तस् मानचित्र बन जाता है सारी घटनाओं, दुर्घटनाओं और त्रासदियों का भी। यह सब कुछ अचानक नहीं होता। बचपन, किशोरावस्था और यौवन के सारे सपने, प्रभाव-कुप्रभाव, घर का वातावरण,

माँ-बाप, दादा-परदादा, एक मानसिकि रचते हैं और व्यक्ति अपनी अन्तरिमताओं में जीने लगता है। कभी सन्तुलित व्यावहारिक चेतना में, तो कभी ऐसी विक्षिप्तावस्था में—जहाँ दुराशाएँ और मोहभंग चलचित्रों की तरह सामने आते हैं। वह कोई सत्य जैसा सत्य, वास्तविकता जैसी वास्तविकता नहीं होती। उसमें बाहरी संसार का कोई दखल नहीं होता। उस व्यक्ति का अवचेतन अपना संसार रचता है, जिसमें बाहर भी उसे अपना ही भीतरी संसार नजर आने लगता है। वही वास्तविक हो उठता है। यह दो स्थितियों में सम्भव है : एक असाधारण मानसिक दबाव की स्थिति में; दूसरा, हैल्यूसिनेशंस वाले मानसिक रोग की स्थिति में। एक अत्यान्तिक स्वप्नशीलता ठोस भौतिक व्यवहारों में बदलकर बिलकुल स्वाभाविक आचरण जैसी लगती है, लेकिन वास्तव में उससे ज्यादा अस्वाभाविक कुछ नहीं होता। वे मात्र स्थितियाँ होती हैं। उस इंसान की भीतरी दुनिया उन स्थितियों में उजागर होती रहती है।

रवि बुले की लम्बी कहानी 'यूँ न होता, तो क्या होता' का मुख्य पात्र शिवमंगल पांडे ऐसा ही चरित्र है। अपने दादा की पहलवानी, पिता की देशसेवा, गांधी संजोग, देश की स्थितियाँ, इमरजेंसी, नसबन्दी, पाकिस्तान से युद्ध, आज के नेताओं के भ्रष्टाचार, देश के आदर्श महान नेता नेहरू, गांधी, सुभाष, अम्बेडकर और न जाने कौन-कौन, सच्ची देशभक्ति की तीव्र भावना, ब्रह्मचर्य का व्रत इत्यादि पांडे जी की चेतना में हर समय साँय-साँय करती हवा की तरह का वातावरण बनाए रखते हैं। उनकी मिलिटरी में जाकर देशभक्ति दिखाने की उत्कट इच्छा पूरी नहीं होती, पहलवानी में एक तर्जनी टेढ़ी होने के कारण। वे टेस्ट में 'डिसमिस' हो जाते हैं। यह 'डिसमिस पांडे' उनके भीतर कहीं चिपक गया। माँ की मृत्यु के बाद पांडे जी अपने पिता की तलाश में भटकते हैं जो गांधी जी के मरने के बाद गायब होकर साधु बन गए थे। ऐसी अफवाह थी। पांडे जी ने कभी पिता को देखा नहीं था। देहरादून में एक साधु मिलता है। उन्हें लगता है, यही उनके पिता हैं। लेकिन वे साधुवेश में सुभाष बोस निकले। उनकी भी मृत्यु हो जाती है। वे पांडे जी को एक 'जयहिन्द' वाला बिल्ला जाते हुए दे जाते हैं। यह बिल्ला अन्त तक पांडे जी के पास रहा। आखिर वे भटकते हुए मुम्बई पहुँच गए। वहाँ एक बिल्डिंग में सिक्योरटी गार्ड की नौकरी कर ली। कैंटीन में खाना बनाने वाली सखू ने उनका ब्रह्मचर्य व्रत खंडित किया। उन्हें मुम्बई में फिल्मों का शौक पड़ गया था। 'मंगल पांडे' देखने के बाद वे स्वयं शिव मंगल पांडे से सीधे मंगल पांडे हो गए थे। कायाकल्प हो गई थी। देशभक्ति उनके सिर पर हमेशा सवार रही। उसी से ओत-प्रोत होकर वे तरह-तरह के हैल्यूसिनेशंस की अवस्था में पहुँच जाते थे। उन्हें जुलूस दिखाई देते थे, युद्धों के मैदान, गोलियाँ चलती हुई, लोग नारे लगाते हुए तथा ऐसे ही बहुत-से दृश्य अक्सर वे देखते थे। भ्रष्टाचारी नेताओं को गालियाँ देते थे। खुद को हीरो बना हुआ देखते थे।

सपनों में हँसते-रोते थे। गांधी बाबा दिखते थे। अपने पिता दिखते थे। एक शाम

सोमनाथ चटर्जी के बयान पर पांडे बहुत ताव में थे। सब सालों-नेताओं को चटर्जी बाबू ने सीधा कर दिया। खूब जोश में थे पांडे जी। शराब भी खूब पी ली थी। उसी रात बिल्डिंग की छत पर चढ़कर गोलियाँ चलाने लगे, बड़बड़ाने लगे। पुलिस आई, पांडे जी को पाँच गोलियाँ लगीं और उनके स्वप्न, दिवास्वप्न, देशभक्ति, हताशा—सब समाप्त।

ऐसी कथा कहने के लिए भाषा की एक खास मानसिकि चाहिए। किसी भी रचना में भाषा का साक्ष्य बहुत महत्त्वपूर्ण होता है। भाषा घटनाओं की साक्षी बन रचना में आती है, घटनाओं को प्रमाणित करती हुई-सी लगती है। विश्वसनीयता का बड़ा आधार बनती है। कथ्य और उसमें समाहित जिज्ञासाओं को एक तरलता और स्पष्टता से आगे बढ़ाती है, उसे अवरुद्ध होने से रोकती है। पाठक को अनुकूल मन:स्थिति में लाती हुई, उसकी संवेदनाओं को तत्परता प्रदान करती है। स्थितियों और विचारों को एक दृश्यता देती है। अच्छी रचनाओं में भाषा का यही जादू बोलता है। रवि बुले भी अपनी भाषा में उसी दक्षता का परिचय देते हैं। कहीं-कहीं खूब मसखरी भी करते हैं—खूब प्रिय मसखरी। रवि बुले की कहानियों में भाषा का तर्क और तारतम्य बना रहता है।

जब भी कोई पाठक पढ़ने के लिए कुछ उठाता है, उसकी अपेक्षा क्या होती है, किस आशा से वह लिखित माध्यम में प्रवेश करता है, इसका उत्तर आज इतना आसान नहीं रह गया। कुछ ही समय पहले तक माध्यम सीमित थे और उससे भी पहले, उत्तर स्पष्ट थे। लिखित माध्यम अपने अधिक दूरगामी उद्‌देश्यों के साथ हमेशा ही दूसरे माध्यमों के लिए चुनौती रहा है। आज भी वही चुनौती मौजूद है, हालाँकि लगता ऐसा है कि दूसरे माध्यमों ने लिखित माध्यम को पीछे धकेल दिया है। कुछ खास उद्‌देश्यों और तात्कालिक परिणामों को देखकर ऐसा लगता है। लेकिन प्रभाव की स्थिरता, गम्भीरता, दूरगामिता, चिन्तन ऊर्जा और दृष्टि स्पष्टता की विशिष्टता आज भी लिखित शब्द की परम्परा का हिस्सा है और लेखकीय उत्तरदायित्व का साहसिक सांस्कृतिक रूप भी। जाने-अजाने पाठक एक ऐसी दुनिया में प्रवेश करता है जहाँ वह आरम्भ में स्वयं को मौजूद पाने की बजाय किसी दूसरे के अनुभव-संसार में प्रवेश करने की सोच रहा होता है। लेकिन जल्दी ही, सारी रचना पर वह स्वयं ही छाने लगता है। और लेखक को अपनी चालक स्थिति से बरखास्त कर देता है। देखते-देखते वह रचना का नियन्ता बन बैठता है। रचना का प्रभाव उसकी मानसिक पद्धति के अनुसार स्वीकार या अस्वीकार होता चला जाता है। काट-छाँटकर रचना पाठकीय अनुभव को विस्तार देती हुई उसी के विस्तार का हिस्सा बन जाती है। समय, स्थान, स्थितियाँ, परिचय, अपरिचय—सब कुछ स्थगित या स्थानांतरित होता चला जाता है।

आज का पाठक किसी बनी-बनाई मूल्य-सत्ता, किसी जातिगत अनुभव, किसी धार्मिक लोकनीति से आतंकित नहीं है, न ही अपना विलय वह इसमें देखता है। चारों तरफ नायक ही नायक उसे बौना नहीं बनाते। इतिहास भी अमर नहीं है आज। वह भी पाठक के समानान्तर समय और मूल्यांकन में ही अपना अस्तित्व ग्रहण करता है। उसी रूप में आज पाठक हर लेखन को देखता है। अपने ही अनुभव और विचार-जगत की परिधि से निकलते हुए आज पाठक अपनी सत्ता पहचानता है। नितान्त निजी अनुभव या विचार या इतिहास कहकर आज कुछ भी देखने-सुनने को उसे मजबूर नहीं किया जा सकता। केवल रचना की शक्ति ही एक ऐसा संवर्द्धित वातावरण पैदा कर सकती है जिससे एक पाठकीय दृष्टि जन्म लेती है। इस तरह हर रचना अपना समीक्षक भी तैयार करती है।

युग-पुरुष ज्यां पाल सार्त्र का आत्म और अनात्म

ज्यां पाल सार्त्र (1905-1980) समय के हाथ आया हुआ विडम्बनाओं का ऐसा गोलक थे जो घटनाओं के दबाव में खुलता और बन्द होता रहा। इसी प्रक्रिया में उनका दर्शन अर्थ प्राप्त करता है। उनकी स्वतंत्र, स्वनियन्ता स्थितियों को वक्त के हाथों पूरी तरह खारिज होना था। मानव की अपने प्रति एक अनैतिक अनास्था अन्ततः एक घोर नैतिक युद्ध में परिणति होनी थी। उनका जीवन अभिशप्त स्थितियों के घेरों को तोड़कर एक सक्रिय सामाजिक जुझारू बौद्धिक के रूप में सामने आया। उद्देश्यहीनता, अर्थहीनता और निरन्तर मृत्युबोध की स्थितियाँ कब समय की क्रूरता और अन्यायों से लड़ते-लड़ते छिन्न-भिन्न हो गई, सार्त्र को स्वयं इसका अहसास तब हुआ जब उन्हें दूसरे विश्वयुद्ध में नाजियों ने बन्दी बना लिया। कुछ हो सकने की प्रतीक्षारत रिक्तता में बैठ रहने का अस्तित्ववादी दर्शन उस समय की विस्तृत, विशाल लेकिन क्रूर ऐतिहासिक घटनाओं की पृष्ठभूमि में प्रमाणित से अधिक खंडित ही हुआ।

सार्त्र बहुत कम स्थितियों में अपना चुनाव स्वयं कर पाने की परिस्थिति में रहे। तीन वर्ष की आयु में उनकी दाईं आँख की रोशनी लगभग जाती रही थी। अठारह महीने की आयु में उनके पिता का देहान्त हो गया। वे बारह वर्ष के थे जब उनकी माँ ने दूसरी शादी कर ली। ये ऐसी परिस्थितियाँ थीं जिनके वे नियन्ता नहीं हो सकते थे। दो विश्वयुद्ध हुए। दूसरे विश्वयुद्ध में उनकी व्यक्तिगत स्वतंत्रता छिन गई। इसके एकदम बाद 1950 में कोरिया का युद्ध हुआ। फ्रांस और वियतनाम के बीच उपनिवेशिकता के विरुद्ध घोर संघर्ष हुआ। फिर फ्रांस के विरुद्ध अल्जीरिया का स्वतंत्रता-संघर्ष चला जिसमें सार्त्र की अहम् भूमिका रही। वियतनाम पर अमरीका का साम्राज्यवादी आक्रमण हुआ। सार्त्र अमरीका के विरुद्ध एक अन्तरराष्ट्रीय ट्रिब्यूनल के अध्यक्ष रहे। रूस में स्टालिन के अधिनायकवाद ने कम्यूनिस्ट पार्टी की प्रतिष्ठा को आघात पहुँचाया। हंगरी और चेकोस्लोवालिया में रूस का सैनिक हस्तक्षेप सार्त्र को पूरी तरह निराश कर गया और वे कम्यूनिस्ट पार्टी से विमुख हो गए। समय की इन महानियन्ता घटनाओं ने व्यक्ति के स्वनियन्ता होने के बोध को जहाँ खंडित किया, वहाँ व्यक्ति की पारस्परिक स्वतंत्रता के सिद्धान्त को बहुत पुष्ट

भी किया। इस समस्त समय में विज्ञान और दर्शन एक दयनीयता के शिकार हुए लेकिन सार्त्र इस संत्रास की दयनीयता से उभरकर मानव जाति के एक राजनीतिक भविष्य में विश्वास करने लगे।

सार्त्र के अस्तित्ववादी दर्शन का प्रभाव उनके जीवन में झीना पड़ गया था। उन्होंने व्यक्ति की स्वतंत्रता और उसकी नियन्ता स्थिति के साथ सामाजिक जिम्मेवारी का समावेश करके अस्तित्ववाद को मार्क्सवाद की एक अन्तर्धारा के रूप में देखने की ईमानदार कोशिश की थी। इसके फलस्वरूप वह कीर्केगार्द के मौलिक सिद्धान्तों से दूर जा पड़े। कीर्केगार्द वस्तुत: अपनी प्रेरणाओं में पूर्णत: अनीश्वरवादी नहीं थे। उनका विश्वास था कि ईश्वर मनुष्य से बहुत दूर है और उसे एक गहन विश्वास से ही महसूस किया जा सकता है। व्यक्ति की दैनिक वास्तविक स्थितियों में विश्वास का बहुत परोक्ष आधार ही हो सकता है, फिर भी आधार की स्वीकृति थी ही। लेकिन सार्त्र ईश्वर की सत्ता को बिलकुल स्वीकार नहीं करते थे। ईश्वर का अस्तित्व मानव-मात्र के लिए पहले से ही बहुत कुछ निश्चित कर देता है। और इंसान की स्वतंत्रता तथा अपने प्रयत्नों द्वारा अपना निर्माता होने की स्थिति को खंडित करता है। इससे एक विचार-स्थिति और आगे जाकर सार्त्र ने अकेले व्यक्ति की पूर्ण स्वतंत्रता के अर्थ को भी संशोधित किया। वे सामूहिक स्वतंत्रता के पक्ष में रखकर ही व्यक्ति की स्वतंत्रता को देखने लगे थे।

महज एक अस्तित्ववादी, दार्शनिक, उपन्यासकार, नाटककार या अन्य विधाओं के लेखक के रूप में ही नहीं, हमें सार्त्र के राजनीतिक दर्शन और सामाजिक कर्मशीलता को भी बराबर ध्यान में रखकर ही उनके समग्र व्यक्तित्व का जायजा लेना होगा। सार्त्र के अन्तिम दस या कुछ अधिक वर्ष उनकी आन्तरिकता के बाह्यीकरण का इतिहास हैं। अन्तिम वर्षों में उनका बिगड़ता हुआ स्वास्थ्य उन्हें काफी सीमित करता था। इसलिए उन्होंने अलग-अलग माध्यमों द्वारा अपने चिन्तन को अंकित किया। रेडियो, टेपरिकॉर्डिंग, भाषणों और विस्तृत साक्षात्कारों और अपने कुछ अन्तरंग मित्रों के साथ डायलॉग के द्वारा वे सामाजिक मुद्दों से बड़े सक्रिय रूप में जुड़े रहे। ये माध्यम उनकी लिखित वैचारिक निधि से कम महत्त्वपूर्ण नहीं हैं। उनके सारे अन्तर्विरोध इन माध्यमों में खुलकर सामने आते हैं। जो बातें लेखन में अनकही, अधूरी या अस्पष्ट रह जाती हैं, उनकी बातचीत के लम्बे सत्रों में इस तरह प्रकट होती हैं, जैसे एक मासूम व्यक्ति कई तरह से अपनी बात समझाने की कोशिश करता है। लेकिन फिर भी जैसे सब कुछ अपूर्ण ही रह जाता है। कहने-सुनने वाले असन्तुष्ट ही रह जाते हैं। इस अपूर्णता और असन्तुष्टि का चित्र जब एक महान दार्शनिक का अपने अन्तिम वर्षों में उभरता है तो लगता है कि वे पूरी तरह समाजवादी होकर भी अपने गहनतम अलक्षित अन्तस् में मूलत: अस्तित्ववादी ही बने रहे। अपनी अपूर्णताओं की रिक्तता को विचारों से नहीं भरा जा सकता।

वास्तविकताओं और दर्शन को परस्पर स्थानान्तरित नहीं किया जा सकता। यह गहन एकान्त व्यक्तिवादिता उन्हें उद्वेलित करती ही रहती थी। अपने उद्देश्य निर्धारित करने में और उन्हें पूरा करने में जिस अस्तित्ववादी स्वतंत्रता की आवश्यकता होती है, वह मिल जाने पर भी उद्देश्यों की पूर्ति अकेले इंसान की स्वतंत्रता से नहीं हो सकती, इस बात का अहसास जितना गहरा होता गया, उतनी ही निराशा उन्हें इसके विपरीत और अपने पक्ष में खड़े दर्शन को कार्यान्वित करने वाली कम्यूनिस्ट पार्टी से हुई और वे दोनों विचार-पद्धतियों के बीच समन्वय का रास्ता ढूँढ़ते रहे।

1960-80 के बीच विश्व स्तर पर, सार्त्र की अपनी लेखकीय और सामाजिक मान्यताओं के स्तर पर बहुत कुछ महत्त्वपूर्ण घटा। फ्रांस और अल्जीरिया के बीच संघर्ष अपनी निर्णायक स्थिति में था। अल्जीरिया के लिए यह अपनी स्वतंत्रता की लड़ाई थी और फ्रांस के लिए अपना साम्राज्य बनाए रखने का संघर्ष था। सार्त्र ने अपनी सरकार का घोर विरोध किया। अल्जीरिया के युवकों का साथ दिया। फ्रांस में भी एक जन-आन्दोलन अल्जीरिया के पक्ष में उभरा जिसके प्रणेताओं में सार्त्र रहे। कुछ राष्ट्रवादी फ्रांसीसी युवकों ने दो बार सार्त्र के निवास पर बम फेंके, उन्हें रास्ते से हटा देने के लिए। उधर अमरीका में सिविल लिबर्टीज का आन्दोलन मार्टिन लूथर किंग चला रहे थे—छोटे-छोटे और बड़े जनसमूहों को साथ लेकर। सार्त्र की पुस्तक 'Critique' में जिन छोटे-बड़े समूहों ने मिलकर सत्ताधारियों के लगातार विरोध की बात की थी, इन अन्तरराष्ट्रीय घटनाओं ने उस सिद्धान्त की एक क्रियात्मक पूर्ति ही की। ये लड़ाइयाँ एक ही स्थिति में निर्णायक न होकर अपना प्रभाव समूचे समाज की मानसिकता बदलने में रखती हैं। इसके विपरीत एक छोटे-से समयांश पर फैली हुई हिंसात्मक क्रान्ति उसी समय यदि सफल हो भी जाए, तो क्या मानसिकता को लम्बे समय तक बदल सकती है?

अमरीका उन्हीं दिनों बड़े पैमाने पर वियतनाम पर अपनी घोर साम्राज्यवादी क्रूरता थोपने में लगा हुआ था। सार्त्र ने इसका भी जोरदार विरोध किया। इंग्लैंड के महान दार्शनिक बर्ट्रेंड रसेल द्वारा वियतनाम युद्ध की जाँच-समिति जब गठित की गई तो सार्त्र को उस समिति का अध्यक्ष बनने को कहा गया। उस समिति ने अमरीका को मासूम जनसमूहों पर अत्याचार करने और दूसरे देश पर अपना आधिपत्य थोपने के अपराध का स्पष्ट शब्दों में दोषी ठहराया और साम्राज्यवाद की भर्त्सना की। इस जाँच-समिति की दूसरी बैठक फ्रांस में करने का प्रस्ताव रखा गया, लेकिन 'दिगाल' की सरकार ने इसकी अनुमति नहीं दी। इसी दशक में रूस ने चेकोस्लोवाकिया के सुधार-आन्दोलन को बुरी तरह कुचला। सभी को रूस की कम्यूनिस्ट पार्टी से बहुत निराशा हुई। 1968 में पेरिस में प्रमुख रूप से युवकों के जन-आन्दोलन को 'दिगाल' की सरकार ने अपने छोटे-छोटे उद्देश्यों की पूर्ति में

असफल कर दिया। उसका कारण काफी हद तक यही रहा कि फ्रांस की शक्तिशाली कम्यूनिस्ट पार्टी ने उन युवकों को बिलकुल समर्थन नहीं दिया। वह सत्ता में आने की या शासन पलट देने की लड़ाई नहीं थी जिसके लिए कोई बड़ी क्रान्ति दरकार थी। फिर भी पार्टी की चुप्पी ने सार्त्र को बहुत निराश किया। उधर क्यूबा में फिदेल कास्त्रो की ज्वलन्त क्रान्तिकारिता ने सबको आशान्वित किया था। सार्त्र फिदेल से क्यूबा जाकर मिले भी थे। लेकिन रूस के प्रभाव में आकर उस क्रान्ति का स्वरूप एक दमनकारी राज्य में बदल गया। सार्त्र ने उसका विरोध किया जिसके लिए फिदेल ने खुले तौर पर सार्त्र की निंदा की थी।

समाजवाद और स्वतंत्रता के सिद्धान्तों में विश्वास करने वाले छोटे-छोटे जनसमूहों से सार्त्र का मित्रतापूर्ण सम्बन्ध स्थापित हो गया। ये समूह अपने-आपको माओज (Maos) कहलाते थे। ये वामपंथी थे, लेकिन कम्यूनिस्ट पार्टी से इनका कोई सम्बन्ध नहीं था। इन्होंने एक पत्र 'La Ca use Du Peuple' प्रकाशित करना शुरू किया। इस प्रकाशन का कोई मालिक नहीं था। इसमें सरकार की नीतियों के विरुद्ध कोई भी आम आदमी लिख सकता था। एक तरह के उग्रवादी कर्मियों द्वारा ही यह पत्र गलियों, चौराहों पर बेचा जाता था। सरकार के आदमी प्रेस में जाकर इसकी प्रतियाँ जब्त कर लेते थे। दो सम्पादकों को गिरफ्तार भी कर लिया गया। सबने कहा कि सार्त्र को स्वयं सम्पादक के रूप में इसे शहर की गलियों में बेचना चाहिए। 1 मई, 1970 को सार्त्र अपने वामपंथी साथियों के साथ चौराहों पर यह पत्र बेचते रहे। उनकी शक्ति और ख्याति को देखकर उन्हें तो गिरफ्तार नहीं किया गया, लेकिन दूसरे विक्रेताओं को पकड़कर उन पर मुकदमा चलाया गया। जून, 1970 में सार्त्र ने प्रमुख वामपंथी संगठनों के साथ मिलकर Secours-Rouge की स्थापना की। इस संस्था का घोषणापत्र सार्त्र ने लिखा जिसमें कहा गया था कि सरकारी नीतियों से प्रताड़ित व्यक्तियों और उनके परिवारों की मदद के लिए संस्था काम करेगी। उनकी नैतिक आर्थिक सहायता करेगी। उनके संघर्ष में उनका साथ देगी। हजारों की संख्या में फ्रांस के लोग इस संस्था के सदस्य बने।

अपने लेखन में भी सार्त्र ने अपने समय में फैले हुए राजनीतिक, औपनिवेशिक और साम्राज्यवादी अन्याय के खिलाफ आवाज उठाई। तीसरी दुनिया में राजनीतिक आजादी आने पर भी तरह-तरह की साम्राज्यवादी ताकतें उन्हें उपनिवेश बनाए रखना चाहती थीं। फ्रांज फैनन की 'The Wretched of the World' पुस्तक का पूर्वकथन सार्त्र ने उन दिनों लिखा जब अल्जीरिया अपनी स्वतंत्रता-संघर्ष के अन्तिम चरण में था। साम्राज्यवादी ताकतें किस तरह अपने उपनिवेशों का शोषण करती हैं और उन्हें राजनीतिक आजादी देने के बाद भी किसी न किसी तरह उनकी औपनिवेशिक स्थिति बनाए रखना चाहती हैं, इस बात का चित्रण एक साहसिक दस्तावेज है। इन्हीं दिनों काँगों के नेता पैट्रिक लुमुम्बा के प्रसिद्ध भाषणों की पुस्तक

का प्राक्कथन भी सार्त्र ने लिखा। इसमें स्पष्ट रूप से उन्होंने कहा कि यूरोप दुनिया का केन्द्र कभी नहीं बन सकता। उसका साम्राज्यवादी सपना कभी पूरा नहीं हो सकता। लुमुम्बा की हत्या के पीछे कुछ बाहर की पूँजीवादी ताकतें थीं और कुछ काँगो के ही बुर्जुआ कोयला खानों के मालिक थे।

सिर्फ लेखन ही नहीं, सार्त्र अपने व्यक्तिगत दैनिक जीवन में भी सिर्फ गुम्बद में बैठकर सोचने वाले बौद्धिक नहीं रह गए थे। कैफे में बैठे हुए, चुरूट पीते हुए, दूसरे बौद्धिकों के धुएँ को अपने धुएँ से गहराते हुए आत्मलिप्त सार्त्र नहीं रह गए थे। रातों को शराब और दिन में Corydrane, Metamethane खाने वाले सार्त्र अब अपने अन्तिम दिनों में एक आम मजदूर कार्यकर्ता के साथ, जुलूस निकालने वाले जनसमूहों के साथ, विद्रोही विद्यार्थियों की टोली के साथ, शहर की गलियों, चौराहों पर उन्हीं में से एक बनकर, कभी इनके अगुआ बनकर, उन्हें भाषण देते हुए, कभी कुछ भी न होकर एक आम आदमी की तरह उनमें शामिल होकर अपने समय की जीवन्त शक्ति बन गए थे। Being and Nothingness की ऐकान्तिक स्वतंत्र यात्रा, उद्‌देश्यहीन, अन्ततः कुछ न हो सकने का अपने ही अनिश्चयों का फैलाव अब एक निश्चित रूप से अस्तित्ववादी और समाजवादी चिन्तन के आधार का कार्यान्वित उदाहरण बन गया था। अपनी आत्मथात्मक अभिव्यक्ति 'Word' में सार्त्र ने कहा था :

> तीस वर्ष की उम्र में मैंने अपनी पूर्ण लेखन-शक्ति के साथ 'Nausea' में कहा था, विश्वास करो, मैंने पूरी ईमानदारी के साथ कहा था कि हम सबका जीवन एक कड़वाहट है, एक अनधिकार चेष्टा है जीने की। मैंने अपने-आपको ही उस अनधिकृत स्थिति से मुक्त करने के लिए ऐसा लिखा था। मैं स्वयं ही रॉक्वैंटिन ('Nausea' का मुख्यः पात्र) था। मैंने बिना किसी अनिश्चय के अपने ही जीवन की बुनावट व्यक्त करने की कोशिश की थी।

उपन्यास में रॉक्वैंटिन कहता है :

> इस जिन्दगी का तानाबाना हास्यास्पद नाटिका है। ये सब लोग जो यहाँ बैठे खा-पी रहे हैं, देखने में गम्भीर लग रहे हैं—इन सबकी अपनी-अपनी कठिनाइयाँ हैं जो इन्हें अपने अस्तित्व का अहसास नहीं होने देतीं। इनमें से एक भी व्यक्ति ऐसा नहीं है जो स्वयं को किसी और के लिए अत्यावश्यक समझता हो; यह समझता हो कि उसका होना किसी और के लिए बहुत महत्त्वपूर्ण है।...वास्तव में ऐसा कुछ भी नहीं है, कुछ

> भी नहीं। जीवित रहने का कोई भी कारण नहीं है। हम एक दूसरे के अस्तित्व को सीमित कर रहे हैं। यही वह अर्थहीनता है जो चारों तरफ फैली हुई है। इस अर्थहीनता में मैं आजाद हूँ, अकेला हूँ—लेकिन आजाद हूँ।

और यही वह सार्त्र हैं जिन्होंने 1964 में एक साक्षात्कार में कहा था :

> एक मरते हुए बच्चे के बराबर रखकर देखने से 'Nausea' का कोई अर्थ नहीं रह जाता।

इस तरह की आन्तरिकता का बाह्यीकरण सार्त्र के अन्तिम वर्षों में हर जगह उनके कार्यों और मान्यताओं में देखने को मिलता है। उसी दृष्टि से सार्त्र ने 1965 में कहा था :

> मेरे लिए व्यक्तिवाद बाह्य वास्तविकताओं का ही अन्तरीकरण है।

करीब-करीब यही उनका आधारभूत विश्वास बना रहा कि एक ही व्यक्तित्व में वैश्विक वास्तविकताएँ समाहित हैं और यही तथ्य व्यक्ति के संसार में उत्तरदायित्व पूर्ण ढंग से जीने का तर्क भी है। इसी तर्क को सार्त्र ने हमेशा प्रयोग किया, और वे हमेशा शुद्ध व्यक्तिवादियों की अवांछनीयता से बचते रहे जो पाश्चात्य दर्शन-पद्धतियों में भरी पड़ी हैं। उन्होंने अपने इस Singular Universal वाले तर्क को केवल कवच के रूप में इस्तेमाल नहीं किया। वरना The Critique of Dialectical Reason से आगे का विकास एक लगातार बहती हुई विचार-प्रक्रिया के रूप में देखना आसान नहीं होता। उनका कोई भी विचार अपनी पूर्णता प्राप्त करने के पश्चात् एक बिन्दु पर आकर समाप्त नहीं हो जाता। उसके आगे हमेशा कुछ और सम्भावनाएँ, एक खुलापन बचा रहता है। इसीलिए विचार अपनी अन्तरिम स्थिति में ही रहते हैं। सभी दर्शनों के Absolutism के सार्त्र विरोधी थे। एक Open Endedness जीवन का मूलभूत सिद्धान्त है। जिस तरह कोई भी क्षण निश्चित नहीं है, सिर्फ उसका अहसास निश्चित है, उसकी सम्भावना निश्चित है। विकास एक गतिमान और अस्थायी स्थिति है—चाहे वह विचारों की हो या स्थितियों की। यही कारण था कि पार्टी की कट्टरपंथी प्रणालियों से मोहभंग होने पर भी सार्त्र समाजवाद में विश्वास रखते रहे। लेकिन उसके साथ ही मार्क्सवाद के आगे भी कुछ सम्भावनाएँ हैं। इसके आधारभूत उद्देश्यों को प्राप्त करने के लिए और उपाय भी इसमें जोड़े जा सकते हैं, ऐसा विश्वास उन्हें हमेशा रहा। सत्तर वर्ष की आयु में Michel Contac के साथ एक लम्बे साक्षात्कार में (23 जून-7 जुलाई, 1975) जब सार्त्र से पूछा गया :

> आप अब मार्क्सवादी दर्शन में विश्वास रखते हैं लेकिन आपको तो लोग अस्तित्वादी दार्शनिक के रूप में ही जानते हैं। अगर आपको दोनों में से एक लेबल चुनना पड़े तो कौन-सा लेबल आप अपने लिए चुनेंगे? आप अपने को मार्क्सवादी कहलाना पसन्द करेंगे या अस्तित्वादी?

तो सार्त्र का उत्तर था कि वे अस्तित्वादी कहलाना पसन्द करेंगे, क्योंकि उसमें विकास की स्थिति मौजूद है।

> अपने समाजवादी दृष्टिकोण और व्यक्ति की स्वतंत्रता को एक प्रकार से नैतिक आधार पर समन्वित करते हुए सार्त्र Benny Levy द्वारा पूछे गए प्रश्न का उत्तर देते हैं। Levy का प्रश्न था : "स्वतंत्रता को आप किस प्रकार सामाजिक उद्देश्य के लिए प्रयोग करेंगे? जिन लोगों के पास शक्ति है, वे स्वतंत्र होकर दूसरों पर उसे थोपते हैं। इन दोनों तरह की स्वतंत्रताओं को आप किस तरह अलग करेंगे?

इसका उत्तर देते हुए सार्त्र ने कहा था :

> वे सब लोग जो समाजवाद चाहते हैं, चाहे वे इस बात को कहें या न कहें, एक स्वतंत्रता की स्थिति की खोज में हैं। और जिस क्रान्तिकारी व्यक्ति की बात हम करते हैं, वह ऐसे ही समाज-व्यवस्था की कल्पना करता है जहाँ स्वतंत्रता भविष्य की एक सच्ची वास्तविकता होगी।

समाजवाद और स्वतंत्रता उनके चिन्तन के केन्द्र में रहे।

Flaubert के जीवन पर लिखे गए अपने अन्तिम महाख्यान 'Family Idiot' के विषय में वे कहते हैं कि वह एक समाजवादी कृति है। अपनी मृत्यु से एक वर्ष पहले अपनी उम्र भर की साथी सिमोन द बोआ के साथ 'डायलॉग' में सार्त्र लगभग घोषणा करते हैं :

> बीस वर्ष की उम्र में मेरे कोई राजनीतिक विचार नहीं थे, यह कहना भी अपने-आप में एक राजनीतिक मुद्दा है। अब मेरा अन्त हो रहा है—सोशलिस्ट-कम्यूनिस्ट के रूप में और मैं मानवमात्र के लिए एक राजनीतिक भविष्य की अपेक्षा रखता हूँ।

सिमोन को शायद जरूर याद आया होगा 1939 का वह सार्त्र, जिसने अपनी तीन डायरियाँ—सिमोन को मिलिट्री बेस से भेजी थीं : एक Nothingness के बारे में, दूसरी Violence पर और तीसरी Bad Faith पर, जो तीनों मिलकर Being and Nothingness का आधार बनी थीं।

विचार-स्थापना के लिए हो या हितों की रक्षा के लिए, शक्ति-प्रयोग को सार्त्र इतिहास-विरोधी हथकंडा मानते थे। शक्ति-प्रयोग मानव विकास की अवधारणा में अन्तरिम (Interim) रूप से भी नहीं आता, अस्थायी उद्देश्यों की पूर्ति के लिए भी उसे मान्यता नहीं दी जा सकती, सार्त्र ऐसा मानकर अपने उत्तरदायित्व का लेखा-जोखा करते रहे। उन्होंने मास्को-ओलम्पिक्स के बायकाट का समर्थन भी किया। उनके प्रयासों में अन्तर्विरोध उन्हें एक ऐसी मानवीय ऊँचाई पर स्थापित करते हैं जो राजनीतिक सामयिक मुदों और अस्थायी उद्देश्यों से उन्हें बहुत ऊपर बना रहने देती है। सिर्फ एक पक्ष का विचारक उन्हें आसानी से खारिज करके आगे बढ़ सकता है, लेकिन ऐतिहासिक समग्रता उनके दायें-बायें खड़ी दिखाई देती है।

जब नाजियों ने फ्रांस पर कब्जा कर रखा था तो सार्त्र ड्राफ्ट होकर सैनिक बन गए थे, उसके बाद वे फ्रांसीसी लेखकों के साथ मिलकर युद्ध के विरोध में सक्रिय थे। इस युद्ध ने उनका अकादमिक और सैद्धान्तिक स्तर पर जीने वाले बौद्धिक का स्वरूप बदल दिया था। वे खुली सड़कों पर सक्रिय कार्यकर्ता के रूप में अपने-आपको देखने लगे थे। यह परिवर्तन अनुशासित या नियंत्रित नहीं था। यह बाह्यीकरण एक स्वत:स्फूर्त विरोध की स्थिति थी जो सिर्फ इसी बिन्दु पर आकर ठहर नहीं गई। एक सोशलिस्ट दृष्टि की पहली स्वीकृति और विश्वस्तता यहीं से शुरू हुई जो अन्त तक बनी रही। सार्त्र के लिए मार्क्सवाद एक 'वाद' के रूप में या सम्पूर्ण जीवन-पद्धत्ति के रूप में कम प्रासंगिक रहा। लेकिन मनुष्य के सामूहिक विघटन के विरोध में एक संयत सामूहिक कार्यविधि के चिन्तनस्वरूप वे हमेशा के लिए इस विचार से जुड़ गए थे। मनुष्य की एकल स्वतंत्रता और नियन्ता होने की अभिशप्त स्थिति से यह कितनी भिन्न स्थिति है, इसका जायजा लेने के लिए सार्त्र के उपन्यास 'Age of Reason' के एक पात्र का आर्तनाद काफी है :

> वह स्वतंत्र था, हर बात के लिए स्वतंत्र, एक जानवर की तरह व्यवहार करने के लिए स्वतंत्र, या किसी मशीन की तरह...। वह जो कुछ भी चाहे कर सकता था, किसी को उसे कुछ भी सुझाने का अधिकार नहीं था। वह एक राक्षसी मौन में अकेला है, किसी कारणवश नहीं। किसी भी सम्भावित उद्देश्य के बिना वह अपने निर्णय लेने के लिए अभिशप्त है—अबाध रूप में स्वतंत्र होने के लिए अभिशाप्त।

विडम्बना इतनी सघन और वास्तविक हो सकती है, इसकी प्रामाणिकता उस विकास में लक्षित होती है, जो हम सार्त्र की कृतियों और उनके जीवन में देखते हैं। अपने अन्तिम दिनों में उन्होंने बहुत कुछ बोलकर व्यक्त किया। 72 वर्ष तक आते-आते उनकी दूसरी आँख भी हेमरेज से खराब हो गई थी। वह बिलकुल

पढ़ नहीं सकते थे, सिमोन उन्हें किताबें पढ़कर सुनाती थी। 70 वर्ष की आयु में जो सार्त्र हमारे सामने आते हैं, उससे एक लोमहर्षक एहसास उभरता है। उनकी पूरी जीवित मरणासन्नता में जो कुछ हम देखते-सुनते हैं, वे जिन्दगी के तमाम ऊसरों, बंजरों, पर्वतों, जंगलों, नदियों से होते हुए मनुष्य के उच्छ्वासों, प्रेरणाओं, वासनाओं, प्रणयस्थितियों, अनगिनत धूप-छाँह, उजालों-अँधेरों के बीच से गुजरते हुए अपने शारीरिक अन्त में विलय होने की सौम्य और निर्विकार स्थितियाँ हैं। ऐसी स्थितियाँ जिनसे साझा करने के बाद हम सार्त्र से प्यार कर उठते हैं। हालाँकि प्यार सार्त्र के लिए एक बुर्जुआ स्थिति थी जिसमें एक व्यक्ति अपने-आपको दूसरे पर सिर्फ थोपता है।

उनके इन अन्तिम वार्तालापों, परिवर्तनों और शारीरिक स्थितियों तक आने से पहले उनकी बौद्धिक यात्रा के चरमस्थल 'The Critique of Dialectical Reason' को देखना जरूरी है जो उन्होंने काफी हद तक मार्क्सवाद के प्रतिदर्शन के रूप में लिखा। 'The Critique of Dialectical Reason' के भाग-दो में उनकी निराशा-स्वीकृति दर्ज है कि बीसवीं सदी की घटनाओं की विभीषिका के उपरांत यदि भविष्य के प्रति आशावान होना सम्भव न भी हो, कम-से-कम इन प्रक्रियाओं को समझने का प्रयत्न तो किया ही जा सकता है।

मानव जाति का विनाश किसी प्राकृतिक दुर्घटना से भी हो सकता है और परमाणु बम से भी। मनुष्य अगर अपनी नियन्ता स्थिति तक पहुँचकर प्राकृतिक दुर्घटनाओं को नियंत्रित कर पाने में सफल हो भी जाए, फिर भी भिन्न-भिन्न संहारक शक्तियों के प्रयोग की स्थितियों पर नियंत्रण की सम्भावना अभी न है, और न ही अभी उसकी कल्पना की जा सकती है। इस कारण अस्तित्व किसी उद्देश्य की कल्पना मात्र को ही हास्यास्पद बना देता है। क्रमों में घटती हुई स्थितियों का जोड़ एक लम्बी स्थिति की परिकल्पना नहीं करता। प्रत्येक क्षण अपने-आप में एक निश्चित और सामयिक स्थिति है। इन्हें जोड़कर देखना किसी घटना का प्रतिफलन नहीं हो सकता। स्थितियों का क्रमिक संघर्ष एक इतिहास के रूप में नजर आता है। पर, वास्तविकता यही है कि वे अन्तर्विरोधों की अलग-अलग कड़ियाँ हैं। उन्हें जोड़कर देखने से एक कथा नहीं बुनी जा सकती, न ही उनके घटने के मूल कारणों को पकड़ा जा सकता है। 'The Critique of Dialectical Reason' के भाग-दो में सार्त्र कहते हैं :

> यदि प्रकृति का कोई तार्किक सिद्धान्त हो तब भी इन स्थितियों में कोई परिवर्तन नहीं होगा। दूसरी ओर, इसमें भी सन्देह नहीं कि विज्ञान और तकनीकी क्षेत्र का विकास इस सीमा तक हो सकता है कि वे प्रकृति

की संहारक घटनाओं को कुछ समय के लिए टालकर रख सकें। यह भी सम्भव हो सकता है कि मानव नक्षत्रीय महाकाश के पार जाकर भी अपने अस्तित्व को हमेशा बचाए रखने के उपाय ढूँढ़ निकाले। लेकिन इस बात का कोई प्रमाण नहीं है कि प्रकृति की संहारक घटनाओं को ऐसी उपलब्धियाँ प्राप्त होने तक रोका जा सके। इसका कोई प्रमाण हो भी नहीं सकता क्योंकि हम दो भिन्न प्रकार के घटनाक्रमों का सामना कर रहे हैं।

इसी तरह सार्त्र का विश्वास था कि मानवमात्र के क्रियाकलापों का जोड़ मिलाकर कुछ साझे तत्त्व नहीं निकाले जा सकते जो सभी मनुष्यों पर लागू हों। मानव स्वभाव को एक परिभाषा के अन्तर्गत रखकर उनका सामान्यीकरण नहीं किया जा सकता। 'Critique' के भाग-1 में सार्त्र कहते हैं : "केवल आदान-प्रदान और परस्परता का सम्बन्ध ही है जिसे हम वैश्विक व्यक्तीकरण कह सकते हैं, और वही सारे मानव-सम्बन्धों का आधार बनता है।" इस तरह के एकल व्यक्तित्ववादी प्रकृति और मानव अस्तित्व में क्रमों की क्षणिक निश्चितता, असम्बद्धता और अपूर्णता की एक सैद्धान्तिकी निर्मित करने वाले दार्शनिक अपने अनुभवों, क्रियात्मक अनिवार्यताओं और घटनाओं की तर्क-सम्बद्धता में एक अस्तित्ववादी संयोग ढूँढ़ते-ढूँढ़ते समाजवादी सामूहिकता तक पहुँचते हैं। लेकिन उन सामूहिक प्रयासों की परिणति को वे फिर भी व्यक्ति की स्वतंत्रता में ही समन्वित होते हुए देखते हैं।

अपने बिलकुल अन्तिम वर्षों में सार्त्र की सिमोन के साथ हुई एक लम्बी बातचीत सिमोन की पुस्तक 'Adieux' में सम्मिलित है। एक वर्ष युद्धबन्दी रहने के बाद के अनुभवों की बात करते हुए सार्त्र कहते हैं कि वे सत्ता के शान्तिपूर्ण ढंग से विरोध करने की उपयोगिता और शक्ति को जेल से आने के बाद ही समझने लगे। अपनी इच्छा के विरुद्ध थोपे गए कानूनों और सरकारी आज्ञायों की वे अवज्ञा करते थे और इसमें ही अपनी स्वायत्तता देखने लगे थे। 1940 से नवम्बर, 1942 तक फ्रांस का दक्षिणी भाग नाजियों का गुलाम नहीं था। उस स्वतंत्र प्रदेश में दूसरी तरफ के लोगों को जाने की अनुमति नहीं थी। लेकिन सार्त्र अपने साथियों के साथ गैरकानूनी ढंग से वहाँ जाते थे। पहले वे सत्ताधारियों को सिर्फ नफरत करते थे, उनका विरोध नहीं। लेकिन अब इस विरोध में ही वे अपनी स्वतंत्रता देखते थे। नाज़ियों के फ्रांस से बाहर चले जाने पर ही वे अपने उपन्यासों को अर्थ प्राप्त करते हुए देखते थे। सिमोन को वे बताते हैं : "जब मैं 'Being and Nothingness' पर काम कर रहा था, तो मानता था कि व्यक्ति मृत्यु के निकट ले जाने वाले भीषण क्षणों में भी अपनी स्वतंत्रता बनाए रख सकता है। पर अब मेरी मान्यता बदल गई है।

'Devil and the Good Lord' का जिक्र करते हुए वे पादरी हेनरिक्र की नियति की चर्चा करते हैं। उस पादरी की धार्मिक मान्यता केवल उसके चर्च के भीतर ही सुरक्षित और स्वतंत्र थी। बाहर के लोगों से भी पादरी के सम्बन्ध थे जो उसके चर्च में विश्वास नहीं करते थे। जब भी वह उनसे मिलता था, तो एक विरोध की स्थिति पैदा होती थी। ये सारी स्थितियाँ उसके भीतर के विरोध की स्थितियाँ भी थीं, सिर्फ बाहर की ही नहीं। वह अपनी सामाजिक स्थापनाओं में स्वतंत्र नहीं था।

अपनी 71 वर्ष की आयु में सार्त्र बड़े रोचक ढंग से सिमोन को वह किस्सा बताते हैं जब अचानक उन्हें बोध हुआ कि 'ईश्वर नहीं है।' अपनी पुस्तक 'The Words' में सार्त्र ने बताया है कि जब वह बारह वर्ष के थे तो वह अपने पास माचिस की डिब्बियाँ रखा करते थे और छोटी-छोटी आग लगा दिया करते थे। तब उनका ईश्वर के साथ एक पड़ोसी जैसा सम्बन्ध था। उन्हें आभास होता था, जैसे वह उन्हें आग लगाते हुए देख रहा है। लेकिन एक दिन वह अपने अपार्टमेंट से सुबह स्कूल जाने के लिए निकले और उन तीन ब्राजीलियन लड़कियों की प्रतीक्षा करने लगे जो उनके साथ स्कूल जाती थीं और अभी तक तैयार होकर बाहर नहीं आई थीं—तो उन्हें अचानक जैसे एक अन्तर्नाद हुआ कि 'ईश्वर तो है ही नहीं। ईश्वर होता ही नहीं।' उस क्षण के बाद वे हमेशा के लिए निश्चिन्त हो गए कि ईश्वर नहीं है, फिर कभी पीछे मुड़कर नहीं देखा। यह घटना वही 'तूर पर जलवा' जैसी लगती है, अविश्वसनीय भी, ईश्वरीय भी—जो अनीश्वरता को उस किशोर मन में स्थापित कर गई। सार्त्र के दर्शन को देखते हुए यह कहानी बेतुकी लगती है। लेकिन यह भी सही है कि बड़े-बड़े परिवर्तनों की झलक कई चमकीले क्षणों में आकस्मिक रूप से ही मिल जाती है, तर्क उसे चाहे जितना ही खारिज करे।

Roland Barthes का कहना था कि सार्त्र को इक्कीसवीं सदी में दोबारा खोजा जाएगा। सार्त्र से इस विषय में जब Contac ने पूछा कि उनकी कौन-सी कृतियाँ वे चाहते हैं कि भविष्य में लोग पढ़ें, तो सार्त्र ने 'Sations', 'Saint Genet', 'The Critique of Dialectical Reason' और Good Lord का जिक्र किया। 'Nausea' को वे अपनी सर्वोत्तम साहित्यिक कृति मानते थे। कई लोगों ने कहा कि वे 21वीं सदी के मार्क्स के रूप में जाने जाएँगे। इसके उत्तर में सार्त्र कहते थे कि वे सिर्फ यही उम्मीद करते हैं कि आने वाले लोग उन्हें पढ़ें, उनके काम से परिचित रहें, इससे अधिक कुछ नहीं। एक व्यक्तिगत स्वतंत्रता सुरक्षित रखने वाले समाजवादी के रूप में वे स्वयं को देखते हैं। एक शून्य अराजकता और शक्ति-विरोध का अन्तर जानना जरूरी है।

बहुत-से अजाने पक्ष हैं सार्त्र के जीवन के। वे अपने एकान्त क्षणों में घंटों संगीत सुना करते थे। बेथावन, शापिन, शूमन के अलावा वे शोनवर्ग और वेबर्न

को भी पसन्द करते थे। सिमोन जब अपने-आप में व्यस्त होती थी तो सार्त्र कई बार सिर्फ संगीत सुनते थे। सार्त्र के दादा, दादी और माँ बहुत अच्छे संगीतकार थे। उन्हीं से सार्त्र ने भी संगीत सीखा। कभी-कभी पियानो पर बैठकर कुछ धुनें वे खुद भी बनाया करते थे। वे शराब भी बहुत पीते थे। अपने अन्तिम दिनों तक अपनी नारी मित्रों के साथ बैठकर देर रात तक पीते रहते थे। सिमोन और आर्लेट (Arlette) को उनकी बोतलें छिपाकर रखनी पड़ती थीं। बेशुमार स्त्रियों से उनकी मित्रता या सतही सम्बन्ध रहे। लेकिन किसी भी तरह वे अपने भावनात्मक क्षणों को इन सम्बन्धों से नहीं भरना चाहते थे। सिर्फ सिमोन ही 1929 के बाद से उनके मन और काम की साथी रही। उन्हें हमेशा लगता था कि उनके पास काम ज्यादा है और वक्त कम। मानसिक उत्तेजना बढ़ाने वाली नशे की गोलियाँ खाकर उन्होंने अपनी प्रख्यात कृति ('The Critique of Dialectical Reason'—1960) लिखी थी।

अपने काम के बारे में वे सन्तुष्टि के साथ स्वीकारते हैं कि जो उन्हें कहना था, वे कह चुके। उन्हें कोई आश्चर्य या पछतावा नहीं है। अपने पत्र 'Les Temps Moderens' के लिए वे बिलकुल अन्तिम दिन तक काम करते रहे।

सार्त्र की अन्तिम स्थिति का चित्रण सिमोन ने मार्मिक ढंग से किया है। बुधवार, 19 मार्च, 1980 की शाम उन्होंने बड़ी अच्छी तरह गुजारी। लेकिन रात को ही उनकी साँस उखड़ गई। उन्हें ब्रोसाई के अस्पताल ले जाया गया। उसके बाद वे घर वापस नहीं आ सके। उन्हें यूरीमिया हो गया था क्योंकि उनके गुर्दे काम करना बन्द हो गए थे।

शरीर के और हिस्से भी शिथिल पड़ते गए। सिमोन और Arlette (उनकी मुँहबोली बेटी आर्लेट) बारी-बारी उनके पास बने रहते थे। मृत्यु से दो दिन पहले सिमोन ने बहुत निराशा में डॉक्टर की छाती से लगकर रोते हुए कहा :

> वायदा करो, सार्त्र को पता नहीं लगने दोगे कि वे मर रहे हैं। उन्हें मानसिक यातना से बचाकर रखोगे और उन्हें कोई दर्द नहीं होने दोगे।

मृत्यु से एक दिन पहले सार्त्र ने सिमोन का हाथ थामकर कहा : "मैं तुम्हें बहुत प्यार करता हूँ Castor"। वे सिमोन को Castor कह कर बुलाया करते थे। अपने होंठों से इशारा करके उन्होंने सिमोन को चूमा। 15 अप्रैल रात को नौ बजे आर्लेट का सिमोन को फोन आया कि सार्त्र नहीं रहे। अगली सुबह सिमोन सार्त्र के मृत शरीर के साथ चादर हटाकर कुछ देर तक लेटी रही। सार्त्र की इच्छा थी कि उनका दाह-संस्कार किया जाए। परन्तु उनके शरीर को पहले मोंटपारनेस में दफनाया गया। कुछ दिन बाद उनके शरीर को कब्र से निकालकर दाह-संस्कार के लिए ले जाया गया।

पचास हजार से अधिक व्यक्ति उनकी शव-यात्रा में शामिल थे। एक दार्शनिक, उपन्यासकार, नाटककार और एक सामाजिक सक्रिय कर्मी का अन्त उस नाटक के अन्त की तरह था जिसका हर दृश्य एक रोचक अपेक्षा के साथ खुलता था। रूसो, कांद, हीगेल और मार्क्स की अगली कड़ी थे सार्त्र या मार्क्सवाद के विशाल भवन का ही एक छोटा-सा कक्ष या सिर्फ शुद्ध अस्तित्ववादी जिन्होंने घटनाओं की आँधियों का सामना करने के लिए समाजवादी कवच पहन लिया था। इस बात का फैसला वक्त के हाथ में है।

अश्वेत वेदना और इतिहास

पिछले चार सौ सालों के दौरान जो मुख्य इंसानी लड़ाइयाँ थीं, उन्हें सीधे तौर पर इस तरह कहा जा सकता है : उपनिवेशों का आजादी के लिए लम्बा संघर्ष, भारत में दलितों का अस्पृश्यता और अस्मिता का संघर्ष, अमरीका तथा कई अन्य स्थानों पर अश्वेतों का अपनी जानवर से भी बदतर स्थिति बदलने का संघर्ष। इस काल में तमाम औद्योगिक क्रान्तियाँ हुईं, वैज्ञानिक आविष्कार हुए, ब्रह्मांड की नई स्थितियाँ उजागर हुईं, मानवाधिकारों की दुंदुभि बजाने वालों की फौज भी तैयार हुई और साथ ही, मानवीय उत्पीड़नों और अतिक्रमणों की अनदेखी करते हुए विकास की नींव रखी गई। जिस विषय पर सबसे अधिक लिखा, सोचा और किया जाना चाहिए था, उसी विषय को इतना दबाकर रखा गया, जैसे यह कोई दैवी प्रकोप हो और जैसे हम क्षुद्र मानव इस स्थिति में क्या कर सकते हैं! पेड़ों और पशुओं तक के उत्पीड़न की बात हुई, मगर अश्वेतों के शोषण और उत्पीड़न की बात ही नहीं की गई। न्याय और अन्याय की बात सिर्फ उन्हीं लोगों तक सीमित रही जो विधान की रचना में हिस्सेदार बने रहे।

1672 से लेकर जब वर्जीनिया में पहला गुलामों भरा जहाज इस धरती पर उतरा था, 1861 तक की गुलामी उन्हें अपनी नियति ही लगती थी। बहुत-से गुलाम भरपूर वफादारी का (गुलाम) जीवन जीते थे। अपने स्वामी की पूरी ईसाइयत से सेवा करना अपना धर्म समझते थे, भले ही ऐसे ईसाई गुलामों की संख्या बहुत कम होगी। अधिकतर को जिस तरह के जुल्मों को सहना पड़ता था, वहाँ मन और शरीर, दोनों मर जाते थे। एक मशीनी जिन्दगी सुबह से शाम तक के काम की और इस बीच कब और कितने कोड़े जिस्म के किस हिस्से को लहूलुहान कर जाएँ, इसका हिसाब उनका शरीर भी नहीं रखता होगा। जो गुलाम अपने स्वामियों के दयावान होने का भ्रम पाले रखते थे, उनका मोहभंग भी कभी-न-कभी जरूर होता था। एक गुलाम औरत अपने मालिक और दयावान मालकिन को क्या कहे, जब एक सुबह उसका सात वर्ष का बच्चा एक व्यापारी के हाथों थोड़े-से पैसों के लिए बेच दिया जाए? एक घोड़ा खरीदने के लिए दो-एक गुलाम बच्चे बिक भी जाएँ तो घर में चीजों की कमी नहीं आती।

नीलामी शुरू हुई
जवान लड़कियाँ थीं वहाँ, अपनी बेचारगी में, अरक्षित
उनका दुख और क्रोध फूट पड़ता था
उनके रुँधे हुए गलों से
माँएँ भी खड़ी थीं अपनी बहती आँखें लिये
अपने प्यारे बच्चे को बिकते हुए देखती
पैसे लेते-देते, बेचते-खरीदते सौदागर
उनकी कड़ी पुकार कहाँ सुनते
और वह औरत,
जितना भी प्यार किया जा सकता है अपने आदमी को,
सारा प्यार अपनी आँखों में उँड़ेल कर देखती है
ऐसी गहरी बेबसी से
जिसे न सहा जा सकता है
न कहा जा सकता है
उनका—उन सबका अपराध
केवल उनका रंग था
पीले सिकुड़े हुए बच्चे भी थे वहाँ
उस मातमी भीड़ में शामिल, बिकने को तैयार
जिन्होंने अपने प्रियतमों की
कभी भी बेजान मिट्टी पर आँसू बहाए हैं, वे भी—
छातियों से तोड़कर अलग कर दिये गए
इन बच्चों की जुदाई को नहीं समझ सकते
कितने वीरान हैं वे सीने
जिन्दगी का सारा रस जिनसे बाहर बह गया है!

(फ्रांसिस हार्पर)

कानून उन्हें नागरिक नहीं मानता था, मालिक उन्हें इंसान नहीं मानता था। 1861 को कानूनी तौर पर आजादी का ऐलान एकदम भौंचक कर देनेवाली स्थिति थी। काले अमरीकी क्या करें, अपने पैरों पर खड़े होने के लिए क्या करें? उन्हें सिर्फ घरों से मुक्त किया गया था। सामाजिक अधिकार उन्हें कोई नहीं दिया गया; बल्कि पहले से ज्यादा मुश्किल स्थिति बन गई। पहले वे गोरों के घरों में खेतों-खलिहानों में, व्यापारों में उनके साथ रहते थे। अब वे अलग और साधनहीन थे। बिलकुल अलग। छोटे-बड़े घेटो बनते गए, काली बस्तियाँ। हर तरह से काली। छोटे-मोटे काम-धंधे जैसे कैसे भी हुए, शुरू किये। लेकिन इस प्रक्रिया में उन काले अमरीकियों

का समाज बिलकुल बिखर गया, टूट गया। पहले गुलाम थे, अब आजाद होकर सारे गोरे समाज की घृणा का पात्र बन गए। कहीं किसी बात की कोई साँझ नहीं, कोई नागरिक अधिकार नहीं।

शिक्षा और रोजगार की स्थितियाँ बनते हुए जब एक देश को आजादी के बाद आधी सदी लग जाती है तो एक साधनहीन मानव-समूह को अपने पैरों पर खड़ा होने में कितना समय लगेगा, इस बात का अन्दाजा आज की स्थितियों से लगाया जा सकता है। आजादी के सौ बरस बाद मार्टिन लूथर का सिविल राइट्स आन्दोलन इसी बात का प्रमाण है। सौ वर्ष बाद ऐसा आन्दोलन कि हमें साथ बैठने दो, साथ पढ़ने दो, हमारे बच्चों को भी उन्हीं स्कूलों में जाने दो। हमें भी अपने गली-मुहल्लों में घर बनाने दो, हमें भी उन्हीं सड़कों पर चलने दो। हम भी ईसा मसीह को मानते हैं, हमें भी उन्हीं चर्चों में जाने दो। हमें नौकरी पर गोरों से आधी मजूरी मत दो, हमें अपनी पुलिस की लाठियों, गोलियों से बचाओ। कानून, कचहरियाँ हमारे लिए भी हों। ऐसा आन्दोलन उनकी आजादी के सौ वर्ष बाद क्या दिखाता है?...काला समाज अपनी परम्पराओं को बचाता हुआ, नई परम्पराएँ बनाने में जुट गया। अपना संगीत, नृत्य, साहित्य, सांस्कृतिक पहचान इन दिनों खूब बनी। लेकिन साथ ही सामाजिक और पारिवारिक जिम्मेवारियों को निभाने की स्वस्थ परम्पराएँ स्पष्ट रूप से उतनी नहीं बन सकीं। पारिवारिक विघटन, बेरोजगारी आदि ने काले अमरीकी समाज में वह स्थिरता नहीं आने दी जो एक मूल्य-शृंखलित मजबूत समाज में होती है।

कुछ समय पहले तक अलगाववादी सोच ही थी। उसी सोच में अश्वेत शक्ति को देखा गया। समन्वयात्मक सोच को, एक बृहत्तर अमरीकी समाज की सोच को, कमजोरी समझा गया। मारकॅस गार्वे ने अश्वेत राष्ट्रीयता की बात की थी। अलग काले स्कूल, चर्च वगैरह को उन्होंने अश्वेत शक्ति का प्रतीक माना था। बाद में, कई दशकों बाद मैल्कोल्म एक्स (Malcom X) ने एक अति अलगाववादी रुख अख्तियार किया। उन्होंने साफ कहा कि "अपनी अलग पहचान अमरीकी समाज में विलीन करने से वे गोरे हमारे व्यवसाय, पूँजी, शिक्षा, उद्योग—सब कुछ पर कब्जा कर लेंगे। हम फिर उन्हीं पर हर बात के लिए निर्भर हो जाएँगे।" ब्लैक पैंथर इसी तरह का अति अलगाववादी उग्रवादी अल्पकालिक जुट था जो जल्दी ही अपनी अपरिपक्व सोच का शिकार होकर समाप्त हो गया। अलग रहकर अपनी शक्ति अर्जित करना, अपनी पहचान बनाना, अपनी मौलिकता और सांस्कृतिक जड़ों को खोजकर और उनके आधार पर आगे बढ़ना एक बात है, उग्रवादी होकर दूसरों से जबरन कुछ पाने का प्रयास दूसरी बात है। टी.वी. स्टार बिल कॉस्बी और उन जैसे कई काले उसी अश्वेत शक्ति को जुटाने में लगे रहे।

एक घोषणापत्र 'Come on People' में उन्होंने लिखा था : "गोरों ने हमें

बिलकुल अलग करके रखा। उस कष्ट से बहुत-सी अच्छी बातें भी पैदा हुईं। उसने हमें अपनी देखभाल खुद करना सिखाया। हमने अपने रेस्तराँ, अपने होटल, अपने थियेटर खोले, अपनी बीमा कम्पनियाँ चलाईं। अपनी खाने-कपड़े की दुकानें खोलीं। शवगृह जैसी चीजें भी हमारी अपनी थीं। हमारे लोगों को काम मिला। सारे काले समुदाय की आर्थिक शक्ति बढ़ी। गोरों ने हमें अलग करके हमें अपने पैरों पर खड़ा होना सिखाया।"

इस तरह के घोषणापत्र में वे अपने-आपको काली राष्ट्रीयता की अति अलगाववादी नीति से जोड़कर नहीं देखते। जब से अलगाव खत्म हुआ, काले और गोरों के आर्थिक और सांस्कृतिक मिश्रण की स्थिति आई, उसमें सिर्फ कालों को नुकसान हुआ।

अलगाव के समय जो सांस्कृतिक उपलब्धियाँ काले अमरीकनों की हुईं, उनका विश्वव्यापी प्रभाव हुआ। 'हारलेम रेनेसां' (Harlem Renaissance) 1920-1940 तक का समय इसका उत्कर्ष उदाहरण है, जब हारलेम काले लोगों का केन्द्र बन गया। हारलेम न्यूयॉर्क शहर का ही एक हिस्सा है। प्रथम विश्वयुद्ध के बाद अमरीका और यूरोप में औद्योगिक क्रान्ति शुरू हुई। उस समय अश्वेत अमरीकी अपनी स्वतंत्रता, नागरिक अधिकारों की लड़ाई और अपनी संस्कृति, अपने विशिष्ट जीवन-दर्शन और अपने अफ्रीकी मूल से जुड़ने का संघर्ष कर रहे थे। गुलामी समाप्त हुए आधी से ज्यादा सदी हो गई थी, लेकिन अमरीकी कानून उन पर अपने प्रतिबन्ध और भी कड़े कर रहा था। 'जिम क्रो' के काले कानूनों के नाम से ये प्रतिबन्ध जाने जाते हैं। अमरीका के दक्षिण भागों में अश्वेतों की संख्या अधिक थी। खेतों की गुलामी और मजदूरी से आजाद होकर अश्वेत उत्तर और पश्चिम की ओर जाने लगे। वहाँ उद्योग-धन्धे ज्यादा थे। उत्तरी भाग हमेशा ही गुलाम-प्रथा विरोधी होने के कारण अश्वेतों के प्रति उदार भी था। इसी कारण बड़ी संख्या में अश्वेत शिकागो और न्यूयॉर्क में आ बसे। बीसवीं सदी के आते-आते हारलेम में लगभग दो लाख अश्वेत आ बसे। मुश्किल से तीन वर्ग मील के इलाके में इतनी बड़ी अश्वेत आबादी अपनी शक्ति का संगठन और अपने मूल्यों को विकसित करने में लग गई। हर स्तर के लोग यहाँ आ बसे थे। इस अश्वेत सागर में असीम सम्पदा छिपी हुई थी। अपने अस्तित्व की ऊँचाइयाँ और गहराइयाँ नापने का अतुल उत्साह इस समुदाय में पैदा हुआ। अशिक्षित, शिक्षित, मजदूर, दुकानदार, अदाकार, संगीतकार, साहित्यकार इत्यादि एक विशाल आत्मोदय में लग गए। न्यूयॉर्क का हिस्सा होने के कारण हर बात का विस्तृत केन्द्र वह पहले ही था। लेकिन न्यूयॉर्क के गोरेपन ने हारलेम के काले रंग को अपनी पूरी चमक के साथ उभारा। अपनी अस्मिता की ऐसी पहचान उजगार हुई कि इस तीन वर्गमील की संस्कृति, कला, संगीत अमरीका में ही नहीं, दुनिया के बाकी हिस्सों में भी गूँजने लगा। अश्वेत सामाजिक दर्शन, जो इस निद्राभंग

से पैदा हुआ, वह मार्टिन लूथर किंग के नागरिक अधिकार आन्दोलन का भी आधार बना। बीस वर्ष के इस समय काल में इस कौम की सदियों की उपलब्धियाँ छिपी हुई हैं। सदियों के बोझ से दबा मानस एक ज्वालामुखी की तरह फूट पड़ा। इस समय का कला, संगीत, साहित्य और दर्शन जैसे पिछले जन्म की स्मृति भी है, आज का जीवन भी और भविष्य के सपने भी। बीस वर्ष का यह समय ऐसा उन्मुक्त आकाश है, जहाँ उड़ान के बाद दिशाओं और ऊँचाइयों की कोई सीमा नहीं रहती।

इन दिनों कई संस्थाएँ, पत्रिकाएँ और समाचार-पत्र अश्वेत पत्रकारों और लेखकों-दार्शनिकों ने स्थापित किए। W.E.B. Dubois के नेतृत्व में NAACP (नेशनल आर्गेनाइजेशन ऑफ कलर्ड पीपल) की स्थापना हुई, जो अश्वेत अधिकारों की प्रमुख संस्था है। 'क्राइसिस' पत्रिका भी 'डुबोय' ने शुरू की। उन्होंने समझौतावादी सोच को नकारकर अश्वेत पहचान का नारा दिया। 'अपरचुनिटी' चार्ल्स जानॅसन और 'दि मैसेंजर' फिलिप रैंडाफ के सम्पादन में शुरू हुई। सबसे प्रसिद्ध पत्रिका 'नीग्रो वर्ल्ड' अश्वेत राष्ट्रीयता के अग्रज चिंतक मारकॅस गार्वे द्वारा शुरू की गई। संगीत की दुनिया पर Jazz संगीत और Blues सारे विश्व पर छा गए। बीटल्स को भी इसी संगीत ने प्रभावित किया था। हारलेम के कहवा संगीत और नृत्यमंचों की धूम थी। अपोलो थिएटर का अपना ऐतिहासिक महत्त्व है। साहित्य की दुनिया सबसे अधिक महत्त्वपूर्ण रही। अश्वेत-अनुभवों और बदलती हुई स्थितियों से पैदा होने वाली सामाजिक दृष्टि के साथ-साथ सम्भावनाओं की शक्तिमत्ता इस दौर के साहित्य में उसी तरह उजागर हुई, जैसे किसी कौम का इतिहास अपने शुरू से आखिर तक एक ही रचना में बाहर आने को तत्पर हो! Zora Neal Hurston हार्लेम रेनेसां की एक महत्त्वपूर्ण लेखिका रहीं। उन्होंने लैंगस्टन ह्यूज (Langston Hughes) के साथ मिलकर एक साहित्यिक पत्रिका 'Fire' निकाली। उनका उपन्यास 'Their Eyes were watching God' अत्यन्त प्रसिद्ध कृति है जिसने काले लोगों के अन्दर की दुनिया को उकेरा।

उस समय की कविताएँ आज भी प्रसिद्ध हैं। कल की स्मृति तीक्ष्ण है और आज का अहसास आने वाले कल की शक्ति से भरपूर है। शर्मिन्दा सिर्फ उन्हें होना है जो कल इस स्थिति को देखेंगे। लैगंस्टन ह्यूज (जो उस समय के सबसे सशक्त कवि हैं) की एक नन्ही-सी कविता इस सच को ऐसे समेटती है :

मैं भी अमरीका के गीत गाता हूँ
मैं उनका अश्वेत सहोदर हूँ
मुझे वे मेहमानों के सामने
रसोईघर में जाकर खाने को कहते हैं
लेकिन मैं हँसता हूँ, खूब खाता हूँ

और खूब पुष्ट होता हूँ
कल मैं भी उस मेज पर बैठूँगा
जब उनके मेहमान आएँगे
कोई मुझे कह नहीं पाएगा
कि जाओ, किचन में खाओ
वे देखेंगे कि मैं कितना सुन्दर हूँ, आकर्षक हूँ
और बेहद शर्मिन्दा होंगे
मैं भी अमरीका के ही गीत गाता हूँ।

अश्वेत पीड़ा का दैनिक स्वरूप साहित्य के माध्यम से ही उजागर होता है। उनका जीना-मरना, रोज-रोज का अपमान, अपनी हीनता का कुहासा, अपने कुछ भी न कर पाने की असमर्थता का धुँधलका, अपने भविष्य के प्रति भावशून्यता का मकड़जाल सिर्फ साहित्य में ही बखान हुआ है। इस पीड़ा का पूरा गीत कभी गाया जा ही नहीं सकता। लेकिन कलम की नोक से जितना लहू उँड़ेला जा सकता है, भरपूर उँड़ेला गया है। इतिहास ग्रंथों के मुँह पर तमाचा मारता हुआ साहित्य असली इतिहास लिखता है। उसी साहित्य के माध्यम से ही हम भी इन समय वीथियों में जाने का प्रयत्न करते हैं।

माया एंजेलू (Maya Angelou) 1928 में पैदा हुई। वह समय की अंधी गली का ऐसा मोड़ था जहाँ अँधेरा सबसे घना था लेकिन रोशनी बहुत करीब थी। समय की जंजीर की ऐसी कड़ी थी जब सिविल राइट्स आन्दोलन अमरीका में शुरू होने को था। अमरीका के गांधी मार्टिन लूथर किंग अपनी आध्यात्मिक शैली में राजनीतिक और सामाजिक लड़ाई शुरू करने वाले थे। इस कड़ी का दूसरा सिरा आया 1993 में, जब इसी माया एंजेलू ने राष्ट्रपति क्लिंटन की शपथ समारोह के विशिष्ट कवि के रूप में अपनी लम्बी कविता 'Pulse of Morning' पढ़ी और अमरीकी राष्ट्र के नये भीतरी अस्तित्व को उजागर किया।

आठ वर्ष की आयु में बलात्कार से छिदा बचपन लेकर बड़ी हुई माया ने कई पड़ाव देखे : कॉल गर्ल, बस कंडक्टर, डांसर, मैडम और फिर लेखिका, विश्वविद्यालयों के स्तर पर प्राध्यापन, देश-विदेश में कई स्तरों पर अमरीका की प्रतिनिधि, समाचार-पत्रों, पत्रिकाओं का सम्पादन और कितने ही सम्मानों से सुसज्जित। 'I know why caged bird sings' उनकी पहली आत्मकथात्मक कृति है। इसमें उनके पहले सोलह वर्ष का जीवन अंकित है। इस कृति के बाद वे प्रसिद्ध हुईं। इसके बाद उनकी दो और आत्मकथाएँ, पाँच कविता संग्रह और कई नाटक प्रकाशित हुए। माया की पहली आत्मकथात्मक कृति के बाद अमरीकी संस्कारों का धुँधलका छँटा और खुलकर बाल-शोषण के इस रूप पर बात होने

लगी। सादगी और सच्चाई से लिखी गई इस आत्मकथा में काले होने की त्रासदी, उस उदासी से पैदा हुई शक्ति और एक तलाकशुदा स्त्री के बच्चे होने की मजबूर स्थिति—सब कुछ साफ झलकता है। समय का दस्तावेज होने के साथ-साथ यह एक निर्दोष बच्ची की मजबूर स्थितियों का भी चित्रण है। एंजेलू अपनी आत्मकथा में स्पष्ट कहती हैं : "अपनी कच्ची उम्र में एक काली बच्ची को प्रकृति के तीन curses का सामना करना पड़ता है—पुरुषों की आग, गोरे लोगों की उपेक्षा और घृणा तथा काले होने की शक्तिहीन स्थिति।" इन तीनों स्थितियों से बखूबी उभरते हुए माया एंजलू की आने वाली जिन्दगी की इस अद्‌भुत शुरुआत को पढ़ना ऐसा अनुभव है, जो हमें उनके साहस और धैर्य के प्रति हैरानी और उदासी से भर देता है।

इस पुस्तक का नाम Paul Dunbar की कविता 'Sympathy' से लिया गया है।

> I know why the caged Bird sings, ah me
> When his wing is bruised and his bosom sore
> When he beats his bars and would be free
> It's not a Carol of Joy or glee.

1993 में साहित्य का नोबेल पुरस्कार मिलने पर टोनी मॉरिसन ने कहा :

> मुझे खुशी इस बात की है कि यह पुरस्कार अन्ततः एक African-American को मिला।

अश्वेत महासमुद्र की सतह के नीचे कितनी जीवंत बेचैनी है, उसी को धरातल पर लाती हुई टोनी मॉरिसन आज प्रतीक है अश्वेत मानसिकता का। वह एक साधारण किसान के घर में पैदा हुई, 1931 में। उसके माता-पिता किराए पर धरती लेकर खेती किया करते थे। असहाय उम्र में ही टोनी ने अपने घर की स्थिति को समझा, जब घर का किराया न दे सकने की वजह से उनका घर जलाने की कोशिश की गई। इसी घटना ने आगे चलकर टोनी को अपने काले होने का अर्थ समझाया और उन छह करोड़ काले अफ्रीकनों की गुलाम-मृत्यु को उनके मन में जीवंत रखा, जिन्हें उन्होंने अपनी पुस्तक 'Beloved' समर्पित की है। इसी पुस्तक पर एक प्रसिद्ध फिल्म भी बनी है। टोनी को लगभग सभी बड़े पुरस्कार मिले : नेशनल बुक अवार्ड, पुलित्जर प्राइज और नोबेल पुरस्कार। उन्होंने येल और प्रिंसटन यूनिवर्सिटी में पढ़ाया।

टोनी मॉरिसन का 'The Bluest Eye' एक अश्वेत लड़की की कहानी है। पिकोला बचपन से ही अपने काले होने को बहुत बुरा मानती है। हमेशा अपनी आँखें नीली हो जाने के सपने लेती है : नीली आँखें, भूरे बाल और गोरा रंग। इस गरीब लड़की का पिता चोली एक शराबी निकम्मा है। वह भी अपने बचपन में भरपूर

प्रताड़ित और अपमानित जीवन देख चुका है। अपनी ही गली में अपनी प्रेमिका के साथ यौन-क्रिया करने के लिए दो गोरे लोगों द्वारा मजबूर किये जाना जैसा अपमान सह चुका है। अपनी पत्नी पॉलिन को, जो लंगड़ी है—वह शराबी कोई खास प्यार नहीं करता। अपनी ग्यारह वर्षीय बेटी पिकोला को वह रेप करता है और उसके पेट में अपना बच्चा डाल देता है। पिकोला की दो सहेलियाँ क्लाडिया और फ्रीडा अपनी नितान्त अबोधता और दयनीयता में उम्मीद करती हैं कि वे गेंदे के फूल लगाएँगी। यदि फूल उग आएँगे, तो पिकोला का बच्चा ठीक-ठाक जन्म लेगा। बाकी लोग इन अबोधों पर हँसते हैं। न फूल खिलते हैं, न पिकोला का बच्चा बचता है। केवल यही दुर्दांत नहीं है। बहुत आगे तक जाती है यह रेंगती काली जिन्दगी। मृत्यु भी इसका अन्त नहीं करती।

1987 में टोनी मॉरिसन का उपन्यास 'The Beloved' प्रकाशित हुआ। 1856 की एक सच्ची घटना को आधार बनाकर लिखा गया यह उपन्यास इतिहास के पौने दो सौ साल पुराने गर्त में उतरता है। 1856 में मारग्रेट गार्नर की कहानी समाचार-पत्रों में छपी थी। अपने मालिक के जुल्मों से भागकर जाने के प्रयास में वह ओहायो नदी पार करते हुए पकड़ी गई थी। दोबारा गुलामी की जिन्दगी में वह अपनी नन्ही बच्ची को नहीं ले जाना चाहती थी। मारग्रेट गार्नर ने तब अपनी छोटी बच्ची को मार दिया था, गुलामी से बचाने के लिए। तब का अश्वेत अँधेरा कितना घना था, उसी का इतिहास लेखक की अनुभूत कल्पना रचती है। नायिका इन सभी बातों की प्रत्यक्ष या परोक्ष साक्षी है। जो उसके सामने नहीं घटा, वह भी उससे जुड़ा है। उन्हीं पात्रों के माध्यम से जिनका वह हिस्सा बन गई है। कहानी कहने की यह शैली पाठक को उस घटना क्षण के दर्द से बचा लेती है, पीड़ा को तटस्थ होकर देखने की स्थिति में ले आती है। पीड़ा का क्षण कोई और अहसास उससे जुड़ने नहीं देता, साक्ष्य चिन्तन पैदा नहीं करता।

इस गुलामी के इतिहास को जीवन्त करने के लिए टोनी मॉरिसन को सन्न कर देने वाले उस समयांश से गुजरना पड़ा होगा। आँख की जगह आँख, कान की जगह कान को रखकर, एक-एक दुख को, टुकड़े बीनकर अपनी जगहों पर रखकर यह चित्र पूरा करना पड़ा होगा। इस पजल बोर्ड (Puzzle board) के कई टुकड़े टोनी को नहीं मिले होंगे। कई रंग छूट भी गए होंगे। कहीं काला ज्यादा काला नजर आया होगा, तो कहीं लाल कम लाल। फिर भी इस चित्र की निर्मिति में साहस है, धीरज है, निर्द्वंद्व भावप्रवणता है। घटनाओं और स्थितियों को तारतम्य में जोड़कर देखने की बाल एकाग्रता और कलात्मकता है। अपने समय में रहते हुए, आगे और पीछे देख सकने की कल्पनाशीलता है, जो एक सच्चे इतिहासकार या साहित्यकार में होती है या होनी चाहिए। उन दिनों का इतिहास कहने-लिखने का कोई और तरीका इतना कारगर नहीं हो सकता।

'Beloved' उपन्यास के आरम्भ में ही नायिका अपनी सास की कथा कहती है। एक महानायिका की :

> बेबी सग्ज (सास) जानती है, अपने हों या पराये—अगर वे भाग नहीं गए या फाँसी नहीं चढ़ाए गए, तो उन्हें या किराए पर चढ़ा दिया गया या किसी दूसरे गोरे व्यक्ति को उधार दे दिया गया, गिरवी रख दिया गया या जुए में हार दिया गया। बस, ऐसे ही मोहरे बनते रहे सभी। उसके आठ बच्चे थे। छः के अलग-अलग पिता थे। बस, एक Hale को ही वह अपने पास लम्बे समय तक रख सकी। दो छोटी बेटियाँ अभी मुश्किल से दूध के दाँतों की उम्र में थीं। जाते हुए उन्हें वह मिल भी नहीं पाई। उन्हें एक सौदे में एक साहेब को दे दिया गया, मैथुन के लिए। बदले में एक बेटा बचा पाई। लेकिन उसे भी मालिक ने कुछ इमारती लकड़ियों के बदले बेच दिया। उसने वादा किया था कि वे उसे (सग्ज को) गर्भ नहीं देगा। लेकिन वह वायदा भी उसने नहीं निभाया। उस बच्चे को वह प्यार नहीं कर सकी और बाकियों को बचा नहीं सकी। जो भगवान ने लेना है, ले ले, उसने सोचा। और भगवान ने जो लेना था, ले लिया। उसे मालिक से यह बेटा Hale मिला। बाद में आजादी मिली जो अब उसके किसी काम की नहीं थी।

भुक्तभोगी ने कह दी बड़ी सादगी से अपनी बात। अपने ही किसी को अपना दुख सुनाने में कैसी नाटकीयता! कहने की जरूरत भी कहाँ है? एक खबर जैसी है कि और क्या हुआ? दुख को कैसे कोई खींचतान कर बड़ा करे? एक खास गहराई से नीचे शब्द कहाँ रह जाते हैं?

उस समय की करीब-करीब हर अश्वेत औरत की यही कहानी थी। पति किसी और का गुलाम है, पत्नी किसी और की। मिलना कभी-कभी किसी सीमित छुट्टी की घड़ियों में।

मालिक अक्सर अश्वेत औरतों को माँएँ बना डालते थे। फिर उन्हीं बच्चों को गुलाम बनाकर किसी और को जब कभी भी, किसी सौदे में बेच दिया जाता था। लकड़ी भी कभी-कभी इन इंसानों से महँगी हो जाती थी। अगर बच्चे गोरे पिता और काली माँ की सन्तान होते तो उनका रंग बीच का-सा हो जाता। इन्हें मुलाटो कहते हैं। सबसे ज्यादा अवहेलना और निर्दयता इन्हीं बच्चों को सहनी पड़ती। अपने पिताओं के अपराध-बोध के ये बड़ी जल्दी शिकार हो जाते। पत्नी के गर्भ में किसका बच्चा है, इस बात के दुख-दर्द में कौन अश्वेत पुरुष जलता। पत्नी को गले लगाकर और अधिक प्यार ही किया जा सकता था। पत्नी का अपमान, बिकते हुए बच्चे, रेप होकर माँ बनती औरतें, इस घर से उस घर में बदले जाते हुए गुलाम पुरुष—यही

वह जिन्दगी थी लाखों लोगों की, जिसका विरोध कहीं से नहीं उठता था।

इतिहास-साहित्य सही इतिहास भी है और साहित्य भी। अत्यन्त दुख, भाव-कृपणता और दुर्गम तटस्थता से लिखी हुई रचना टॉनी मोरिसन की यह कृति 'Beloved' है। कथा में अपनी बच्ची की हत्या करने के बाद उसे जल्दी से दफन करने का एक प्रसंग है। सेथ एक कब्रिस्तान में है। उसने एक पत्थर चुना जो कब्र पर लगाना है। लिखना है उस पत्थर पर नाम और कुछ। अपनी बच्ची का गला काटकर उसने उसे मारा था। खून से हाथ अभी भी चिपचिपाए हुए थे। वह बात करती है कब्रिस्तान में एक पत्थर पर अक्षर गोदने वाले कारीगर से। कारीगर पूछता है, "तुम्हारे पास दस मिनट हैं? मैं बिना पैसे लिये तुम्हारा यह काम कर दूँगा।" दस मिनट, सात अक्षरों के लिए। तो दूसरे दस मिनट में वह Dearly (प्रिय) भी खुदवा सकती है—Dearly Beloved, लेकिन जो कुछ सौदा उसने किया, वह बस एक शब्द के लिए ही था। वही एक शब्द उसके लिए अर्थपूर्ण था। यही उसने सोचा कारीगर के साथ उन खुरदरे, कब्र के पत्थरों के बीच अपनी देह रगड़ते। कारीगर का बेटा पास खड़ा देखता रहा। कारीगर के चेहरे पर वही पुराना गुस्सा था, सिर्फ भूख नई थी। वे दस मिनट काफी थे एक और उपदेशक को चुप कराने के लिए—एक क्रोध से भरे कस्बे को शान्त करने के लिए।

> उसकी मृत बच्ची की आत्मा में इतना क्रोध समा गया था कि उस कारीगर के बेटे के सामने अपना शरीर खुरचवाना काफी नहीं था, उसे शान्त करने के लिए। क्रोध इस घर में बसा हुआ है, उस बच्ची के इसी क्रोध से घिरे हुए ही जीना है। बस, यही काफी नहीं रहा। वही दस मिनट वह अब भी सहती है, वही जो उसने सुरमई रंग के पत्थर के साथ सटकर गुजारे थे। उसके घुटने पूरे खुले थे, एक कब्र की तरह खुले। लेकिन बच्ची का क्रोध कम नहीं होता। घर की दीवारों में समा गया है...।

टोनी मॉरिसन एक सतरंगी वृक्ष का वर्णन करती हैं—अश्वेत पीठ पर फैले हुए सतरंगी वृक्ष का। प्रसव से पहले जब ऐमी ने सेथ की पीठ से कपड़ा उठाया, तो वह बड़ी देर एक खामोशी में डूबी रही। फिर इस तरह बोली, जैसे कोई सपने में बोलता है। एक अस्पष्ट प्रस्फुटन :

> ये तो पेड़ है, एक चोकबेरी का पेड़। देखो, ये इस पेड़ का तना है। पूरा लाल और बीच से पूरा खुला हुआ, रस से भरा हुआ। और यहाँ ये टहनियाँ हैं—तुम्हारी पीठ पर अलग-अलग फैली हुई टहनियाँ। और पत्ते भी हैं और फूल भी—नन्हे चेरी के फूल, सफेद। तुम्हारी पीठ पर तो पूरा पेड़ उगा हुआ है, अपनी पूरी बहार में है। परमात्मा के मन में क्या

है, मैं नहीं जानती। मुझे बस हैरानी होती है। मैंने भी पीठ पर कोड़े खाए हैं। लेकिन इस तरह से तो कभी नहीं।

सेथ ने एक लम्बी साँस भरी और ऐमी अपने दिवास्वप्न की प्रस्फुटन से एक झटके में बाहर निकल आई।

इस तरह की अश्वेत पीठें, बाँहें, टाँगें जिन पर कोड़ों ने पेड़, पौधे, फूल उगा दिये थे—हर घर में थे। लेकिन ये पौधे और फूल तोड़े नहीं जा सकते थे, मुर्झाने भी नहीं दिये जाते थे। उम्र भर का लम्बा बसन्त था इनके लिए। थोड़े-थोड़े दिन बाद इनमें नये रंग भर दिये जाते थे। मालिकों के हाथों में नये हंटर, नये चाबुक आ जाते थे।

1852 में एक श्वेत महिला हैरियट बीचर स्टोव द्वारा लिखा उपन्यास 'Uncle Tom's Cabin' अश्वेत-समस्याओं की क्रूरता को बृहत् स्तर पर उजागर करने वाली अत्यन्त प्रसिद्ध कृति है। कहा जाता है कि लेखिका स्टोव जब अब्राहम लिंकन से मिली तो उन्होंने कहा कि अच्छा, तुम ही वो छोटी-सी दिखने वाली महिला हो जिसने इस महान युद्ध का आरम्भ किया? वास्तव ही में इस उपन्यास से अमरीका के दक्षिणी राज्य में, जहाँ गुलाम सबसे अधिक थे, भड़क उठे थे।

अमरीका के गृहयुद्ध (1860-64) के पहले और युद्ध के बाद हजारों अश्वेत भगोड़ों के अनुभव क्या थे? गुलामी से भागकर कहाँ जाते? भागना अगर सम्भव हो भी गया तो भागकर जाएँ कहाँ?—ऐसे गुलाम जनों की अनगिनत कथाएँ उन्हीं द्वारा लिखी हुई मिलती हैं, जिन्हें Slave Narratives कहते हैं। उन कथाओं में गुलामी के जीवन की ऐसी सच्ची कहानियाँ दर्ज हैं जो सारी इतिहास पुस्तकों को कूड़े में फेंक देती हैं। बहुत बाद में ये सब प्रकाशित हुईं, तब एक सामूहिक सामाजिक साहस पैदा हुआ—अपने आसपास रहने वालों को सदियों पुराने दर्द सुनने-सुनाने का। मालिक के घर के बाहरी हिस्से में दबड़ों (केबिनों) में रहने वाले गुलामों को दिन में कितनी बार और क्यों कोड़े खाने पड़ते थे, इसके लिए उन्हें मन या शरीर से तैयार होने की जरूरत नहीं होती थी। मालिकों के पास भूल बताने का एक ही तरीका था, चाबुक चलाना। बच्चे अपने पिताओं और माँओं को कोड़े खाते देखते रहते। यकीनन ही उन्हें क्रोध तब नहीं आता था। स्वीकृति थी—मौन और मुखर, दोनों। माँ-पिता को बहुत मारा है मालिक ने, इसका दुख जरूर उनमें बँटता होगा। बच्चे भी माँ-बाप के सामने खूब पिटते थे, यहाँ भी क्रोध से ज्यादा दुख ही था। दूसरे मालिक के घर से कोड़े खाकर आने वाला पति उन तीन-चार घंटों में क्या अपनी पीठ, बाजू, टाँग दिखाए! लेकिन छुपता नहीं होगा। पत्नी पूछती भी नहीं होगी, 'आज मालिक ने बहुत मारा है?' बस, थोड़ा और ज्यादा प्यार कर लेती होगी। कही-अनकही बातों

से—Slave Narratives और दूसरी रचनाएँ अटी पड़ी हैं। औरतों का कोड़े खाने के बाद सेक्स के लिए मजबूर होना, लगातार मजबूर होते रहना, माँ बनना, जिस किसी की माँ बनना—कैसी नियति थी? पशुओं के समाज तक में जिस किसी की माँ बनना तो स्वीकृत है, लेकिन कोड़े खाने के तुरन्त बाद यौन-क्रिया करना और फिर माँ बनना कहीं भी स्वीकृत नहीं। किसी योजना में स्वीकृत नहीं। यह निजाम खुलेआम स्वीकृत रहा। सबको इस बात का भान था। सारे गोरे, भूरे, पीले समाज सब जानते थे इन अनहोनी-होनियों को। सारे चिन्तक, समाजशास्त्री, अर्थशास्त्री, दार्शनिक जानते थे। सैकड़ों साल यह होता रहा और वे केवल मनुष्य की दूर-दराज की नियति की बात लिखते-सोचते रहे। जिस बात पर तलवार उठनी चाहिए थी, कलम भी उस समय नहीं उठी। भुक्तभोगियों ने ही अपनी वेदना हर समय में सुनाई और लिखी। 1861 से पहले कुछ साहसी अश्वेत गुलाम भागकर उत्तर की तरफ चले जाते थे। भागने का मतलब अक्सर मौत ही होता था। हैरियट जैकब्स ऐसी ही असाधारण महिला थीं—जिनका आत्मकथन अश्वेत इतिहास और साहित्य में एक उज्ज्वल स्थल है। उनकी आत्मकथा पाठ्यक्रमों में पढ़ाई जाती है।

> मेरे लिए गुलामी के दिनों की बात लिखना बेहद दुखद है। पर पीछे मुड़कर देखना तसल्ली भी देता है। उन अन्धकार भरे दिनों के साथ मेरी अच्छी बूढ़ी नानी की यादें जुड़ी हैं, जैसे काले गहरे समुद्र पर हल्के नीले बादल होते हैं...!

फ्रेडरिक डगलस ने अपनी आत्मकथा में गहन संवेदना के धरातल पर खड़े होकर तर्कशील लहजे में एक इतिहास रचा है। 'नैरेटिव ऑफ द लाइफ ऑफ फ्रेडरिक डगलस' अमरीकी अन्तर्विरोध की एक ऐसी ख्यातिपूर्ण रचना है जिसे शायद ही कोई अमरीकी न जानता हो। लाइब्रेरी ऑफ कांग्रेस में एक विशेष हॉल है—डगलस और उनकी कृतियों का। डगलस (1818-95) उस समय पैदा हुए जब अफ्रीकन अमरीकी लोगों की जिन्दगी का गहनतम काली रात का पिछला पहर था। एक गुलाम हैसियत से काली माँ के पेट से जन्मे गोरे बाप की हरामी औलाद होना दोहरा संघर्ष था उनकी जिन्दगी का। नंगी पीठ पर कोड़े लगाने वाला उनका श्वेत मालिक और बाप एक भयानक संस्था का पुर्जा मात्र था। आखिरी वक्त तक अधिकारों के लिए संघर्षशील इस अश्वेत अमरीकी का योगदान इंसान की मुक्ति का स्वर्णपृष्ठ है।

कल का अँधेरा आज से कितना भिन्न है या एक जैसा है, टोनी मॉरिसन और एलिस वॉकर के उपन्यासों को बराबर रखकर पता चलता है। एलिस वॉकर की कृति है : 'Color Purple'—जो आज के अश्वेत पक्ष के एक मार्मिक सत्य को उजागर

करती है। आज के अश्वेत समाज की दुखती रगों पर हाथ रखता हुआ यह उपन्यास काफी बेचैन कर गया समाज को। 1983 में अमरीका में सबसे बड़े साहित्यिक सम्मान Pulitzer prize से सम्मानित 'Color Purple' की कृतिकार एलिस वॉकर 1944 में जॉर्जिया में एक किसान के घर एक फार्म पर पैदा हुई थीं। उनका परिवार किराए पर खेती करनेवाला निम्न आयवाला परिवार था। आठ भाई-बहनों के साथ छोटे-से घर में बड़ी होने वाली इस बच्ची, किशोरी, युवती ने क्या नहीं देखा होगा? उनकी पहली कृति एक कविता संग्रह है जो उनके कॉलेज में पढ़ते हुए ही प्रकाशित हो गई थी। बारह उपन्यास, पाँच कहानी संग्रह, आठ कविता संग्रह और बारह दूसरे विषयों पर पुस्तकों की लेखिका एलिस वॉकर सिर्फ कलम पकड़कर ही सन्तुष्ट नहीं होतीं। सिविल राइट्स आन्दोलन में अग्रणी कार्यकारी रही हैं। स्त्री अधिकारों की लड़ाई में, अगली पाँत में आनेवाली विचारक और क्षेत्र सैनिक के रूप में उनका अथक प्रयास और योगदान है। समय और संस्कृति के निर्माण में काली औरतों की भूमिका को रेखांकित करने वाली, उदार राजनीतिक सिद्धान्तों में विश्वास रखने वाली एलिस वॉकर तरह-तरह के विवादों से घिरी रही हैं। अपने द्वीलिंगी सम्बन्धों को मुखरता से स्वीकार करने वाली एलिस स्त्री अधिकारों को जाति, लिंग, धर्म, रंग इत्यादि से ऊपर उठकर देखती हैं। 'Color Purple' प्रतीक बन गया है—एक चिह्न—जिसे काले, गोरे, पीले अमरीकी अपनी विविधता का स्मृतिचिह्न मानकर पहने रहते हैं। काले अमरीकियों की भाषा में लिखी गई यह गाथा विशाल जन-समुदाय के अन्त:स्थल पर बिछे हुए कूड़े-कर्कट को उलीच-उलीचकर धरातल पर लाती है। गुलामी से पैदा होने वाली तमाम विकृतियाँ, हीन मानसिकता की स्थितियाँ, पारिवारिक मूल्य रिक्तता और पुरुषों की नृशंस पाशविकता, और ऐसे जीवन की दिशाहीनता से पैदा होने वाली असंगतियाँ एक साथ इस उपन्यास में मिलती हैं। काले अमरीकियों ने पहले-पहल इस आईना दिखाती हुई कृति का विरोध किया था। लेकिन वास्तविकताएँ बाहरी समर्थन के अभाव में भी अपने-आपको स्थापित करती हैं।

नेटी और सैली, दो बहनें अपने सौतेले पिता और कमजोर माँ के पास रहकर कब तक सुरक्षित रहतीं? भरपूर शोषण ही उनका वृत्त है। अपने पिता से सन्तानें पाकर भी उन्हें सुरक्षित रखना उनकी स्वेच्छा पर नहीं। तीन बच्चों का पिता उसका पति होकर भी दूसरी औरत की कामना में है। भरपूर शोषण और अपमान के बाद अपना अबूझ साहस ही उनकी बदकिस्मती को थोड़ा कम करता है। विषाक्त वृत्तों से बाहर भी सिर्फ अकेलेपन के अतिरिक्त क्या है? लेकिन वहीं सैली और नेटी के लिए उम्मीद की रोशनी न सही, अँधेरे की गहनता थोड़ी कम होती है। स्त्रियाँ ही आखिर एक दूसरे का बाहरी सम्बल भी बनती हैं और भीतरी स्त्रीपन का एहसास भी सुरक्षित रखती हैं।

लेकिन आज की हकीकत को अपना सच नहीं समझा जा सकता। इस अपने स्वरूप को देखना होगा ही—आईने में देखो या लिहाफ में मुँह छिपाकर देखो। टोनी मॉरिसन और एलिस वॉकर के उपन्यासों को साथ रखकर देखने से समय श्रृंखला बनती है। उस समय का विरोध भी हम स्वयं कर रहे थे, आज के इस अलमारी में बन्द कंकाल को भी हम ही खींचकर बाहर लाएँगे। 'Beloved' और 'Color Purple', दोनों उपन्यास ऐतिहासिक महत्त्व के हैं। एक जिस छोर पर हमें छोड़ता है, दूसरा उस छोर से हमें आगे ले चलता है। इतिहास की Escort Service हैं जैसे ये दो उपन्यास!

दो सौ सालों तक अश्वेत इंसान अफ्रीकी देशों—प्रमुखतः माली, सिनेगल, गाम्बिया, गिनी, आईवरी कोस्ट, लाईबीरिया, घाना, टोगो, नाईजीरिया, कैमरून, अंगोला और काँगो इत्यादि—से लाकर अमरीका की मंडियों में बेचे जाते रहे। अलग-अलग शर्तें थीं बेचने, खरीदने की। 1760 में ही अमरीकी राज्यों ने कानून बनाने शुरू कर दिये जिनके तहत वे उम्र भर के लिए खरीद लिये जाते थे। उनके बच्चे हुए या जो होंगे, वे भी मालिक की जायदाद होंगे। कई राज्यों में गुलामों को शादी करने की अनुमति नहीं थी। लेकिन धीरे-धीरे इस कानून में ढील दी गई। क्योंकि बच्चे होंगे तो गुलामों की आबादी बढ़ेगी। वे अपनी कोई जमीन-जायदाद नहीं खरीद सकते थे। कानून उनका नहीं था। सरकार उनकी नहीं थी। क्या कानूनी है और क्या गैर-कानूनी, इस बात का उस समाज में अश्वेत लोगों के लिए कोई अर्थ ही नहीं था।

Francis Harper आजाद माता-पिता की सन्तान थी। 'Forest Leaves'—उनका पहला कविता संग्रह 1845 में प्रकाशित हुआ था। कुछ ही वर्षों में इस संग्रह के बीस संस्करण प्रकाशित हुए। वे अमेरिकन एंटीस्लेवरी सोसाइटी की सदस्य के रूप में जगह-जगह जाकर गुलामी के विरोध में भाषण देती थीं। गुलाम प्रथा के अन्तर्गत वोट के अधिकार के लिए उन्होंने जोरदार आवाज उठाई। 'Bury me in the Free Land' उनकी अत्यन्त प्रसिद्ध कविता है :

किसी नीचे मैदान में या ऊँची पहाड़ी पर
जब तुम मेरी कब्र बनाओगे
धरती की सबसे अधिक विनम्र और नगण्य
कब्रों में उसे बनाना
लेकिन वहाँ नहीं जहाँ लोग गुलाम हों
मैं चैन से नहीं सो पाऊँगी अगर मुझे
किसी गुलाम के काम के कदमों की आहट सुनाई दे
या मेरी मूक कब्र पर उसकी छाया पड़े

अगर गुलामों के एक जत्थे को
फाँसी की तरफ ले जाते हुए
उनके पाँवों के जंजीरों की आवाज मुझे सुनाई देती रहे
या काँपती हवा में तैरती रहे
किसी माँ के बदन का लहू पीते कोड़ों की आवाजें
या उसके वक्ष से तोड़ दिये गए बच्चों की चीखें
या मुझे सुनाई दे किसी कैदी का निर्दोष आर्तनाद
जब उसे फिर से जकड़ा जाए जंजीरों में—बेवजह
या आभास हो मुझे युवा लड़कियों को
माँओं से अलग करके उनकी सुन्दरता के बिकने का
मेरी आँखों में तब एक उदास मातमी लौ कौंध जाएगी
और मेरे मृत्यु से पीले पड़े हुए गाल शर्म से लाल हो उठेंगे
मैं सिर्फ वहाँ चैन से सो सकती हूँ
जहाँ किसी का दूरदराज भाई भी गुलाम न हो
मैं अपने लिए कोई ऊँची कब्र नहीं चाहती
जिस पर अपने आने वालों की नजर पड़े
मेरी दुखती हुई आत्मा की अन्तिम पुकार यही है
कि मुझे वहाँ दफन करना जहाँ कोई भी गुलाम न हो।

1861 में आजादी के ऐलान के बाद भी बीसवीं सदी के छठे दशक तक, रंग के आधार पर अलग करने की नीति चलती रही। सौ साल बाद—1954 में कानून बना कि रंग के आधार पर बच्चों को स्कूलों में दाखिले से मना नहीं किया जा सकता, उन्हीं बसों में अश्वेतों को बैठने से मना नहीं किया जा सकता। रेस्तराँ, शौचालय, पार्क इत्यादि सबके साझे प्रयोग के लिए होंगे, इत्यादि। 1954 के इस कानून के विरोध में कई राज्यों ने उन स्कूलों को धन देना बन्द कर दिया, जो काले बच्चों को दाखिल करते थे। वर्जीनिया राज्य में पब्लिक स्कूल इसी लिए बन्द कर दिये गए। 1969 तक वर्जीनिया की एक काउंटी में स्कूल पाँच साल तक बन्द रहे। गोरे बच्चे प्राइवेट स्कूलों में जाते रहे। सारे अश्वेत बच्चे और कुछ बहुत गरीब गोरे बच्चे किसी स्कूल में नहीं जा सके।

ओएडा सैबेस्चयन द्वारा लिखित 'Words by Heart' ऐतिहासिक उपन्यास है। कपास के खेतों पर काम करने वाले अश्वेत किसान की बेटी लेना अपनी योग्यता द्वारा श्वेत कस्बे में आत्मसम्मान से जीने की कोशिश करती है। उसके माता-पिता गरीब हैं। लेना को धैर्य, प्यार और आपसी समझ की सीख ही मिली है। 1910 के आसपास आधारित यह उपन्यास उस समय के अमरीकन समाज में रंगभेद-नस्लभेद

पर आधारित वर्गीकरण को रेखांकित करता है। श्वेत समाज में समान अधिकार पाने की एक बच्ची की साधारण-सी इच्छा से उस कस्बे में हिंसा की आग भड़क उठती है। 1983 में इस उपन्यास को अमरीका के नेशनल बुक अवार्ड से सम्मानित किया गया। यह उपन्यास लेखिका की माँ औनानी की जिन्दगी पर आधारित है।

1963 में मार्टिन लूथर किंग ने राजधानी वाशिंगटन में दो लाख लोगों का जुलूस निकाला। वहीं उन्होंने अपना प्रसिद्ध भाषण दिया—'I Have a Dream' जो आज अमरीकी इतिहास और मानस का हिस्सा बना हुआ है। लेकिन संघर्ष मात्र कानून बना देने से समाप्त नहीं होता और हर युग में मार्टिन लूथर जन्म नहीं ले सकते। इंसान भीतर से कैसे बदले जा सकते हैं, इस बात के लिए हिंसा कभी कारगर नहीं हुई और अहिंसा को एक शक्तिशाली आन्दोलन का रूप लेना पड़ता है प्रभावी होने के लिए।

4 अप्रैल मार्टिन लूथर किंग का शहीदी दिवस होता है। 1968 में उनकी हत्या की गई थी। 1968 से आज तक सिविल राइट्स का जमाना यानी पचास और साठ का दशक अमरीकी मानस को तरह-तरह से रौशन रखता है। आस-निरास आमने-सामने रहकर एक दूसरे से आँख नहीं चुराते। दोनों ही सच थे—आस भी, निरास भी। लेकिन आज जब हम मार्टिन लूथर को याद करते हैं तो उनके बेटे, बेटी और उनका अश्वेत समाज बदले हुए लहजे में बात करते हैं। गोरों का नस्लवादी रवैया उन्हें आज भी एक संघर्ष की स्थिति में बनाए रखता है। लेकिन उनके रवैये में उनकी शक्ति का गर्व कम, असमंजस की स्थिति ज्यादा है। इसी तरह काले अमरीकियों में अपनी मान्यता के अहसास के साथ-साथ एक कटु आभास अपनी ही पारिवारिक और सामूहिक कमजोरियों का भी है। वे हारना नहीं चाहते। अपनी ही कमजोरियों की वजह से वे यह लड़ाई हारना नहीं चाहते। उनकी लड़ाई जारी है। अगर अमरीकी अश्वेत गुलाम न रहे होते और बाकी लोगों की तरह ही इस महाद्वीप पर आए होते, तो आज अमरीकी इतिहास का यह काला पन्ना इतना काला न होता।

दक्षिणी अमरीका का क्रान्तिकारी साहित्य और इतिहास

जब से लैटिन अमरीका वजूद में आया है तभी से जो कुछ भी उस धरती के लोगों ने भोगा है, वहाँ के साहित्य के पन्नों में धड़कता है। वहाँ के मूल निवासियों की यातना, गोरों के जुल्म (कालों का दैत्याकार दुर्भाग्य), राजनीतिक संघर्ष, लोकजीवन, जनमानस, नई मिश्रित संस्कृति, रोमांस, मिथक, जादुई यथार्थ और उसके साथ ही वहाँ की असफलताएँ, निराशाएँ, बाहर के षड्यंत्रों से मुक्ति पाने की छटपटाहट, एक विवशता, विस्तृत पूँजीवादी दबाव की सतह के नीचे अथाह समाजवादी मानस उस प्रदेश की क्रान्तिकारिता को कभी सोने नहीं देता। सिर्फ उदास भर करता है।

दो विशाल पानियों (एटलांटिक और पेसिफिक महासागर) के बीच घिरा हुआ विस्तृत भू-भाग जिसे गलत नाम से लैटिन अमरीका पुकारते हैं—एक अधसोया, अधजागा-सा अपनी अशान्त उदासियों से अभी पूरी तरह आजाद नहीं हुआ है। सन् 1491 समय का आखिरी आँकड़ा था जब इस महाद्वीप का हजारों सालों का इतिहास एकाएक बदल गया था। स्पेनी आक्रान्ताओं ने 1492 में इस धरती पर अपना वज्र पाँव रखा था। यूरोपीय दैत्य की सोना-चाँदी खाने की भूख का शिकार बना दक्षिणी अमरीका। यह महाद्वीप पिछले पाँच सौ सालों में अपने 10 हजार वर्ष की उपलब्धियाँ पूरी तरह खोकर भी एक नई अस्मिता खोजने की क्रान्तिकारी तलाश में लगा हुआ है। 19वीं सदी के आरम्भ में अपने यूरोपीय आकाओं से मुक्ति के साथ-साथ ही यू.एस.ए. का साम्राज्यवादी फौलादी हाथ लैटिन अमरीका की गर्दन पर आ पड़ा। पन्द्रहवीं सदी से बीसवीं सदी के बीच जो साहित्य इस भू-भाग में रचा गया, उसमें उन जातियों का लोकजीवन, उनका संघर्ष, स्वप्नों का बनना-बिगड़ना, आशाएँ-निराशाएँ, राजनीतिक उथल-पुथल इस तरह दर्ज है कि वहाँ का असली इतिहास साहित्य के माध्यम से ही प्रकट होता है।

मध्ययुगीन प्रवृत्तियाँ स्पेन और पुर्तगाल में उस समय पूरी तरह मौजूद थीं जब उन्होंने अपनी नई अमरीकी धरती पर उपनिवेश बनाए। 15वीं सदी की सारी जादुई मान्यताएँ वे अपने साथ लाए और दक्षिणी अमरीका की नई दुनिया पर आरोपित

कीं। कोलम्बस जब 1492 में मध्य अमरीका के द्वीपों पर पहुँचा तो वहाँ के लोगों को देखकर और अपनी यात्रा के उद्देश्य की भ्रामक पूर्ति के आधार पर कह उठा था कि उसने Indies की धरती खोज ली है। उसकी यह भ्रान्ति प्रकृति के एक रहस्यात्मक सत्य का ही आकाश-घोष था जैसे। कोलम्बस ने भारत की संस्कृतियों का जायजा कुछ यात्रा-विवरणों से ही लिया था।

बाद में चलकर स्पेन और अन्य यूरोपीय देशों से आकर बसे हुए लोगों ने जब नई अमरीका के मूल निवासियों की मासूम स्थितियों का वर्णन किया और उपनिवेशिकों के जुल्मों की कहानियाँ लिखीं तो उन्हें प्रकाशित नहीं होने दिया गया। कई कृतियों को तो डेढ़-दो सौ साल लग गए प्रकाशित होने की आज्ञा मिलने में। इसलिए जब वे कृतियाँ प्रकाशित हुईं तो उन्हें भी नवजागरण के साहित्य में गिनना पड़ा हालाँकि वे डेढ़ सदी पहले लिखी हुई रचनाएँ थीं। उदाहरण के तौर पर Vol De Caminha के 'Letters on The Discovery of Brazil' सन् 1500 में लिखी गई थी, लेकिन प्रकाशित हुई 1817 में। Las Casas की 'History of the Indies' सन् 1566 में लिखी गई, लेकिन प्रकाशित हुई 1875 में। Pinada Baseunan की 'The Happy Captivity' सन् 1629 में लिखी गई लेकिन प्रकाशित हुई 1831 में। Inca Garcilaso की 'Royal Commentaries' नई दुनिया में उन्नीसवीं सदी तक प्रसारित नहीं की गई, हालाँकि वह उनके जीवनकाल में ही सोलहवीं सदी में स्पेन में प्रकाशित हो गई थी। उपनिवेशक शासक वहाँ के असली सामाजिक तथ्यों को बाहर की दुनिया तक पहुँचने नहीं देना चाहते थे। Bartolome De Las Casas का आक्रोश मूल निवासियों के प्रति उपनिवेशिकों के व्यवहार को प्रदर्शित करता है। Casas ने लिखा था :

> बताओ मुझे, किस न्यायसंगत अधिकार से तुम यहाँ के मूल निवासियों को इस भयावह गुलामी में रख रहे हो? किस अधिकार से तुमने इन मासूम लोगों के खिलाफ ये घृणित युद्ध छेड़ रख रखा है? ये मासूम लोग अपनी धरती पर शान्तिपूर्ण ढंग से रह रहे थे। तुमने इतने अनगिनत मासूम लोगों का नरसंहार किया है जिसकी इतिहास में कोई मिसाल नहीं मिलती। तुम इन्हें इतना शोषित और अशक्त क्यों रखते हो? जितना श्रम तुम इनसे करवाते हो, उससे ये अशक्त होकर बीमार पड़ जाते हैं या मर जाते हैं या तुम इन्हें मार देते हो। रोज-रोज सिर्फ और ज्यादा और ज्यादा सोना प्राप्त करने के लिए तुम ऐसा कर रहे हो।

रोमांटिक युग का यूरोप में 1850 के आसपास लगभग अन्त हो चुका था लेकिन लैटिन अमरीका में पहली-चौथाई सदी में इसका प्रभाव शुरू भी नहीं हुआ था। लेकिन समय की अपनी माँग और प्रवृत्ति के अनुरूप सामाजिक चेतना के लिए

यह ठीक ही हुआ। 1830 के आसपास लैटिन अमरीका में जिन लोगों का प्रभाव रहा, वे हर क्षेत्र में स्वतंत्रता और क्रान्ति के प्रबल पक्षधर थे। इग्लैंड के 'Byron', जर्मनी के 'Goethe', 'Schiller', फ्रांस के 'Lamartine' और 'Musset' खूब अनूदित हुए, पढ़े गए, गुने गए, उद्धृत किये गए। लैटिन अमरीका के कवि इस प्रभाव में न केवल लिख रहे थे, वे अपने समाज को बदलने के प्रयास में भी लगे हुए थे। इस नई दुनिया में रोमांटिक कविता और क्रान्ति एक ही विचार के दो पक्ष बन गए थे, जैसे यूरोप में बने थे। Herdia और Echeverria जैसे आरम्भिक रोमांटिक कवियों को राजनीतिक मान्यताओं के लिए देश छोड़कर जाना पड़ा। इस आन्दोलन ने लैटिन अमरीका में एक समाजवादी चेतना का भी विकास किया। यूरोप और अमरीका में जब यथार्थवाद, प्रतीकवाद इत्यादि पनप रहे थे, तो 1842 में Bello और उनके शिष्यों ने चिले में New-Classicism को चुनौती देते हुए एक नई तरह के समाजवादी रोमांटिक साहित्य को अपनाने की घोषणा की। यह नये यथार्थवाद को एक दूसरे शब्दों में कहने का प्रयास था जो लैटिन अमरीकी स्थिति के अनुकूल था। इस आन्दोलन की महत्त्वपूर्ण कृति थी 1842 में Sarmiento द्वारा रचित 'Facundo'। यह अर्जेंटीना के एक गाको चीफ की जीवनी पर आधारित है। साहित्यिक रूप से लैटिन अमरीका की आत्मा को खोजने के प्रयास शुरू हो गए थे। नये लेखक स्पेनी यथार्थवाद की तरफ एक तरह से वापस जा रहे थे जो वहाँ 16वीं सदी से ही मौजूद था, वहाँ की सामाजिक स्थितियों के चित्रण में, जिन्हें प्रकाशित नहीं होने दिया गया था। इस परम्परा में दो और महत्त्वपूर्ण नाम जोड़े जा सकते हैं जिन्होंने रोमांटिक यथार्थवाद के माध्यम से अपने नये समाज को पहचानने की कोशिश की। वे थे पेरू के Ricardo Palma और कोलम्बिया के Tomas Carrasquilla। एक नई और विशिष्ट लैटिन अमरीकी जीवन शैली की अभिव्यक्ति की खोज यहीं से शुरू हुई। लैटिन अमरीका का वहाँ के साहित्य में अपना स्वरूप उभरना शुरू हुआ जो अभी तक यूरोपीय मॉडल पर आधारित था। बड़े-बड़े नगरों के विकास ने एक अन्तरराष्ट्रीयता को जन्म दिया। लैटिन अमरीका का साहित्य बाहर के देशों में भी जाना जाने लगा। Rub'en Dario इस प्रसार के अग्रणी कहे जा सकते हैं। बहुत बड़े नगर, जैसे Mexico City, Havana, Bagota, Santiago, Buenos Aires और Rio De Janeiro और इनसे निकलने वाले समाचार-पत्रों, पत्रिकाओं का बड़ा हाथ रहा। साथ ही यूरोप और रूस के महान कलाकारों का प्रभाव व्यापक स्तर पर दर्ज होना शुरू हो गया था। मोपासाँ, जोला, चेखव, गोर्की इत्यादि के प्रभाव में गद्य भी लिखा जाने लगा। बिलकुल नये ढंग की कहानियाँ Marti और Dario ने लिखीं। पहली महत्त्वपूर्ण अन्तरराष्ट्रीय ख्याति लैटिन अमेरिकन साहित्य को तब मिली जब 1961 में होर्हे लुई बोर्हेस (Jorge Luis Borges) को Samuel Backet के साथ Formentor पुरस्कार दिया गया। लेकिन

उस समय तक विश्व स्तर पर भी बहुत कुछ बदल चुका था। दूसरे विश्वयुद्ध के बाद उपनिवेश समाप्त हो रहे थे। अफ्रीका, एशिया, और दक्षिण अमरीका के देश अपनी शक्तिशाली पहचान बना रहे थे। ऊँची संस्कृति, ऊँचा धर्म, ऊँचा साहित्य अब सिर्फ यूरोप के देशों का एकाधिकार नहीं रहा था। नई राजनीतिक और सांस्कृतिक वास्तविकताएँ यूरोप पर आधारित विश्व-दृष्टि को छिन्न-भिन्न कर रही थीं। संस्कृति को अब औद्योगिक प्रतियोगिता या वैज्ञानिक तर्क-संहिता के मापदंडों से मुक्त किया जा रहा था। गोरे देशों में भी दूसरी नस्लों के योगदान को पहचाना जा रहा था जो अभी तक अनदेखा ही रहा था। मध्यपूर्व के देशों और अरब के देशों का उदय सिर्फ ईसाइयत की प्राथमिकता को भी खंडित कर रहा था। चीन का असाधारण उत्थान दुनिया भर की आभिजात्य या पूँजीवादी अर्थ-संस्कृति को प्रश्नित कर चुका था। ऐसे परिवर्तित विश्व वातावरण में दूसरी और तीसरी दुनिया, दूसरे अनुभव, दूसरी विश्व-दृष्टि, अल्पसंख्यकों, अर्द्ध-विकसितों, अर्द्ध-शिक्षितों द्वारा यूरोप की संयुक्त उत्तम संस्कृति अपदस्थ की जा रही थी। एक समानान्तर और अधिक सहज संस्कृति उभर रही थी। यह प्रक्रिया थी—उन आभिजात्य और उत्तम समझे जाने वाले जीवन-मूल्यों के हास्यास्पद अनुकरण द्वारा उन्हें भोंडे रूप में प्रस्तुत करना और जनमानस से उनकी उत्तमता को खारिज करना। इससे उपनिवेशित समाजों की मौलिकता उभरकर सामने आने लगी और किसी एक जाति या वर्ग के विशिष्ट होने का एकाधिकार साहित्य और संस्कृति के क्षेत्र से बड़ी जल्दी लुप्त होने लगा। लैटिन अमरीका की स्थिति इस सारे परिदृश्य में बहुत विशेष थी। वहाँ लगभग चार सौ सालों से गोरी, काली और एशियाई जातियाँ मिलकर जो इतिहास और साहित्य रच रही थीं, उन्हें बड़े पैमाने पर सामने आने का अवसर मिला जो अभी तक यूरोप के वर्चस्व से आच्छादित था या सामने ही नहीं आने दिया जा रहा था।

एक नई तरह का यथार्थवाद लैटिन अमरीका के लेखकों को बहुत मुनासिब लगता था। वे सीधे-सीधे वास्तविकताओं के चित्रण को बहुत प्रभावशाली नहीं मानते थे। किसी अज्ञात तरह से कुछ न कुछ हमेशा उपस्थित रहता है जो सिर्फ यथार्थ के औजार से पकड़ा नहीं जा सकता। उन्होंने यथार्थ के साथ मिथ और रोमांस को मिलाकर एक जादुई यथार्थ निर्मित किया। सम्पूर्ण वास्तविकताओं का स्वरूप यही होता है जिसमें बहुत-से कारणों और तर्कों को स्थगित करना ही पड़ता है। बोर्हेस (Borges) ने अपनी कहानियों में इस तरह के Magical Realism का प्रयोग करना शुरू किया था जो बाद के महत्त्वपूर्ण लेखकों ने विकसित किया। वे मानते थे कि यथार्थ वैज्ञानिक या मनोवैज्ञानिक नियमों की पकड़ में नहीं आ सकता, एक जादुई यथार्थवाद से ही मानवीय पद्धतियों को उजागर किया जा सकता है। ग्रीक दुखान्तकों की महानता के पीछे वे इसी यथार्थवाद की गहनता मानते थे। गैब्रियल गर्सिया मार्केस ने इस कला का भरपूर प्रयोग किया और पाठकों को अविश्वास

और शंकाओं की स्थिति से ऊपर रखकर अपनी कहानियों में पूरी तरह खो जाने का वातावरण पैदा किया।

लैटिनो संस्कृति एक समानान्तर संस्कृति है जो यूरोप और अमरीका की गोरी संस्कृति से कहीं ज्यादा जीवन्त, मानवीय, सरल और निश्छल है। गोरे-काले, गोरे-पीले, और काले-पीले रंग के रक्त-मिश्रण से इस महाद्वीप को नई पहचान मिली। उनका साझा साहित्य है जो दुनिया पर अपनी छाप छोड़ चुका है। Jorge Amado (होर्हे अमादो) के उपन्यास का लाखों की संख्या में बिकना आज से पचास साल पहले सम्भव नहीं था। Gabriel Garcia Marquez (Colombia), Pablo Neruda (Chile), Jorge Luis Borges (Argentina), Horacio Castellanos (El Salvador), Julio Cort'zar (Argentina), Victoria de Stefano (Venezuela), Juan Rulfo (Mexico), Mario Vargas Llosa (Peru) जैसे विश्वविख्यात लेखक वहाँ मौजूद हैं। इतनी बड़ी संख्या में इतने अधिक बड़े लेखक आज शायद और किसी महाद्वीप में नहीं हैं। नोबेल पुरस्कार की साख अब चाहे जितनी भी कम हो गई हो, फिर भी विश्व का सबसे बड़ा पुरस्कार अब भी वही गिना जाता है। लैटिन अमरीका के सात नोबेल पुरस्कार विजेता अपनी साख में पुरस्कार की वजह से ही बड़े नहीं हुए। सबसे पहले चिले की गेब्रियेला मिस्त्राल (1945) पुरस्कृत हुईं। उसके बाद पुरस्कृत होने वालों में पाब्लो नेरुदा (Pablo Neruda) 1971, गैब्रियल गर्सिया मार्केस (Gabriel Garcia Marques) 1982 तथा आक्तेवियो पाज (Octavio Paz) 1990, मारियो वारगस योसा (Mario Vargas Loosa) 2010, शामिल हैं।

एक लम्बे समय तक इस महाद्वीप की समस्या गरीबी के संघर्ष से मुक्त होने की रही है। उन्हीं का संघर्ष यहाँ के साहित्य में हर जगह उभरकर आता है। किसी न किसी रूप में सामाजिक विद्रोह ही वहाँ के साहित्य की परम्परा बन चुकी है। Jorge Amado के लम्बे उपन्यास भी गरीब किसानों की स्थिति का चित्रण हैं, उनकी राजनीतिक प्रतिबद्धता उन्हें और भी असहाय बनाती है। पूरी तरह सामन्ती और जमींदारी एक तरफ—निहत्थे और गरीब किसान एक तरफ। 1934 में लिखे गए एक उपन्यास Huasipungo में एक दृश्य है जिसमें मूल निवासी 'इंडियन' एक परिवार को पीठ पर लादकर पहाड़ी रास्ते पर चलने की तैयारी करते हैं :

> तीन इंडियन लोगों ने कमीज की बाजुओं से अपने चेहरे के कोहरे को पोंछा और अपने मालिकों को पीठ पर लादने को तैयार हो गए। उन्होंने अपने पोंचों (एक तरह का लम्बा वस्त्र) उतारे, अपनी मैली-कुचैली ढीली-ढाली पैंटों को जाँघों तक ऊपर चढ़ाया, अपनी टोपियाँ उतारीं और

अपने पोंचों को अपनी गर्दन पर लपेट लिया। उनके शरीर अब उस सर्दी को झेलने के लिए तैयार थे जो उनके जगह-जगह से फटे हुए कपड़ों से छनकर उनकी त्वचा को छू रही थी। उन्होंने अपने कंधे उस परिवार की तरफ घुमा दिये जो खच्चरों से उतरकर उनकी पीठ पर बैठ गए। और इस तरह ठंडे गीले कीचड़ में धँसते हुए वह आगे बढ़ने लगे।

लेटिन अमरीका का साहित्य ज्यादा राजनीतिक साहित्य रहा है। उपनिवेशी मानसिकता और शक्ति-सूत्रों से लड़ने का बड़ा माध्यम वहाँ का साहित्य रहा। व्यापक जनप्रयास और परिवर्तन की कहानियाँ एक बड़ा फलक भी देती हैं और पाठक को दृष्टि-प्रशिक्षित करने में मदद भी करती हैं। केवल भोक्ता-दर्शक की स्थिति से उठाकर निर्णायक की मन:स्थिति में ला खड़ा करती हैं। लैटिन अमरीकी साहित्य इस तरह की रचनाओं का साहित्य रहा है। उदाहरण के लिए एक सटीक प्रसंग प्रसिद्ध उपन्यास से लिया जा सकता है। गैब्रियल गर्सिया मार्केस का उपन्यास 'One Hundred Years of Solitude' एक लम्बी कथा कहता है। कई पीढ़ियों का समय एक साथ कथा में मौजूद है। सांसारिक अर्थों में यहाँ बहुत कुछ वास्तविक नहीं है। वास्तविक और यथार्थ उनके अतीत, परिणाम और निरन्तरता में फैला हुआ है। उसे ही अपने जादू से मार्केस त्रैकालिक बनाते हैं। मौत भी यहाँ इतनी दुर्दान्त नहीं जिसे हँसते-खेलते बताया न जा सके। जीने की गम्भीरता हास्यास्पद हो उठती है जब उसे समय के कोष्ठों में सीमित कर दिया जाए।

उपन्यास में है मैकान्दो कस्बे में औद्योगिक प्रगति का एक प्रसंग। अमरीकी कम्पनी ने उपयोगी वातावरण देखकर वहाँ केलों की खेती और व्यापार बड़े पैमाने पर शुरू किया था। लेकिन मजदूरों की हालत ऐसी थी कि उन्हें शौचालय और पानी तक की सुविधाएँ नहीं थीं। मजदूरों के संगठन ने अपनी शक्ति-प्रदर्शन का निश्चय किया। अपनी माँगों की लिस्ट तैयार की। लेकिन कम्पनी का प्रशासक मिस्टर ब्राउन वहाँ से भाग निकला। अर्जी दें किसे? आखिर मिस्टर ब्राउन को एक वेश्यागृह में वस्त्रहीन स्थिति में मजदूरों के नेता घेराव करके अपनी विज्ञप्ति थमा देते हैं। कम्पनी यह सिद्ध करने के लिए कि मि. ब्राउन तो कम्पनी में कुछ है ही नहीं, उसे धोखा-धड़ी के इल्जाम में जेल भिजवा देती है। इसी मसखरे अन्दाज में मार्केस इतनी गम्भीर कथा कहते चलते हैं। मजदूरों ने हड़ताल कर दी। कम्पनी ने कोर्ट में कहा, वहाँ कम्पनी के मजदूर तो हैं ही नहीं, कभी-कभी उन्हें दिहाड़ी पर बुलाया जाता है। पक्के मजदूर नाम की कोई चीज कम्पनी में नहीं है। लगभग तीन हजार मजदूर प्रदर्शन के लिए रेलवे स्टेशन के पास इकट्ठे होते हैं। चारों तरफ मशीनगनें तैनात थीं। पाँच मिनट का समय उन्हें बिखरने के लिए दिया जाता है। उसके बाद चौदह मशीनगनों से लगभग सबको भून दिया जाता है। अगले दिन कम्पनी की

तरफ से अखबारों में बयान आता है कि शान्तिपूर्वक प्रदर्शन के बाद मजदूर अपने घर लौट गए। सेना, मशीनगनों का नाम ही नहीं। ऐसा व्यापक प्रचार किया गया कि सभी कहने लगे कि कुछ हुआ ही नहीं। कोई मरा ही नहीं। रातोंरात लाशों को समुद्र में फेंक दिया गया। शान्तिपूर्वक हुए फैसले की दो शर्तें कम्पनी ने दिखा दीं। लेकिन इस सामूहिक संहार के बाद घनघोर बारिश शुरू हो गई। यह पूछने पर कि इन माँगों पर अमल कब होगा, कम्पनी के प्रशासक ने गम्भीरता से कहा, 'बारिश रुक जाने के बाद' और चार साल, ग्यारह महीने, दो दिन तक बारिश होती रही।

यह वास्तविक घटना जो Banana Massacre के नाम से जानी जाती है, 1928 में वहाँ घटी थी। जनता को यही बताया गया था कि कुछ नहीं हुआ, कोई नहीं मरा। मार्केस अपने खास साहसिक अन्दाज में इस सच को इतने समय बाद सामने लाते हैं। समय को असमय करते, घटनाओं को वायविक बनाते हुए मार्केस ऐसा परिवेश रचते हैं जहाँ सब कुछ होकर भी न हुआ-सा लगता है। लेकिन प्रभाव की तीव्रता बढ़ती है—अपने खंडित अर्थों में नहीं, अपने पूर्णार्थ में।

मारियो वारगस योसा की सर्वोत्तम और अत्यन्त चर्चित कृति 'The Feast of the Goat' सन् 2000 में प्रकाशित हुई थी। इस उपन्यास में डोमिनिकन रिपब्लिक के घृणित डिक्टेटर रफेल त्रुहियो के अन्तिम दिनों का मार्मिक चित्रण है। कुछ काल्पनिक, परन्तु अधिकतर वास्तविक घटनाओं पर आधारित इस कथा के केन्द्र में है—न्यूयॉर्क की एक वकील औरत उरानिया। उरानिया अपने पिता और त्रुहियो द्वारा प्रताड़ित और शोषित है। कथा अतीत और वर्तमान में झूलती रहती है। अपने पिता को देखने आई यह स्त्री डोमिनिकन रिपब्लिक की दयनीय स्थितियों की स्मृति यात्रा से गुजरती हुई डिक्टेटर त्रुहियो की अन्तिम दुर्दशा की साक्षी बनती है। उपन्यास अमानवीय हिंसात्मक राजनीति का जीवंत दस्तावेज है। एक अत्यन्त प्रसिद्ध और सफल उपन्यास।

> वह एक गिलास पानी और पीती है और बाहर निकल जाती है। सुबह के 7:00 बजे हैं। हैरेगुआ होटल के निचले तले पर शोर और वह वातावरण, जिससे वह अब तक परिचित हो चुकी थी—आवाजें, मोटरें, पूरे जोर से चिंघाड़ता हुआ रेडियो, संगीत, सालसा, डंजोनज रॉक, बालक्रास, रैप संगीत—सब कुछ एक दूसरे से मिले हुए, एक दूसरे से ऊँचा होते हुए अपने कर्कश कोलाहल से उस पर धावा बोल देते हैं। यह बेढंग-सा उत्साह—उन लोगों का—जो कभी तुम्हारे लोग थे, एक बहुत बड़ी जरूरत है। अपनी इंद्रियों को मुर्दा कर देने के लिए ताकि वह कुछ सोच न सके। यहाँ तक कि कुछ महसूस भी न कर सके। जंगली, असभ्य जिन्दगी का

एक विस्फोट—नयेपन के बहाव से बिलकुल अछूता।

Niconar Parra, Octavio Paz, Julio Cort'zar एक ही साल 1914 में पैदा हुए। चिले के पाररा, और मेक्सिको के पाज ने कविता की दिशा पूर्णत: बदल दी। अर्जेंटीना के कोर्तज़ार ने बोर्हेस (Borges) द्वारा शुरू की गई गद्य क्रान्ति के स्वरूप को निखारा।

पाररा एक छोटे-से कस्बे में गरीब परिवार में पैदा हुए थे और बड़ी मुश्किल से उन्होंने अपनी पढ़ाई खत्म की। उन्होंने विज्ञान और गणित जैसे विषय चुने जो उनकी कविता में प्रयुक्त शब्दों और प्रतीकों को तीखी पहचान देने में सहायक रहे। उनकी कविता शाब्दिक वास्तविकता के ऐसे धरातल का काम करती है जिससे टकराकर पाठकों की जिज्ञासा को नई दिशाएँ मिलती हैं। वे अपनी पूरी कविता को विखंडित करते हुए चलते हैं और छोटे-छोटे टुकड़ों में अपनी सघनता बनाए रखते हैं। अपने आक्रोश में वे ऐसे विषय भी उठा लेते हैं जो अक्सर कविता के विषय नहीं बनते। उनकी सब कुछ तोड़-फोड़ देनेवाली प्रवृत्ति कभी-कभी अराजकता की हद तक निरंकुश हो उठती है। उनके मार्क्सवादी साथी भी कई दफा इस प्रवृत्ति को सही नहीं मानते। लेकिन अपनी प्रतिरोधी स्थिति में भी वे गर्वपूर्ण ढंग से अकेले खड़े हैं।

We repudiate
The poetry of dark glasses
The poetry of the cape and sword
The poetry of the plumed hat
We propose instead
The poetry of the naked eye
The poetry of the hairy chest
The poetry of the bare head.

कुछ चित्र ही काफी हैं लातीनी साहित्य की चुभन को महसूस करने के लिए।

कास्तियो (Otto Reno Castillo) 1953 में अपने छात्र जीवन में ही राजनीतिक गतिविधियों के कारण ग्वातेमाला से निर्वासित कर दिये गए थे। सेंट्रल अमेरिकन पोएट्री प्राइज 1955 ने उन्हें एक कवि के रूप में पहचान दी। कई बार अपने देश छिपे तरीके से लौटने के बाद वह भूमिगत होकर गोरिल्ला युद्ध में सक्रिय रहे। अन्त में पकड़े जाने पर उन्हें जिन्दा जला दिया गया। कास्तियो की एक कविता है :

Apolitical Intellectuals--
One day

the apolitical intellectuals
of our land
will be interrogated
by the poorest of people.
They will be asked what they did
while their community
was extinguished,
like a sweet fire, small and alone.
They'll be asked nothing about their
post-modernist justifications for apathy, concocted as self-serving lies.

Herberto Padilla (पदिया) 1930 में क्यूबा में जन्मे थे, जब क्यूबा अपने राजनीतिक संक्रमण काल से गुजर रहा था। पदिया प्रतिबद्ध मार्क्सवादी कवि थे। क्यूबा की क्रान्ति से निकट से जुड़े थे लेकिन उन्होंने फिदेल कास्त्रो को अंधसमर्थन देने से इनकार किया। उनकी कविताओं में कटु आलोचना के स्वर उभरने लगे। उन्हें जेल में डाल दिया। वामपंथी लेखकों ने जिनमें ज्यां पॉल सार्त्र भी थे—इसका विरोध किया। लेकिन उनको मुक्त नहीं किया गया। एक ईमानदार आवाज को दबा दिया गया।

They asked for his hands
because in difficult times
there is nothing better than a good pair of hands.
They asked for his eyes
that once had tears
so he could ponder the bright side
(especially the bright side of life)
because for horror one terrified eye is enough.

रोसार वाहियो (C'esar Vallejo—1892-1938) एक असन्तुलित समय में पेरू में पैदा हुए। । 1920 में वे एक राजनीतिक विद्रोह के नेता के रूप में गिरफ्तार होकर कुछ महीने जेल में रहे। प्रतिबद्धता पहली बार इस ढंग से स्पेनी कविता में प्रकट हुई। उनका उपन्यास 'Tungston' 1917 की खान हड़ताल का आक्रोश नाद है जिसने बुद्धिजीवियों को बाहर आकर आम लोगों के बीच काम करने की चुनौती दी। गृहयुद्ध के दिनों उन्होंने पाब्लो नेरुदा के साथ मिलकर लोगों की समितियाँ गठित कीं। एक सक्रिय, प्रतिबद्ध और हर तरह से वंचित जीवन गुजारकर वाहियो

1935 में बहुत बीमार होकर इस दुनिया से चले गए। लेकिन उनकी कविता ने स्पेनी भाषा की कविता को हमेशा के लिए बदल दिया।

> There are desires to return, to love, to not disappear,
> and there are desires to die, fought by two
> opposing waters that have never isthmused.
> There are desires for a great kiss that would shroud Life,
> one that ends in the Africa of a fiery agony,
> a suicide!
> There are desires to...have no desires.

नेरुदा जनता के कवि थे। एक राजनयिक, एक मुक्ति-योद्धा, एक महान कवि। उनका चेहरा जीवनकाल में ही मिथक बन गया था। चिले के गाँव में जन्मे नेरुदा ने एक संघर्षशील प्रतिबद्ध क्रान्तिकारी जीवन जिया।

> Give me silence, water, hope
> Give me struggle, iron, volcanoes
> Cling to my body like magnets.
> Hasten to my veins and to my mouth
> Speak through my words and my blood.

स्पेन उन्हें ताकत देता है, क्यूबा से उन्हें जादुई साहित्य मिलता है, मुलायम बादाम सरीखा स्त्री शरीर नेरूदा में एक सघन उत्तेजना भरता है। उन्हें निःसर्ग अमरता प्राप्त है। उन पर विस्तार से फिर कभी...।

> ...if little by little you stop loving me
> I shall stop loving you little by little.
> If suddenly
> you forget me
> do not look for me,
> for I shall already have forgotten you.

जो आज है, वह कल बदल सकता है। इस विस्तृत प्रदेश का सही मानस जानने के लिए हमें यहाँ के साहित्य को ही देखना होगा जो बड़ा सीधा, सरल और स्पष्ट रूप से राजनीतिक है। यहाँ का साहित्य अलग-अलग तरह की यात्राओं पर हमारे मन को ले चलता है। इसकी साक्षी किसी भी सामाजिक या आर्थिक दस्तावेज से अधिक सत्यपूर्ण और ईमानदार है।

दक्षिणी-पूर्वी एशिया की क्रान्तिगाथा

> The canal was full of bodies; I am reminded of an Irish Stew containing too much meat. The bodies overlapped, one head, seal grey, and anonymous as a convict with shaven scalp, stuckup out of the water like a buoy. There was no blood, I suppose it had flowed away a long time ago. I have no idea how many times there were, they must have been caught in a cross fire trying to get back and I suppose everyone of us along the bank was thinking. I took my eyes away, we did not want to be reminded of how little we counted, how quickly, simply and anonymously death came.
>
> —Thomas Fowler

1955 में लिखा उपन्यास 'The Quiet American' उस वियतनाम का वातावरण, उपस्थित करता है जब वह देश फ्रांस का उपनिवेश था। Graham Greene का यह प्रसिद्ध उपन्यास किसी ऐतिहासिक दस्तावेज से भी अधिक सच्चाई के साथ अमरीका के वियतनाम से उलझने की कहानी को कहता है। उपन्यास का मुख्य पात्र Pyle एक अनाड़ी आदर्शवादी पत्रकार है, जो दूसरे विश्वयुद्ध के अन्त के बाद आशा और उत्साह से भरा हुआ है। उसे पत्रकार के रूप में युद्ध की सक्रिय रिपोर्टिंग करने भेजा गया है। वह अमरीका का एक गुप्त एजेंट है, जो एक विशेष उद्‌देश्य से वहाँ आरोपित किया गया है। उसका मिशन एक ऐसी तीसरी शक्ति या जनमत का निर्माण करना भी है, जिसके साथ मिलकर फ्रांस की हार के बाद अमरीका अपना प्रभुत्व वहाँ बनाए रख सके। कम्यूनिस्ट राष्ट्रवादियों में ऐसे कुछ तत्त्व थे जो सत्ता से अलग रहकर अपने राष्ट्र के हित में अपने ढंग से काम करना चाहते थे।

पाएल की यह नियुक्ति उसे युद्ध क्षेत्र के बीचोबीच खींचकर ले जाती है।

दूसरा पात्र पाएल का लगभग विरोधी है। वह 'फाउलर' नाम का व्यक्ति है जो अंग्रेज पत्रकार है। उसकी सहानुभूति फ्रांसीसियों के साथ है। लेकिन उसका एक यथार्थवादी मानवीय पक्ष भी है। वह वियतनामियों को अपने भाग्य पर ही छोड़ देना चाहता है। उन्हें अपनी समस्याओं को खुद सुलझाने की आजादी होनी चाहिए, ऐसा वह मानता है। पाएल भी वियतनामियों की भलाई ही चाहता है। फाउलर

उपनिवेशवादी सामन्ती विचारों का व्यक्ति है। अपनी कार्य-मुक्त होने की उम्र में आ चुका है। वह लम्बे समय से अपने देश के बाहर ही रहा है और कार्य-मुक्त होने पर अपने देश लौटने के विचार से ही झुरझुरा जाता है।

1951 में वियतनाम आने से पहले ही ग्राम ग्रीन एक प्रसिद्ध उपन्यासकार बन चुके थे। लगभग तीन वर्ष के लिए बी.बी.सी. और पेरिस मैच के लिए फ्रीलांस रिपोर्टिंग कमीशन पर थे। ग्रीन का कहना है कि इस उपन्यास में उनके किसी भी उपन्यास से ज्यादा घटनाओं की सीधी रिपोर्टिंग है। पुस्तक के कई दृश्य बिलकुल वास्तविक हैं। स्क्वेयर में बमबारी, काओदाई फौज का उदय और फाट डीएम की लड़ाई के दृश्य—जिसमें फ्रांसीसी फौज वियतनाम द्वारा कुचल दी गई थी, बिलकुल तथ्यात्मक वर्णन है। 1950 में Saigon एक उपनिवेशित शहर था जिसमें चरस और वेश्याओं के अड्डे और अन्तरराष्ट्रीय लोगों की भरमार थी। वे उपनिवेश के अन्तिम क्षणों को जीवित रखे हुए थे। ग्राम ग्रीन स्वयं फाट डीएम में सैनिकों के साथ उपस्थित थे, जो उपन्यास का केन्द्रीय दृश्य बनता है। ग्रीन ने बाद में कहा भी था कि उनकी आँखों के सामने आज भी वह दृश्य ज्यों का त्यों जमा हुआ है, जिसमें वह बच्चा अपनी माँ के शव से चुपचाप चिपटकर बैठा हुआ था। उस गहरी खंदक में शरीरों में गोलियों से बने जख्म बिलकुल साफ दिखाई देते थे। चारों तरफ फैले हुए मुर्दा जिस्म उनके जेहन में ताजा हैं। लेकिन अन्ततः ग्रीन एक कलाकार हैं। तथ्यों से सत्य तक पहुँचने की क्षमता का ऐतिहासिक प्रमाण है यह उपन्यास, जिसमें हम सायगॉन की गलियों की गंध के साथ-साथ वियतनाम का भविष्य भी हवा में तैरता हुआ महसूस कर सकते हैं।

वियतनाम के साहित्य में उतरने के लिए उनके इतिहास में जाना जरूरी है। सन् 1600 में फ्रांसीसी व्यापारी और मिशनरी वियतनामी तटों पर आ पहुँचे। धीरे-धीरे 1883 तक पूरे वियतनाम पर फ्रांस ने कब्जा कर लिया जो 1954 तक रहा। 1940 में 'हो ची मिन्ह' वियतनाम लौटे थे—तीस वर्ष तक विदेशों में रहने, तपने और निर्णायक युद्ध की मन:स्थिति लेकर। इंडोचाइना साम्यवादी दल का गठन वे पहले ही कर चुके थे। उस वक्त सारे इंडोचाईना पर जापान का एक युद्ध विजेता के रूप में कब्जा था। हो ची मिन्ह ने वियतनाम वापस आते ही एक गुप्त स्थान पर वियतमिन (Viet Minh) साम्यवादी संगठन बनाया। फ्रांस और जापान के विरुद्ध गुरिल्ला अभियान भी तभी शुरू कर दिया। विश्वयुद्ध में जापान की हार के दो दिन बाद ही—15 अगस्त, 1945 को साम्यवादी क्रांति सेना ने पूरी आक्रामक तैयारी के साथ फ्रांस के खिलाफ आजादी का युद्ध छेड़ दिया। विश्वयुद्ध की समाप्ति, जापानी शक्ति का ह्रास और फ्रांस का इन उपनिवेशों पर दोबारा कब्जा—यह सब इतनी तरल और नाटकीय स्थिति में था कि क्रान्ति सेना को सिर्फ दो सप्ताह लगे वियतनाम पर अधिकार करने में। 2 सितम्बर, 1945 को डेमोक्रेटिक रिपब्लिक ऑफ वियतनाम

की स्थापना कर दी गई। पर किसी भी साम्राज्यवादी सरकार ने इस प्रजातंत्र को स्वीकृति नहीं दी—हालाँकि विश्वयुद्ध के दौरान अमरीका ने ही इस क्रांति सेना को जापान के खिलाफ युद्ध का प्रशिक्षण दिया था। अमरीकी मेजर आर्कीमीडीज एल.ए.पैटी ने वियतनाम की स्वतंत्रता का घोषणापत्र तैयार करने में हो ची मिन्ह की सहायता भी की थी। लेकिन वह जापान के खिलाफ एक षड्यंत्रकारी मोर्चा था जिसे अपने-अपने ढंग से सब इस्तेमाल करने में लगे हुए थे। फ्रांस वियतनाम पर अपना कब्जा नहीं छोड़ना चाहता था इसलिए विश्वयुद्ध के बाद नवम्बर, 1946 में फ्रांस और वियतनाम फिर से एक लम्बे युद्ध की स्थिति में आ गए। इस असली इंडोचाइना युद्ध का 85 प्रतिशत व्यय अमरीका ने वहन किया। 1954 तक यह युद्ध चला। उत्तरी वियतनाम के शहर दिएन बिएन फू में निर्णायक युद्ध हुआ जिसमें फ्रांस को पूर्ण पराजय का मुँह देखना पड़ा। इस हार के बाद जेनेवा में हुई एक शान्तिवार्ता में 21 जुलाई, 1954 को वियतनाम को उत्तर और दक्षिण में बाँट दिया गया। उत्तरी हिस्सा हो ची मिन्ह की क्रांतिकारी सेना को और दक्षिणी वियतनाम फ्रांस के समर्थकों को दे दिया गया।

1958 में एक लम्बा गृहयुद्ध शुरू हुआ। तीन अमरीकी राष्ट्रपतियों के समयकाल इस युद्ध की छाया में गुजरे। जान एफ. कैनेडी, लिंडन जॉनसन और रिचर्ड निक्सन ने अरबों-खरबों डॉलर और आठ लाख अमरीकी सैनिक इस युद्ध में दक्षिण वियतनाम की मदद के लिए झोंक दिये।

आज हमारे गाँव में एक बड़ी लड़ाई हुई
फ्रांसीसियों ने हमें मारा और पकड़ा
गाँव और खेत जले
हवाओं की तरह भागे लोग
दक्षिण और पश्चिम की ओर...
पीछे मुड़कर देखते हैं लपटों की लपेट में अपने घर हम
आँसुओं से लबालब भरी आँखें
आकाश की ओर उठाकर पूछते हैं ईश्वर से
आखिर हमारा शत्रु इतना निर्दयी क्यों है
वह शत्रु जिसे हम जानते भी नहीं...।

ली ली हे स्लिप किसान लड़की थी जो वियतनाम संगठन की ओर से अमरीकी हेलीकॉप्टरों का सामना करने वाले गोरिल्ला योद्धाओं में थी। हितों के टकराव में ऐसे सीधे-सादे अनपढ़ ग्रामीण किसान दोनों तरफ के आक्रोश का निशाना तो बने ही; ली-ली जैसी लड़कियों को भयंकर यातना, भुखमरी, बलात्कार, परिवार जनों की मृत्यु, लोगों की वासना का सामना करना पड़ा। ली-ली की अविस्मरणीय आत्मकथा

'When Heaven and Earth changed Place' पर ओलिवर स्टोन ने एक प्रसिद्ध फिल्म भी बनाई है।

हर प्रकार के खतरनाक बमों और गैसों का प्रयोग इस युद्ध में किया गया। हो ची मिन्ह उत्तरी और दक्षिणी वियतनाम की एकता देखने के पहले ही 2 सितम्बर, 1969 को इस युद्ध क्षेत्र से विदा ले गए थे। आश्चर्य की बात है, इतने कामों में लगने के बाद भी उनको कविता लिखने का वक्त कैसे और कहाँ मिला! भेस बदलकर वह बिलकुल अजनबी दुनिया में सालों तक रहते, मुश्किल से अपना निर्वाह करते, योजना बनाते। पर उनकी कलम एक वैभवशाली संसार उसी तरह रचती गई, जिस तरह उनके ग्रामीण किसान साथी फसलें उगाते रहे। 'वियतमिन' गोरिल्ला युद्ध करते रहे। 1942 में हो ची मिन्ह चीन गए, तो उन्हें लगभग एक वर्ष तक बन्दी बना लिया गया। जेल के समय लिखी गई कविताएँ उनकी उदासी और निराशा की झलक मात्र हैं। कहा जाता है कि उनकी प्रेमिका को फ्रांसीसी सरकार ने गिलोटिन (कत्ल) करवा दिया था।

जेल में रहना नितान्त ऐश्वर्य है
कोई जगह तो मिली सोने के लिए
मैं सरकारी धान खाता हूँ
सरकारी किले में रहता हूँ
मेरे चारों ओर अंगरक्षक हैं
यह तो सम्मान की बात है...!

इसी दौरान उन्होंने जेल के मच्छरों को 'फाइटर जहाज' और खटमलों को 'सेना का हमला' कहकर कविताएँ लिखीं।

एक मित्र को उन्होंने लिखा :

पहाड़ी पक्षी जब
खिड़की में आकर गीत सुनाते हैं
या हवा में बसन्त के
पहले फूल लहराते हैं
या घोड़े हाँफते हुए विजय सन्देश लाते हैं
तो मित्र मुझे तुम याद आते हो... (1948)

हो ची मिन्ह की उदासी में गहरे तक उनकी शक्ति छिपी हुई थी। एक फटी पुरानी डायरी में उन्होंने ये कविताएँ लिखीं। क्योंकि वियतनामी भाषा में कुछ भी लिखना उनके लिए खतरे से खाली नहीं था, इसलिए उन्होंने ये कविताएँ क्लासिकी चीनी भाषा में लिखीं।

हो ची मिन्ह के आह्वान से वियतनाम के सभी लोग क्रान्तिकारी हो उठे थे, इसकी अभिव्यक्ति वियतनामी साहित्य में कविता में सबसे अधिक मिलती है। वियतनाम की प्रसिद्ध कवयित्री लाम थी मि डा की एक प्रसिद्ध कविता 'बमों से रिक्त' साथी शहीद के स्मारक की यात्रा के बाद लिखी गई थी और यह हमें बरबस उन क्रान्तिकारियों से मिला देती है :

बताया था तुम्हारे मित्रों ने ही
तुम एक सड़क मजदूर थीं
उस रात अपनी टॉर्च हवा में लहराती दौड़ी थीं तुम
फौजी गाड़ियों को सावधान करने
उस लकीर सरीखी कच्ची सड़क पर तुम्हारी रोशनी में
बम तुम्हारे ऊपर ही गिरे थे
तुम ही ने बुलाया था उन्हें अपने सिर पर
जहाँ तुम गिरी थीं ढेर होकर
वहीं से गुजरे थे उस दिन हम...।

वियतनाम युद्ध की विभीषिका के कई आयाम हैं। लाखों लोगों का अमरीकी बमों से मारा जाना युद्ध का प्रत्यक्ष और सर्वविदित पक्ष है। लेकिन परोक्ष में यह युद्ध अमानवीय अपमान और शोषण का ऐसा महासमुद्र है जिसका मंथन तब शुरू हुआ जब लोगों ने युद्ध के बाद अपनी आत्मकथाएँ लिखनी शुरू कीं। 'The Unwanted' ऐसी ही एक मार्मिक कथा है केएन न्यूएन की।

वहाँ सालों-साल पड़े रहे अमरीकी सैनिकों ने हजारों वियतनामी स्त्रियों से अवैध सम्बन्ध स्थापित किए, बच्चे पैदा किए और 1976 में युद्ध की समाप्ति पर इन्हें एक अनिश्चित अनहोने प्रेत समय के हवाले करके अमरीका लौट गए। अवैधता एक सामान्य स्थिति बन गई थी। अवैध सन्तान, अवैध सम्बन्ध कोई विशेष स्थिति नहीं रह गई थी। इन अवैध सन्तानों को Amreasian कहा जाता है। बेशुमार तादाद में ये युवक-युवतियाँ अपने पिताओं की तलाश में अमरीका पहुँचे। उन्हें सामाजिक स्वीकृति देने का और उनके पिताओं का नैतिक संकट एक लम्बे समय तक अमरीकी परिवारों के गले की फाँस बना रहा। अमरीका ऐसे अमरेशियन बच्चों से भरा पड़ा है जो अपने पिताओं की खोज में यहाँ चले आए, माँओं को जैसा-तैसा जीवन बिताने के लिए पीछे छोड़कर। माँएँ आखिर औरतें थीं जो सबसे अधिक सैनिकों की बर्बरता का शिकार हुईं।

वो कु वियतनामी भाषा के प्रसिद्ध कवि हैं। युद्ध के विरोध में सक्रिय कार्यकर्ता होने की वजह से इन्हें सायगान की कुख्यात जेल Tiger Cages में रखा गया था, जहाँ इन्हें अनगिनत यातनाएँ भोगनी पड़ीं। सलाखों के पीछे इन्हें कुछ भी उपलब्ध

नहीं था। रद्दी कागजों के छोटे-छोटे टुकड़ों पर, यहाँ तक कि टूथपेस्ट की ट्यूब को फैलाकर उस पर पंक्तियाँ लिखकर दूसरे साथियों को पहुँचाते रहे। उनके शहर को दक्षिणी वियतनाम की राजधानी होने की वजह से कई बार बर्बरता का शिकार होना पड़ा। अपने शहर क्वांग त्रि सिटी में 1983 में दोबारा जाने पर जो कुछ उन्होंने देखा, वह इनकी कविताओं में दर्ज है :

एक बहुत दूर की दोपहर
जब दरिया अपने किनारे लाँघ गया था
उस स्मृति के साथ पहुँचा मैं अपने शहर
जो तुम्हारा और मेरा शहर था
चमकता है मेरे मन में वही स्वर्णिम दिन
तुम्हारा गोल सफेद टोप, जो सँकरी गली में
दोपहर की रोशनी में चमक रहा था
हवा में उड़ते लम्बे बाल...
चर्च की लगातार आवाजें लगाती,
हजारों बार बजीं घंटियाँ याद आई मुझे
वह शहर जो पूरा बर्बाद हो गया था युद्ध में
उस शहर की हर गली एक दर्द की तरह उभरती है मेरे जेहन में
मेरा कोई हिस्सा
हर गिरती हुई पंखुड़ी के साथ
गिरता है धरती पर...

...हमारे पुराने शहर में
अब भी भरा है हमारा होना
मेरे बाल पक गए हैं
उस नदी किनारे घास की तरह या
तुम्हारे इतने पुराने प्यार की तरह।

कम्बोडिया : रक्तपात का महासागर

कम्बोडिया इंडोचाइना के दक्षिण-पश्चिम भाग में स्थित है। यह मुख्य रूप से खमे जाति के लोगों का देश है। यहाँ के लोग दिखने में बिलकुल भारतीयों जैसे लगते हैं। खमे ही वहाँ की भाषा का नाम है जिस पर भारतीय प्राचीन भाषाओं का प्रभाव है। दो हजार से भी अधिक वर्षों का इतिहास कम्बोडिया को उन सभी सांस्कृतिक

प्रभावों से जोड़ता है जो भारत में विकसित हुए और लगभग सारे दक्षिण-पूर्वी एशिया में अपनाए गए।

विदेशी साम्राज्यों के अधीन रहने के पहले सन् 802 से 1432 तक कम्बोडिया का नाम अंगकार राज्य था। इस दौरान उन्होंने स्याम (अब थाईलैंड), लाओस और दक्षिणी वियतनाम पर भी कई बार अपना आधिपत्य स्थापित किया। एक विस्तृत और शक्तिशाली अंगकार राज्य ने शानदार भवनों और मन्दिरों का निर्माण किया। अंगकार वाट नामक मन्दिर संसार के प्रसिद्धतम और विशाल मन्दिरों में गिना जाता है।

1970 में अमरीका ने कम्बोडिया के जनरल लोन नोल (Lon Nol) के साथ मिलकर राजा के विरुद्ध विद्रोह करा दिया। राजा नोरोदम को देश छोड़कर भागना पड़ा। क्रांतिकारी नेता 'पॉल पॉट' (PolPot) और उसकी सेना खमे रूज के नेतृत्व में अमरीकन एजेंट लोन नोल के शासन के खिलाफ लड़ते रहे। पाँच साल में लाखों कम्बोडियन मारे गए। पूर्वी कम्बोडिया में अमरीकी बमबारी के कारण वहाँ के ग्रामीण किसान पॉल पॉट की खमे रूज सेना में शामिल होते चले गए। वे अमरीका द्वारा थोपी गई सरकार के विरुद्ध ग्रामीण कम्बोडिया को संगठित करने में और एक हथियारबन्द क्रांति में अद्‌भुत रूप से सफल रहे। आखिर में 30 अप्रैल, 1975 में राजधानी फनोम पैन पर खमे रूज ने एक निर्णायक आक्रमण करके कम्बोडिया पर कब्जा कर लिया। खमे रूज ने देश का नाम बदलकर कम्पूचिया रख दिया। राजा नोरोदम को नाममात्र का अधिपति बनाया गया, पर सारी शक्ति पॉल पॉट के हाथ में थी। वह देश का प्रधानमंत्री नियुक्त किया गया।

कम्बोडिया के इतिहास में पॉल पॉट का नाम रोंगटे खड़े कर देने वाला नाम है। उस व्यक्ति का एक सम्पूर्ण क्रांतिकारी स्वप्न था जिसे वह हर कीमत पर वास्तविकता का रूप देने में जुट गया। वह खेतिहर व्यवस्था वाले ऐसे समाज का निर्माण करना चाहता था जिसमें किसी सामन्ती परम्परा का चिन्ह भी न बचे। ऐसे पुनर्निर्माण के लिए पॉल पॉट और खमे रूज ने एक व्यापक नरसंहार किया। सम्पत्ति का स्वामित्व समाप्त, निजी धन-पूँजी समाप्त, धार्मिक संस्थान बन्द, स्कूल-कॉलेज बन्द, अस्पताल बन्द—सब कुछ के लिए नई साम्यवादी ग्रामीण व्यवस्था। यह संकल्प इतना निरंकुश और तीव्र था कि बाहरी या पुराने या विरोधी—सभी तत्त्वों को समाप्त करना जरूरी था। तीन-चार लाख वियतनामियों को देश से बाहर खदेड़ दिया गया। कम्बोडिया के सारे शिक्षित समुदाय को भागना पड़ा या मरना पड़ा—अपने पुराने संस्कारों की वजह से और देहाती इलाकों में जाकर काम न कर सकने की वजह से। उच्च वर्ग और मध्य वर्ग को शहर छोड़कर गाँवों में जाकर शारीरिक श्रम करना पड़ा या मरना पड़ा। सारा देश एक सामूहिक खेती—श्रमिक कैंप के रूप में बदल दिया गया। Yale University के एक अनुमान के अनुसार 15 से 17 लाख लोग भागते-भागते (कम्बोडिया की आबादी का 20 प्रतिशत) मर गए या पकड़-पकड़

कर मार दिये गए। आखिर यह नरसंहार समाप्त हुआ जब 25 दिसम्बर, 1978 को वियतनाम ने कम्बोडिया पर आक्रमण कर दिया। स्थानीय लोगों की सहायता से वियतनाम को कुछ ही दिन लगे—खमे रूज को परास्त करने में। आखिरकार मई, 1993 में विश्वसंघ की सहायता से एक संयुक्त सरकार बनाकर उसमें तीनों दल शामिल किए गए। पॉल पॉट का अपने ही साथियों से संघर्ष शुरू हुआ। अन्ततः पॉल पॉट को बन्दी बना लिया गया। बन्दीगृह में ही इस स्वप्नद्रष्टा, क्रान्तिकारी लेकिन निर्मम संहारक पॉल पॉट की अप्रैल, 1998 में मृत्यु हो गई। 'Killing Fields' नामक प्रसिद्ध फिल्म आखिर इस त्रासदी को कितना चित्रित करती! यह त्रासदी किसी भी माध्यम की पकड़ में आनेवाली मामूली पिशाचिन नहीं है।

जब शीशा टूटकर तैरता है
तो एक राष्ट्र पाताल की गहराई तक डूबता है
एक नरम धरती पर उभरी हुई कब्रों के समूह में
रक्त रिसता है
यातनाएँ फुसफुसा कर कहती हैं ऐसा क्यों हुआ
गूँजती रहती हैं उनकी आहत ध्वनियाँ हवाओं में
और बचे हुए लोगों के कानों में चीखती रहती हैं
क्योंकि वे जुड़ना चाहती हैं उससे जो बचा रह गया है
कहना चाहती हैं—
हमें स्मृति में रखना
हमारे लिए आवाज उठाना
हमें न्याय के द्वार तक पहुँचाना।

(चैनरीति हिम)

वियतनाम और कम्बोडिया उन दो दशकों की संग्राम-स्थली नहीं, बल्कि उस समय के शक्ति-सम्पन्न समाजों—विशेष तौर पर अमरीका, फ्रांस और जापान की बर्बरता और लालच की मिसालें हैं। दो विश्वयुद्धों के बाद इनका घटित होना मानवीय लालच और क्रूरता की ऐसी मिसाल है, जो हमारे भविष्य की कल्पना को गूँगा और बहरा बना देती हैं। हम बस नितान्त असहाय स्थिति में केवल आकाश की ओर मुँह उठाकर आँखें मूँदकर खड़े रह जाते हैं।

उत्तरी अमरीका के मूल निवासियों के प्रतिरोध का शोकगीत

मैं तुमसे जुदा हो रहा हूँ और इसके बाद
मेरी चेतावनी भी तुम तक नहीं पहुँचेगी...
...कितनी ही बर्फीली ऋतुएँ मैंने अपने शरीर पर झेली हैं
लेकिन मैं अब एक बूढ़ा पेड़ हूँ
और अधिक खड़ा नहीं रह सकता।
मेरा बूढ़ा शरीर शीघ्र ही धरती पर पसर जाएगा
और तब हमारे शत्रु का नाचता हुआ पाँव
मेरे वक्ष पर सुरक्षित टिक सकेगा
यह मत सोचो कि मैं अपने लिए शोक करता हूँ
मैं तो उम्र की सीमा से दूर अपने पिताओं की
आत्मा में समाहित हो जाऊँगा,
पर मेरा हृदय व्यथित होता है जब मैं
सोचता हूँ कि मेरे लोग टूटकर बिखर जाएँगे
और भुला दिये जाएँगे—

(लाल कुर्ती)

वैश्विक समस्तीकरण और एकरूपता की बात जब कौंधती है तो सबसे अधिक ध्यान आकर्षित करने वाली सांस्कृतिक इकाई उन लोगों की है जो उत्तरी और दक्षिणी अमरीका की सबसे प्राचीन जनजातियाँ हैं—जिन्हें अमरीका में इंडियन, कैनेडा में प्रथम राष्ट्र (First Nations) और अलास्का में मूल एलास्कन (Alsakan Native) के नाम से बरबस सहन किया जाता है। अमरीकी महाद्वीपों पर इनका अस्तित्व कम-से-कम बीस हजार साल या इससे भी अधिक पुराना तो है ही। अलग-अलग धारणाएँ इतिहासकारों और मानव शास्त्रियों की इनके यहाँ आकर बस जाने की हैं। जब पन्द्रहवीं सदी में यूरोपियन, मुख्यतः स्पेनी, फ्रांसीसी और फिर अंग्रेज यहाँ

आए तो ये लोग प्रकृति-पुत्रों की तरह आज की भाषा में आदिम कहे जाने योग्य तौर-तरीकों से ही बँधे हुए थे। कुछ स्थानों पर कृषि का विकास जरूर इन जातियों ने किया था और मक्का इत्यादि उगाया जाता था। लेकिन अधिकतर आखेटक बनकर ही अपनी छोटी-छोटी बस्तियों में खाल के तम्बुओं जैसे घरों में रहने वाले अर्द्ध या लगभग पूर्ण नग्न मानव समूह—प्रकृतिजन्य आशाओं, निराशाओं, भय या उद्यम से उत्प्रेरित जीवन-मरण के भौतिक-अभौतिक विश्वासों से बँधे, कबीलाई जीवन ही जीते थे। शस्त्रों के नाम पर तीर-कमान, बरछी-भालों से आगे नहीं पहुँचे थे। चिकित्सा कोई एक विकसित पद्धति न होकर एक दैवी शक्तिसम्पन्न व्यक्ति के प्रच्छन्न ज्ञान और चमत्कार पर अधिक आधारित थी। पन्द्रहवीं सदी में यूरोप के लोगों ने अमरीका की धरती पर कदम रखा। देखते ही देखते, इस धरती का रंग-रूप, गंध, भाषा, वस्त्र, भोजन, धर्म-विश्वास इस तरह बदल गया, जैसे यह मानव-प्रयत्न का परिणाम न होकर प्रकृति की ही किसी योजना का हिस्सा हो, जिसकी दैत्य छाया में धर्म, लोभ, मोह, क्रूर महत्त्वाकांक्षाएँ और रक्त-रंजित सफलताएँ जन्म लेती हैं। लाखों की संख्या में जिस तरह इन मानव समूहों का उन्मूलन हुआ, उस पर पड़ा हुआ पर्दा इतना झीना है कि दुनिया के किसी भी देश में रहते हुए लोग उसे आसानी से देख-जान सकते हैं। लेकिन हमेशा ही हम इंसानी कुकृत्यों को भी ऐसी ही सहनशीलता से स्वीकार करते हैं, जैसे भूचालों, समुद्री तूफानों और भूस्खलनों को स्वीकार करते हैं—बेबसी, लाचारी और दैव-इच्छा की तरह। ऐसी ही लोक-बुद्धि ने इस नरसंहार को भी देखा-अनदेखा किया। चुप रहकर अपनी स्वीकृति दर्ज की। अपनी धर्म परायणता और ईश्वर में विश्वास को ढोल बजा-बजाकर सराहा। आज भी धर्म-परायणता की स्थिति इस व्यापारी समाज में वैसी ही बनी हुई है, जैसी तब थी।

> मैं इस बात को शपथ के साथ कह सकता हूँ कि सारी दुनिया में इनसे अच्छे लोग शायद और कोई नहीं। ये अपने पड़ोसी को अपनी तरह ही प्यार करते हैं। इनकी बातचीत हमेशा एक मीठी और नम्र हँसी लिये होती है। हालाँकि यह सच है कि ये लोग नंगे रहते हैं लेकिन इनका आचरण शालीन और प्रशंसनीय होता है।

12 अक्टूबर, 1492 को कोलम्बस ने एल. सालवेदोर की अमरीकी धरती पर कदम रखा था और इन लोगों को देखकर स्पेन के राजा को उपरोक्त भाव लिखे थे। जाते हुए वह अपने साथ दस ताइनो मूल निवासियों को बन्दी बनाकर ले गया था। वह चाहता था कि इन लोगों से काम कराया जाए, इन्हें अपने तौर-तरीके सिखाए जाएँ। आनेवाले चार दशकों में पचास लाख से अधिक यूरोपियन इस धरती पर पहुँच चुके थे। स्पेनियों ने सोने की खोज में जब इस धरती को छानना शुरू किया तो यहाँ के मूल निवासियों ने इसका विरोध किया। लेकिन स्पेनियों ने इन लोगों

को लूटा, इनके घर जलाए, इनकी औरतों-बच्चों का अपहरण किया और हजारों की संख्या में उन्हें गुलामी करने यूरोप भेज दिया। कोलम्बस के यहाँ आने के एक दशक से भी कम समय में पूरे के पूरे कबीले नष्ट कर दिये गए। इस धरती की स्पेनी विजय इंसानियत की सबसे बड़ी पराजयों में से एक है।

यूरोपियनों और इन मूल निवासियों की संघर्ष-कथा स्पेनियों और अंग्रेजों द्वारा हत्याओं, बलात्कारों तथा इंसानों को गुलाम बनाने के विवरणों से भरी पड़ी है। सबसे पहले मई, 1515 में दि लियोन नामक एक स्पेनी आक्रांता ने फ्लोरिडा का समुद्री तट खोजते हुए काल्यून जाति के लोगों को मारा, पकड़ा, बन्दी बनाया। दूसरा रक्तपात हुआ एक स्पेनी कमांडर फ्रांसिस्को वास्कवेज कोरोनाडो द्वारा। उसने जूनी प्यूएबलो जाति के 200 से अधिक लोगों की उनके बच्चों-औरतों समेत हत्याएँ कीं। स्पेनी राजा ने स्पेन में बैठे हुए ही यह कानून बनाया कि मूल निवासियों को गुलाम बनाकर रखा, खरीदा-बेचा जा सकता है। इसके खिलाफ बारतोलोम द कासस ने भरसक आवाज उठाई। एक पुस्तक 'The Destruction of Indies' नाम से लिखी। इस पुस्तक का कुछ प्रभाव भी हुआ। नाम मात्र को कई कानून बनाए गए।

सन् 1607 में वर्जिनिया प्रांत में अंग्रेजों ने अमरीका में जेम्सटाउन नामक पहली बस्ती की स्थापना की। वर्जिनिया नामक एक ब्रिटिश कम्पनी ने इसे स्थापित किया था। भारत का ब्रिटिश इतिहास यहाँ भी दोहराया जा रहा था। 1661 तक बहुत कुछ बदल चुका था। एक लाख से ज्यादा अंग्रेज इस इलाके में बस चुके थे, जमीनें हथिया ली गई थीं। राजा मैटाकोम ने मुखिया बनने पर कहा था, "हमारे पूर्वजों की धरती का कुछ भी शेष नहीं बचा है। एक दिन हमें ऐसा न कहना पड़े कि हमारी कोई धरती नहीं है, ऐसा दिन न देखने का मैं दृढ़ निश्चय करता हूँ।" उसने आसपास के सभी कबीलों में एकता का बिगुल बजाया, उन्हें घूम-घूमकर एकता के सूत्र में बाँधा। एक सामूहिक कबीलाई युद्ध-नृत्य का आयोजन किया जो कई दिन तक चला। भयंकर युद्ध और रक्तपात के बाद राजा मैटाकोम और उसकी पत्नी-बेटे को बन्दी बना लिया गया। पत्नी और बेटे को तो गुलाम बनाकर बरमूडा के जंगलों में नीग्रो गुलामों के साथ काम करने भेज दिया गया। राजा मैटाकोम का सिर काटकर एक सार्वजनिक स्थान पर बीस साल तक लटकाकर रख दिया गया। आज उस बीभत्स स्मृति को पोंछता हुआ एक धुला-पुँछा राजा मैटाकोम का बुत उस स्थान पर खड़ा है जहाँ से अंग्रेज तीर्थ यात्री (Pilgrims) पहली बार जहाज से उतरे थे और जिस धरती पर मैटाकोम के पिता राजा मैसोसोएत ने अंग्रेजों को अनन्त जीवनदान दिया था। डेविड सिल्वरमैन ने 'This Land is their Land : The Wampanoag Indians, Plymouth Colony, and the Troubled History of Thanksgiving' में विस्तार से इसका हृदयविदारक वर्णन किया है।

इन मैदानों के काटे और जोते जाने से पूर्व हमारी नदियाँ लबालब बहती थीं।
पानियों का संगीत भर देता था हरे-भरे और सीमाहीन वन प्रांत को!
जल आवेग दौड़ता और उपनदियाँ क्रीड़ा करती थीं, छाया में चश्मे फूटते थे...

(William Bryant की कविता : 'एन इंडियन एट द बरीयल प्लेस आफ हिज फॉदर')

'The Last of the Mohicans' (1826) उपन्यास इतना प्रसिद्ध है कि इस पर दर्जनों बहुचर्चित फिल्में बनाई जा चुकी हैं। इसके उपन्यासकार जेम्स कूपर का जन्म एक प्रसिद्ध यूरोपियन परिवार में हुआ। Iroquois या मोहाक इंडियंस न्यूयॉर्क के आस-पास रहते थे। 1757 की तारीखों में बना हुआ प्लॉट अंग्रेजों-फ्रेंच लोगों की लड़ाई, अमरीका पर कब्जा करने की भूख और उसकी चपेट में आए इंडियन कबीलों के इर्द-गिर्द घूमता है। डी.एच. लॉरेंस ने इस उपन्यास को Qunitessential अमरीकन नॉवेल कहा था। उपन्यास में दिखाई गई जंगली बर्बरता, सभ्यता और असभ्यता के टकराव में खूनी इतिहास और लालच इकट्ठे सामने आते हैं।

पन्द्रहवीं सदी के उत्तरी अमरीका में (यू.एस.ए.) लगभग एक करोड़ मूल निवासी रहते थे। इनके 500 राष्ट्र एक दूसरे से काफी दूर-दूर सारे महाद्वीप पर फैले हुए थे। पूर्व में मैसाच्यूट्स, न्यूयॉर्क, न्यू इंग्लैंड—पश्चिम में कैलिफोर्निया—दक्षिण में ज्योर्जिया-फ्लोरिडा और उत्तर में मिनिसोटा-कैनेडा के सीमान्त प्रदेश तक इन जन-राष्ट्रों के आवास-स्थल थे। समुद्री तट, नदियों द्वारा सिंचित हरित घाटियाँ, पर्वत-शृंखलाएँ और मध्य में विस्तृत मैदान इस सारे क्षेत्र को प्रकृति के वरदान के रूप में प्रस्तुत करते थे। मुख्य: रूप से आखेट पर आधारित ये राष्ट्र खेतीबाड़ी भी करते थे। वृत्ताकार बस्तियों में तम्बुनुमा छोटे-छोटे घर बनाकर एक नृत्य-संगीतमय जिन्दगी जीते थे। धरती सबकी साझी है—खरीदी-बेची नहीं जा सकती—प्रकृति और धरती से जन्म लेते हुए जीवन अकेले-अकेले नहीं हैं, एक अदृश्य शृंखला से बँधे हुए हैं—समय के एक छोर से दूसरे छोर तक जो कुछ भी घटा है, वह सब हमारे साथ है—हमारे पूर्वज हमारे साथ हैं—प्रकृति की सभी कृतियाँ और उनके कार्य-कारण—सब कुछ स्वीकार्य है। कहीं कुछ विच्छेदन नहीं, अनवरत अस्तित्व-स्रोत सदा से हैं। इस तरह के आदि विश्वास इन राष्ट्रों में लगभग साझे थे। आश्चर्य होता है, हमारी अपनी पुरातन संस्कृति से इन सबकी विश्वास-यात्राओं की साझी धारा देखकर।

Henry Wordsworth Longfellow की महाकाव्यात्मक कृति 'Song of Hiawatha' व्यापक स्तर पर अमरीकी मूल निवासियों की सांस्कृतिक संघर्ष-गाधा

को अमरीकी जीवन की मूल धारा का हिस्सा बनाती है। Longfellow उन दिनों हार्वर्ड विश्वविद्यालय में पढ़ा रहे थे जब वहाँ के मूल निवासियों पर सरकार की बर्बरता अपने शिखर पर थी। इस कृति की रचना में तात्कालिक प्रभाव उन पर हुआ—मूल निवासियों का एक सांस्कृतिक कार्यक्रम और नृत्य-नाटिका देखकर, जो वास्तव में कुछ कलाकारों ने एक उत्सव में किया था। रंग-बिरंगी मानव आकृतियों का यह पाओ-वाओ नृत्य लौंगफैलो के मन में बचपन में पढ़ी कहानियों को ताजा कर गया। सांस्कृतिक पुनरुत्थान के साहसिक नायक का चरित्र भी इन्हीं कहानियों से उदय हुआ था। मूल निवासियों के सर्वांगीण पुनर्निर्माण के प्रयास का बीज मंत्र था, आपसी छिटपुट और निरन्तर बने रहनेवाले युद्ध से मुक्ति और एक शान्तिपूर्ण सहअस्तित्व। इस प्रयास का परिणाम होगा, एक सुनहरा आदर्श प्रदेश जहाँ सभी संघर्षों से मुक्त अवस्था साधारण जीवन की दैनिक स्थिति होगी। प्राचीन धर्मकथाओं या लोककथाओं के नायकों की तरह ही हिआवाथा के पास कुछ अलौकिक शक्तियाँ थीं, जिनके प्रयोग से वह प्रकृति और जीवन में व्याप्त दुष्टता को समाप्त कर सकता था। हिआवाथा पेड़ों, जानवरों तथा प्रकृति के अन्य तत्त्वों से बतिया सकता था। उसके कुछ शक्तिशाली साथी थे जो उसके इस अभियान में सहयोगी थे। हिआवाथा को चिन्ता थी कि किस प्रकार कबीलों को अपने शरीर से युद्ध के प्रतीक रंगों को धो देने की प्रेरणा मिले। उनमें अपने हथियारों को धरती में दबाकर शान्ति का गीत गाने की उत्सुकता जगे। हिआवाथा और मिनीहाहा की प्रणयात्मक संधि के बाद इस तरह की स्वर्णिम स्थिति का उदय हुआ। यह महाकाव्यात्मक रचना अत्यन्त लोकप्रिय हुई। 1855 में यह कृति प्रकाशित हुई थी। पहले पाँच सप्ताह में ही इसकी 5000 प्रतियाँ बिक गई थीं। चीजों के नाम, स्थानों और मार्गों के नाम हिआवाथा के नाम पर रखे गए थे।

नौजवान मोंडामिन, कोमल और चमकती हुई लटाओं के साथ
हरे और पीले वस्त्रों के साथ, लम्बी और चमकीली कलगी के साथ
दरवाजे पर खड़ा था,
और जैसे कोई नींद में चल रहा हो
पीला, कमजोर लेकिन बिना निरुत्साहित हुए
हिआवाथा झोंपड़ी से आया और कुश्ती लड़ी...
यकायक हरी भूमि पर अकेला खड़ा था हियावाथा!
अत्यधिक थकावट से हाँफता हुआ
संघर्ष से दिल धड़कता हुआ
और उसके सामने बिना साँस, बिना जीवन
पड़ा था नौजवान

बिखरे हुए बालों के साथ
टूटी कलगी, चिथड़े वस्त्र,
वह सूर्य उदय में यहाँ मृत पड़ा था।...
और हिआवाथा ने एक कब्र बनाई
मोंडामीन से अलग की उसकी कलगी
मिट्टी में लिटा दिया उसे...
हिआवाथा दिन-प्रतिदिन जाता था
इन्तजार और निरीक्षण के लिए इसके पास,
काली कोमल मिट्टी का डला रखता था
खरपतवार और कीड़ों से साफ रखता था इसे
और चिल्ला कर दूर रखता था
काले कौओं के बादशाह को।
और फिर अन्ततः एक छोटा हरा पत्ता जमीन के ऊपर फूटा
फिर एक और, फिर एक और
ग्रीष्म काल समाप्त होने से पहले
अपने तमाम सौन्दर्य के साथ मक्की का पौधा खड़ा था—
चमकती पोशाक के साथ और अपनी लम्बे कोमल पीली लटों के साथ
खुशी में हिआवाथा जोर से चिल्लाया—यह मोंडामिन है!
आदमी का मित्र!

अठारहवीं सदी तक उत्तरी अमरीका के पूर्वी क्षेत्र में यूरोपियन लोगों की संख्या बहुत बढ़ गई, लालच भी बढ़ता गया और शक्ति प्रयोग की लालसा भी। मिसिसिपी के पश्चिम का क्षेत्र अभी भी मूल निवासियों द्वारा ही प्रयोग किया जाता था। 26 मार्च, 1804 को ही सभी मूल निवासियों को मिसीसिपी के पार पश्चिम में जाकर बसने का राजसी आदेश हुआ था। इसके विरुद्ध 'शायेन' नामक मूल जाति ने विरोध किया। एक कबीलाई राजा तेकमसेह ने एक विशाल कबीलाई संघ की स्थापना की। कई छिटपुट लड़ाइयों के बाद तेकमसेह और उसके साथियों को पूरी तरह समाप्त कर दिया गया। अनगिनत साहित्य लिखा गया है इन जनजातियों के विद्रोह पर। उनकी तसवीरें (Photos) भी मिलती हैं :

खोद डालो हमारी धरती को अपने विशाल घुमावदार सींगों से
अपने महाबली क्रोध से घास के मैदान को हवा में उछाल दो
खंगाल दो हमारी धरती को अपने विशाल घुमावदार सींगों से
तुम हमें ताकत देना अगर हम होने लगें पस्त

भैंसें, भैंसें—समस्त मैदानों के सम्राट।

(Ojibva, chippewa)

अनेक अवसादपूर्ण भावानुभूतियों को कालातीत बनाती हुई कविताएँ लिखी गई हैं, छिने हुए अतीत और रिक्त आगत की मन:स्थितियों को अंकित करती कविताएँ।

ओह, तुमने घोंट दिया मेरा गला
पर मैंने ही दिया था तुम्हें इस काम का पट्टा
तुमने निकाल लीं मेरी अँतड़ियाँ
पर मैंने ही दिया था तुम्हें चाकू
तुम मुझे निगल गए
पर मैंने ही डाल दिया था खुद को आग में
तुमने दबोच कर गिरा दिया मेरी माँ को
और किया उसका बलात्कार
पर मैंने ही दी थी तुम्हें वह गर्म चीज।

(जॉय ओरेहो)

त्रासदी और अभिव्यक्ति की एक और झलक :

"मैंने माँ के चेहरे पर नजर डाली। उसे अपने होंठ काटते देख मैं जान गई कि वह दुखी है। मेरी छोटी-सी आत्मा में बदले की भावना जागी। पैर पटकते हुए मैं चीखी, 'माँ को रुलाने वाले गोरों से नफरत करती हूँ।'

पानी की बाल्टी जमीन पर रखकर माँ झुकी। अपनी बाईं बाँह मेरी आँखों तक लाकर उसने दूर पहाड़ी की ओर इशारा किया जहाँ मेरे मामा और बहन दफन थे। 'यही किया है गोरों ने। तुम्हारे पिता भी उगते सूरज की तरफ पहाड़ी में दफन है। एक समय हम सब बहुत खुश थे। पर गोरों ने हमारी जमीन हड़प ली। धोखे से जमीन छीनकर उन्होंने हमें भगा दिया।...जिस दिन हमने विगवैम उखाड़े, तुम्हारे मामा और बहन, दोनों बहुत बीमार थे। और भी बहुत-से लोग बीमार थे। पर कोई रास्ता नहीं था। हम कई दिन, कई रात चलते रहे। हमें भगाया जा रहा था भैंसों के झुंड की तरह। हर कदम पर तुम्हारी बहन जो तुम्हारे से भी छोटी थी, कष्ट से चिल्लाती रही। उसका बुखार तेज होता गया। उसके नन्हे हाथ और गाल जल रहे थे। उसके होंठ सूखे...मैं उसके साथ बहुत रोई क्योंकि परम आत्मा हमें भूल गई थी...'"

(जितकाला सा डकोटा सु—1900, आत्मकथा से)

एक भयावह इतिहास है इस महाद्वीप पर अधिकार स्थापित करने का, मूल निवासियों को घेर-घेरकर मार डालने का, उनके जानवरों को हजारों की संख्या में रोज समाप्त कर देने का, उनको एक जगह से दूसरी जगह खदेड़ देने का। नित नई सन्धियाँ इन जनजातियों के साथ अमरीकी सरकार करती थी ताकि उन्हें लगे कि सन्धियाँ उनका कवच हैं, सन्धियों के बाद वे सुरक्षित हैं। लेकिन वे सन्धियाँ रद्दी कागज के टुकड़ों जितनी भी मूल्यवान नहीं थीं। एक के बाद दूसरे जुल्म का अन्तराल मात्र थीं ये सन्धियाँ। सरकारी बजट में विधिवत् 'इंडियन रिमूवल' के लिए धनराशि अंकित की जाती थी। सन् 1837 में सेना ने 14000 क्रीक जाति के लोगों को अपनी धरती से विस्थापित कर दिया था। 1835-1840 के बीच चार से छः करोड़ डालर खर्च किए गए थे सेमिनोल जाति को उजाड़ने पर।

जो जमते नहीं थे ठंड में
या भूख से जो
नहीं जाते थे मर, हटाए जाते हुए
पगडंडी से
जो हताशा में गिर गए घुटनों के बल
प्रार्थना करते हुए काले वस्त्रों में आवृत
देवताओं के समक्ष
हममें से वे—जो रह गए हैं खड़े
हल्के या गहरे भूरे रंगों वाले
जानते हैं कि
सृष्टि की आदि में
एक भी नहीं पैदा किया गया था
श्वेत!

(बार्नी बुश)

एन स्कॉट मामाडे कायोवा इंडियन कबीले के सदस्य हैं। उनके उपन्यास 'House of Dawn' को Pulitzer prize दिया गया था 1969 में। वे अपने उपन्यास में (Pueblo) प्यूएबेलो इंडियन लोगों का वर्णन करते हैं। ये लोग यू.एस.ए. के दक्षिणी पश्चिमी भाग में रेगिस्तान में रहनेवाले कबीले थे। स्पेनिश लोगों ने इस इलाके में 1599 में कब्जा कर लिया था। शुरू में हुई लड़ाइयों में बारह स्पेनिश मारे गए तो उनके जनरल आनेट ने 800 मूल निवासियों को मार डाला और पच्चीस वर्ष से अधिक अवस्था के सभी आदमियों का एक पैर काट डालने का आदेश दिया। अगले 50-75 वर्ष इस इलाके का स्पेनिश प्रशासन इन मूल निवासियों को ईसाई धर्म में परिवर्तित करने में लगा रहा। बच्चों को माँ-बाप से अलग करके बाइबल पढ़ाने

के लिए मिशनों में भर्ती करा दिया गया। पुराना इंडियन धर्म मानने वालों को बाजार में कोड़े लगाए जाते। स्पेनिश शासन खत्म होने के बाद इस इलाके में मेक्सिको की सरकार आ गई। तब तक यह मूलनिवासी लोग अपने तौर-तरीके भूल गए थे और मैक्सिकनों के फार्म पर मजदूरी करने लगे थे। Momaday के उपन्यास का मुख्य पात्र एबेल उसी ऐतिहासिक उदासी और क्रोध से भरा हुआ इंडियन है।

> ...उसने ऐसा आदमी कभी नहीं देखा था जो काम के वक्त भी अपना गुस्सा नाक पर रखे। हमेशा उसमें एक किस्म का प्रतिरोध होता था गति का; या इच्छाशक्ति का एक कोण होता। उसने कुल्हाड़ी को आसानी से पकड़ा हुआ था। उसके वार स्पष्ट और गहरे थे। कुल्हाड़ी की धार लकड़ी के गूदे में जा धँसी और गुदा गोल होकर घूमता हुआ दूर जाकर गिरा...।
>
> उसे मौत का डर नहीं लगा था। और किन्हीं विषम पलों में उसने दिली इच्छा की थी कि उसकी मौत आग से हो। आग भी ऐसे भीषण ताप वाली कि उसकी देह एक पल में पिघल जाए। ऐसा नहीं हो कि उसका वसा फूटकर बाहर आ जाए और हड्डियाँ सुलगती रहें...

न्यू मेक्सिको के Pueblo इंडियंस की बस्तियों के खँडहर आज भी उनकी उदासियों के गीतों से गूँजते हैं।

मूल निवासियों की संघर्षगाथा का सबसे क्रूर अध्याय है Georgia प्रान्त में बसे हुए लोगों को वहाँ से निकलकर पश्चिम की तरफ Oklahoma में जाकर बस जाने का आदेश। सर्पिल लकीरों जैसी पगडंडियों पर 1500 किलोमीटर की दूरी पैदल तय करना—औरतों, वृद्धों और बच्चों समेत। यह एक ऐसी स्थिति थी जिसको स्वीकार करना आसान नहीं था। चाहे कोई कितना भी जंगली क्यों न हो, यातना सहन करने की सीमा मन और शरीर दोनों की होती है। इस निश्चय के खिलाफ Georgia के न्यायालय में याचिका दी गई। न्यायाधीश ने मूल निवासियों के पक्ष में निर्णय दिया। क्रोधित होकर राष्ट्रपति Andrew Jackson ने अपनी विशेष शक्ति का प्रयोग करते हुए इस निर्णय की अवमानना करते हुए मूल निवासियों को एक निश्चित अवधि में वहाँ से निकल जाने का आदेश दिया। उन्हें उखाड़ने की जिम्मेदारी भी उसी न्यायाधीश को दी गई जिसने उनके पक्ष में फैसला दिया था। यह सत्ता-कांड हुआ था 1835-36 में। उसके दस वर्ष पहले ही इसकी भूमिका बना दी गई थी राष्ट्रपति जान क्वीन्सी एडम्स (John Quincy Adams) द्वारा। 1825-26 के दौरान कई नकाबपोश सन्धियाँ एडम्स ने उन मूलनिवासियों के रातों-रात खड़े किए प्रतिनिधियों के साथ की थीं। डकोटा, ओसाजी, कान्सा, चिपेवा, साक, विनिबेगो, मियामी, पोतावातोमिस कबीलों के शराब पिलाकर धुत किये गए फर्जी प्रतिनिधियों के साथ

ये सन्धियाँ लिखी गईं। लेकिन शायेन और ओहायो कबीले के लोग वहीं बने रहे। वे इन दूसरे लोगों को धीरे-धीरे अपनी धरती छोड़कर जाते हुए देखते रहे। सब जगह नकली सरदार (Chief) गढ़े जा रहे थे। उन्हें लम्बी तलवारें देकर सम्मानित और सुसज्जित किया जाता था और उनसे सन्धि-पत्रों पर हस्ताक्षर करा लिये जाते थे और चलता कर दिया जाता था। उन्हीं की एक मन:स्थिति है इन पंक्तियों में :

पक्षी अपनी गर्दन तेजी से घुमा कर देखते हैं
अपनी उड़ान-यात्रा की तरफ मुड़ कर देखते हैं
यह सूर्य की धरती और दैवी शक्तियाँ उन्हें कुछ कह रही हैं
उनके सन्देश लिये ये तेजी से उड़े जा रहे हैं
भयग्रस्त आगे अपने प्रदेश को उड़ते हुए
वे संसार के अन्तिम छोर को दृष्टि में अंकित करते हैं
आँखों में रोशनी चुभ रही है लेकिन खुली हुई चोंचें
अपना नाश सूँघ रही हैं।

16,000 चिरोकी लोगों को सेना ने घेरकर कैम्पों में बन्दी बना लिया। सारी गरमी वहाँ रखकर, उन्हें 1,500 किलोमीटर की यात्रा पर रवाना कर दिया गया। लकड़ी की खच्चर गाड़ियों में उनका जरूरी सामान लाद दिया गया। लगभग 8,000 लोग इस यात्रा में मारे गए थे। 1841 में 48 खच्चर गाड़ियाँ नर-कंकालों के साथ प्रसिद्ध Oregon Trail के रास्ते सैकरामेंटो पहुँची। इस यात्रा के विवरणों से किताबें भरी पड़ी हैं। उन्हें किसी भी संक्षिप्तता में बयान करना उस यातना का अपमान करना होगा। Trail of Tears के नाम से कुख्यात इस त्रासदी के बाद इन मूल निवासियों में किसी भी प्रकार का धैर्य नहीं बचा था। कई विद्रोह हुए, इंडियन सरदारों ने कोशिश की अपने कबीलों को बचाकर रखने की, अन्त वही जो अपेक्षित था। Chief Joseph के कुछ लिखित शब्द विद्रोह करने वाले इंडियंस के सरदारों की मन:स्थिति का सार हैं :

...मैं लड़ते-लड़ते तंग आ चुका हूँ। दूसरे सरदार मारे जा चुके हैं। सभी बूढ़े लोग मारे जा चुके हैं जिनसे मैं सलाह ले सकता था। सिर्फ युवा लोग ही हैं लेकिन सिर्फ हाँ या ना में ही जवाब देते हैं। भयानक सर्दी है और हमारे पास कंबल भी नहीं है। छोटे बच्चे सिकुड़कर मर रहे हैं। मेरे बहुत-से लोग पहाड़ियों की तरफ भाग गए हैं। कोई नहीं जानता, कहाँ हैं। मैं अपने बच्चों को ढूँढ़ने के लिए कुछ समय चाहता हूँ। हो सकता है, वे मुझे इन लाशों में ही कहीं मिल जाएँ। मेरा मन बीमार और उदास है। आज सूर्य के नीचे खड़े होकर मैं कहता हूँ—मैं और नहीं लड़ूँगा...।

अपनी पूर्वजों की सारी धरती छिन जाने का दुख और सदियों तक अपमानित होकर पशुओं की तरह एक जगह से दूसरी जगह खदेड़े जाने की स्थिति को आज का युवा मानस भी भुला नहीं पा रहा है हालाँकि उन्होंने अपनी आँखों से कुछ देखा नहीं, शरीर से कुछ भोगा नहीं। अपने एक सर्वमान्य मुखिया चीफ सियेटल (1686) के शब्द अनवरत उनकी स्मृति का हिस्सा बने हुए हैं :

> दिन और रात एक साथ नहीं रह सकते। काली त्वचा के लोग हमेशा ही गोरे लोगों की समीपता से दूर रहे हैं, जैसे सुबह की धुन्ध सूर्य के छूने से भाग जाती है। फिर भी हम आपका प्रस्ताव ही मानने को विवश हैं और मेरे लोग अपनी धरती छोड़कर आपके दिये हुए आरक्षित स्थानों पर चले जाएँगे। फिर हम अपनी-अपनी शान्ति में अलग-अलग रह सकेंगे। एक गोरे अधिकारी की आवाज मुझ तक पहुँच रही है। और ऐसा लगता है, यह प्रकृति की आवाज है जो गहन अन्धकार से उठकर मेरे लोगों को सुनाई दे रही है। हम बाकी दिन कैसे गुजारेंगे, इसका कोई अर्थ नहीं है। हमारी रात भरपूर काली रात होने का आश्वासन हमें दे रही है। क्षितिज पर एक भी तारा नहीं है। उदास हवाएँ दूर कहीं विलाप कर रही हैं। हमारे कदमों के ठीक पीछे हमारा दुर्भाग्य चल रहा है। एक जख्मी हिरण अपने पीछे आते हुए शिकारी की आवाज सुनकर अपने-आप को अपनी पूर्ण मृत्यु के लिए तैयार कर रहा है।

अमरीका के मूल निवासियों की करुण गाथा बाँचता हुआ वृहत् साहित्य एक निधि की तरह सुरक्षित है। यही एक आश्वस्त करने वाली बात है, वरना इस क्रूर इतिहास के साहित्य को भी उन्हीं जनजातियों की तरह किसी न किसी प्रकार ठिकाने लगा दिया जाता। समय इतना बदल चुका था कि ऐसा करना सम्भव नहीं था। साहित्य इस क्रूर इतिहास का एकमात्र साक्षी—किसी भी अदालत को चुनौती दे सकता है।